JN108176

自動運転&

Mobility as a Service

MaaS

SHOEISHA

下山哲平（株式会社ストロボ代表取締役社長／自動運転ラボ発行人）　著

ビジネス 参入ガイド

周辺ビジネスから事業参入まで

◉ 本書内容に関するお問い合わせについて

このたびは翔泳社の書籍をお買い上げいただき、誠にありがとうございます。
弊社では、読者の皆さまからのお問い合わせに適切に対応させていただくため、以下のガイドラインへのご協力をお願いいたしております。
下記項目をお読みいただき、手順に従ってお問い合わせください。

■ご質問される前に

弊社Webサイトの「正誤表」をご参照ください。これまでに判明した正誤や追加情報を掲載しています。

正誤表　　　https://www.shoeisha.co.jp/book/errata/

■ご質問方法

弊社Webサイトの「刊行物Q&A」をご利用ください。

刊行物Q&A　https://www.shoeisha.co.jp/book/qa/

インターネットをご利用でない場合は、FAXまたは郵便にて、下記翔泳社愛読者サービスセンターまでお問い合わせください。電話でのご質問は、お受けしておりません。

■回答について

回答は、ご質問いただいた手段によってご返事申し上げます。ご質問の内容によっては、回答に数日ないしはそれ以上の期間を要する場合があります。

■ご質問に際してのご注意

本書の対象を越えるもの、記述箇所を特定されないもの、また読者固有の環境に起因するご質問等にはお答えできませんので、あらかじめご了承ください。

■郵便物送付先及びFAX番号

送付先住所　〒160-0006　東京都新宿区舟町5
FAX番号　　03-5362-3818
宛先　　　　㈱翔泳社 愛読者サービスセンター

※本書に記載されたURL等は予告なく変更される場合があります。
※本書の対象に関する詳細は008ページをご参照ください。
※本書の出版にあたっては正確な記述に努めましたが、著者や出版社などのいずれも、本書の内容に対して何らかの保証をするものではなく、内容やサンプルに基づくいかなる運用結果に関しても一切の責任を負いません。
※本書に記載されている会社名、製品名はそれぞれ各社の商標及び登録商標です。
※本書の内容は、2020年10月執筆時点のものです。

　「自動運転」や「MaaS（Mobility as a Service）」という概念をビジネス視点で語る場合、自動車を代表とする「移動」「交通」といったテーマとして捉えられがちですが、実際には、小売り、金融、医療、広告、エンタテインメントなどあらゆるサービス業をも巻き込む非常に巨大な新規事業の機会に着目すべきです。そのため本書では、「自動運転ビジネス」という言葉を、「既存の自動車業界に加え、車が自動で動くようになった時にその上に乗るMaaSなど様々なサービスのことも含めたビジネス」として使用しています。このような定義に基づけば、近い将来、自動運転ビジネス市場は、ゆうに700兆円を超える規模に急拡大していくともいわれています。

　2020年は、新型コロナウイルスによる影響で一気に「コンタクトレス」（非接触）というテーマが注目され、結果「自動運転」技術について非常に注目を集めるようになりました。「自動運転ビジネス」に身を置く立場としては、一気にビジネスチャンスが拡大したと捉えることもできるでしょう。

　そこで本書では、この先、「ウィズコロナ時代」において、どのような自動運転を活用した事業機会があるのかといった中長期的な展望から、足もとの事業開発の種まきに必要なヒントまで、自動運転やMaaS業界に精通した業界トップメディアの発行人を務める著者だからこそ語れる「自動運転ビジネス」の全容について、最新動向を交えてわかりやすく解説します。

　これをきっかけとして、「自動運転ビジネス」を強力に推進するビジネスパーソンが一人でも多く生まれることにつながれば幸いです。

2020年10月吉日
下山哲平（株式会社ストロボ代表取締役社長／自動運転ラボ発行人）

CONTENTS

Part 1 │ 自動運転ビジネスの市場

Chapter 1 │ 自動運転の基礎知識

Chapter 2 │ 自動運転ビジネスが注目される理由

Chapter 3 │ 自動運転で実現するビジネス革命

Chapter 4 │ 自動運転ビジネスの市場規模と関連業界

Chapter 5 │ 自動運転ビジネスで利用されている技術

Chapter 6 | 自動運転ビジネスの海外事例

Part 2 事業者紹介

Chapter 7 | カオスマップ／事業者カタログ

Part 3 分野別ビジネス参入手法

Chapter 8 | 自動運転ビジネスに参入するための考え方

Chapter 9 | 自動運転×業界「小売業」

● 本書の対象読者と特典ファイルについて

本書について

　本書は、自動運転にかかわるビジネスを考えている方に向けて、自動運転ビジネス（MaaSなど様々なサービスも含む）の基礎知識と各分野における事例、及び業界・サービスへの参入方法について、各業界・サービスごとに図解で解説した書籍です。

　本書で扱う業界・サービスは以下の通りです。

業界	・小売業　　　　　・物流業　　　　　　　　　　・不動産業
	・農業　　　　　　・BtoG（行政・官公庁向けビジネス）

サービス	・広告　　　　　　・金融・決済　　　　　　　・エンタメ・コンテンツ
	・情報セキュリティ　・カーシェアリング

対象読者

　自動運転及びMaaSビジネスへの事業参入を考えている企業のプロジェクトマネジャーや経営層。

会員特典データのご案内

　会員特典データは、以下のサイトからダウンロードして入手いただけます。

　・会員特典データのダウンロードサイト

　　`URL` https://www.shoeisha.co.jp/book/present/9784798163093

注意

　会員特典データをダウンロードするには、SHOEISHA iD（翔泳社が運営する無料の会員制度）への会員登録が必要です。詳しくは、Webサイトをご覧ください。会員特典データに関する権利は著者及び株式会社翔泳社が所有しています。許可なく配布したり、Webサイトに転載したりすることはできません。会員特典データの提供は予告なく終了することがあります。あらかじめご了承ください。

免責事項

　会員特典データの記載内容は、2020年10月現在の法令等に基づいています。

　会員特典データに記載されたURL等は予告なく変更される場合があります。

　会員特典データの提供にあたっては正確な記述に努めましたが、著者や出版社などのいずれも、その内容に対して何らかの保証をするものではなく、内容やサンプルに基づくいかなる運用結果に関しても一切の責任を負いません。

　会員特典データに記載されている会社名、製品名はそれぞれ各社の商標及び登録商標です。

著作権等について

　会員特典データの著作権は、著者及び株式会社翔泳社が所有しています。個人で使用する以外に利用することはできません。許可なくネットワークを通じて配布を行うこともできません。商用利用に関しては、株式会社翔泳社へご一報ください。

2020年10月

株式会社翔泳社　編集部

INTERVIEW

・ソニー株式会社
・株式会社モービルアイジャパン

ソニー株式会社
INTERVIEW

企業情報

会社名	ソニー株式会社
役職	AIロボティクスビジネス担当 川西泉（かわにし・いずみ）
企業概要	大手電機。イメージセンサー、ゲーム、映画・音楽、金融分野に重点。
URL	https://www.sony.co.jp/

ソニー株式会社は、ラスベガスで開催された世界最大規模の家電見本市「CES 2020」で、自社開発の自動運転EVの試作車「VISION-S」を公開しました。VISION-Sを開発した経緯やモビリティ業界での今後の展開について、VISION-Sの開発責任者でAIロボティクスビジネス担当執行役員である川西泉氏と、著者の下山哲平が対談を行いました。川西氏は、エンタテインメントロボット「aibo」の開発にも責任者として携わった経歴を持っています。

「CES 2020」で自動運転車「VISION-S」を発表

下山　本日は、要素技術やコンテンツなど御社が持っている強みをどのように活かそうとしているのかなど、自動運転ビジネスというかモビリティ業界への参入を決断された経緯や今後の構想について、お聞かせいただければと思っています。

　まずお聞きしたいのは、2020年1月に「CES 2020」で発表された「VISION-S」（図1）についてです。VISION-Sは、OEM（自動車メーカー）以外の企業が発表した本格的な自動運転EVの試作車ということで、モビリティ業界に非常に大きなインパクトを与えたと認識しています。VISION-Sプロジェクトを立ち上げた経緯を教えていただけますでしょうか。

川西　大きな背景としては、CASEという言葉で表現されるように、100年に一度の変革期を迎えている自動車産業において、弊社としてモビリティという大きな枠の中で何ができるのか、どんな貢献ができるのかを社内で長く議論をしてきた経緯があります。弊社はこれまで自動車をつくった経験はありませんが、これから自動車産業を大きく変えるであろうEVに対して、弊社の持っているIT企業としての知見を加えることで、新しい形のモノをつくれるのではないかと考え、実際に形にしてみることにしました。

図1　VISION-S

モビリティ業界参入の布石としての タクシー配車アプリ事業

下山　モビリティ業界へのチャレンジとしては、御社はグループ会社・みんなのタクシー（図2）を通じて2019年4月からタクシー配車アプリ事業を開始されています。弊社でもいち早く取材させていただいたのですが、その時の印象としては、自動車が生み出すビッグデータを扱うビジネスを想定して、サービスから参入されたと感じました。ハードウェア、すなわち車両を製造するための布石だったのでしょうか。

川西　はい、確かにそういう一面もありました。カーシェアリングのような新しい移動手段は、今後ますます増えてくるでしょう。東京における移動手段では、タクシーは大きな位置を占めています。タクシーという移動手段に対して、弊社が持っているITやクラウドの技術を投入することには十分に意味があると考えました。

もうひとつの側面としては、弊社では車載センサーを取り扱っていますので、そのセンサーをタクシーに搭載することで、安全な自動車をつくるためのデータを収集したかったということもあります。いかに安全な車がつくれるかがサービスの大前提になると考えているためです。

さらにいえば、タクシー運転手は、人を目的地まで安全に送り届けるプロのドライバーです。その走行データから、モビリティの安心安全の知見が得られるのではないかと期待して、みんなのタクシーを始めたという経緯はあります。

図2 みんなのタクシー株式会社

出典：みんなのタクシー株式会社：公式HPより引用
URL：https://www.mintaku.co.jp/jp

モノづくりの会社であるソニーが持つ企業文化

下山　素晴らしいですね。モビリティ業界、特に自動運転業界は、非常に長期的な事業開発投資が必要な分野です。そんな中で、安心安全のためのビッグデータ収集の布石を打って、強みである車載センサーというコア技術をきちんと活かしながら、VISION-Sを形につくり上げるまで投資することを決断できたところに、御社の強さを改めて感じました。私もいろいろな企業様に中立な立場で取材していますが、大手企業であっても新規事業の立ち上げの過程で投資に弱腰になるケースが多くあると感じています。他業界からモビリティ業界への参入方法のお手本を示していただいたような気がします。

川西　人間は物理的な世界の中で生きています。モノとサービスの関係を考えると、片方だけしかないのは何となくバランスが悪い気がします。弊社の原点はモノづくりの会社ですから、実際にリアリティを追求した自動車を自分たちでつくってみようという案は割とスムーズに通りました。

　車載センサーを検討するにあたっても、実際に自分たちが走ってみて、どこにどういうセンサーが必要なのか、センサーにはどういう性能が必要なのかがわからないと、自動車をつくるノウハウは蓄積されていかないのではないでしょうか。そういう意味でも、完成度の高い自動車を自分たちでつくることによって得られるメリットは大きいと思っています。

下山　御社は、たとえばエンタテインメントロボットのAIBOを1999年に発売されるなど、足元の収益貢献度に惑わされずに、先端技術を活用して初期の段階で商品化されてきました。今日、VISION-Sが形になった経緯をお聞きして、まずやってみるという考え方は、一貫した御社の伝統的な文化であるということを再認識いたしました。

エンタテインメントを楽しむ場としての自動車

川西　本格的な自動車をつくるのは初めての経験でしたが、いろいろ調べていくうちに、自分たちでできるのではないかと徐々に確信に変わりました。自分たちの強みを活かせそうな要素はいくつかあります。まず、弊社が持っているセンシング技術です。センシング技術の応用範囲は広く、これまでは主に家の中で使用される製品に使われてきましたが、一歩外に出た時にどう使えるか、移動する時間に対してどう使えるかがポイントになります。

　もうひとつの要素は、弊社がこれまで取り組んできたエンタテインメントです。これまで個人で楽しんだり、家の中で楽しんだりしていたコンテンツを移動時間にどう適用できるかと考えてみると、車の中の楽しみ方に対しても、新しい提案ができそうです。それを配信するためのネットワーク技術もあります。それらを組み合わせると、新しい価値を生み出せるのではないかと思っています。

下山　センシングであったり、エンタテインメントであったり、これまでは独立していたそれぞれの領域において御社が持つ強みを、移動空間という概念に対して全部活かしたら新しい価値が生まれるのではないか、という考え方でここまで進んでこられたのですね。

川西　そうですね。弊社では、ユーザー体験を非常に大事にしています。個人が身に着けたり、楽しんだりするモノをこれまで商品化してきましたが、それを利用する「場」という視点で考えると、車という移動する場、空間にどう対応できるかというのも新しいチャレンジです。弊社が持っている要素技術を投入し、どういう形をつくれるかということを具現化したのが、今回のVISION-Sだと理解していただければと思います。

移動中の車内で楽しむためには「SAFETY」が大前提

下山　ハードウェアとしてのVISION-Sを拝見すると、高次元のエンタテインメントを体験できるスペックを持った車内空間をコンセプトとして提案されているように思います。御社では、映画やゲーム、音楽などコンテンツをたくさん保持していますので、今後は車内空間を楽しめるコンテンツを供給していく事業を展開する構想も持っておられるのでしょうか。

川西　エンタテインメント性の高い

コンテンツを提供することは、当然想定しています。サービスに参入する方法としては、実際にサービスを提供する立場のサービスプロバイダーと、サービスプラットフォームを提供するビジネスモデルの2つが考えられると思っています。

VISION-Sは、将来的に自動運転が普及した時に、車内でどれだけリラックスできるかという世界観を実現する空間として検討されたものです。そのために、パノラミックスクリーンという大型のディスプレイを全面に配置して、360度の没入感のある立体的な音楽を体験できる「360 Reality Audio」を採用しています。

ただし、エンタテインメントを楽しむには、自動運転車が安心安全な状態であること、すなわち高度なセンサーなどを使って安全に移動できるということが大前提です。我々のベースラインはあくまでも「SAFETY」なのです。

そういう意味で、モビリティのセキュリティはかなり重要な要素だと捉えています。車単体のセキュリティはもちろんのこと、ハードウェアや情報を含めてのセキュリティも重要です。弊社には、セキュリティについても知見がありますので、これもひとつの要素技術といえるでしょう。サービスレイヤーにおいては、安心安全を守るシステムが基盤であり、その上にエンタテインメントやサービスを提供するレイヤーが乗るというイメージだと理解しています。

下山　御社には、センシングやエンタテインメントのほかにも、クラウド

を含めたセキュリティにも強みがあ
りました。自動運転車もコネクテッド
カーですので、外部からのハッキン
グを防ぐサイバーセキュリティもま
すます重要になります。今のところ、
サイバーセキュリティを手掛けてい
るのは、広い意味でベンチャー企業
が多い印象です。ただ、情報セキュリ
ティを任せる企業については、社会
的な信頼性が重要な要素になってく
ると思います。

川西　確かに、情報セキュリティに
ついて、要素技術を持っている企業
はたくさんあるのですが、社会インフ
ラの基盤になれるかという視点では、
規模の小さい企業には難しいと思い
ます。また、社会インフラである以
上、ある程度オープンな形で運営さ
れないといけないと思います。そうい
う意識においても弊社にはノウハウ
があるのではと自負しています。

自動運転の目的は
「移動時間をいかに楽しめるか」

下山　VISION-Sに搭載されている、
車内空間を活かした立体音響技術
「360 Reality Audio」（図3）などは、
ラグジュアリーカーの後部座席に搭
載されるエンタメ機器にも向いてい
ると思います。結果的には、自動運転
だけではなく、広く自動車産業向け
のビジネス拡大にもつながっていく
のではないかと感じました。

川西　自動運転は目的ではなく、ど
れだけ効率的に安全に移動できるか
という手段にすぎません。では、目的
が何かといえば、移動時間をリラッ
クスしたり、楽しんだり、どれだけ有
効に過ごせるかではないでしょうか。
時間を有効に過ごせる場を車内にど
うつくり上げていけばよいのか。弊
社は、家の中ではそれをすでに実現
させてきましたので、この分野に対
する知見やノウハウはあると思って
います。

ソニーがこれまで開発をしてきたカメラ
やセンサーの技術を活用した試作車。
「360 Reality Audio」を用いて、車内
では没入感のある立体的な音を体験で
きる。ボーカルや楽器などパートごとの
音源データに位置情報を付けて、球状
の空間に配置し、再生時には各方向か
ら音が鳴り響く。スピーカーのレイアウ
トも考慮されており、車内空間を活かし
た臨場感が味わえる。フロントシートに
はパノラミックススクリーンを搭載し、
目の前いっぱいにスクリーンが広がる。
運転手と乗客は、独自UIによって自在
にコンテンツにアクセスでき、多様なコ
ンテンツを楽しめるというコンセプト。

図3 360 Reality Audio

カーシェアリング時代に適した モビリティの新しい形とは

下山　完全自動運転が実現するまでには、まだ少々時間がかかるかもしれませんが、それに先行する形で自動車の保有形態は、「所有から利用へ」に変わっていくと思っています。シェアリングに移行する大きな流れについて、御社ではどのようにかかわっていく構想をお持ちでしょうか。

川西　CESが開催された2020年1月の時点では、カーシェアリングやライドシェアという流れが加速していくだろうと考えていました。しかし、新型コロナウイルスとの共存を想定した場合、ほかの人と共有するモビリティのあり方を改めて検討した方が良いかもしれません。オーナーカーであれ、サービスカーであれ、移動中の空間をどう使うかに大きな差はないでしょうから、サービスの形態に関係なく、楽しめる空間を追求していきたいと思っています。

　CESで発表したVISION-Sは、どちらかといえばオーナーカーを意識して、所有欲をくすぐるスポーティーなデザインにしています。ベースにしているEVのシャーシ（枠組み）は汎用的に使えるように設定していますので、上物を置き換えることは比較的簡単です。ホイールベースも、車内空間を広く取れるように、3000mmと広めにしています。下回りはそのまま使って、カーシェアリングやライドシェアを想定した機能性重視のデザインにした別の形態も考えられます。

下山　アフターコロナの移動手段を考えると、特に都心ではプライベートな空間で移動するために、カーシェアリングで1人乗り用の車両を借りるという人が増えるかもしれません。先ほどのロングホイールベースとは逆の発想になってしまいますが、マイクロモビリティなども御社の得意分野という印象があります。そのあたりの可能性についてはどうお考えでしょうか。

川西　市販されている自動車は、座席数が複数のものが多いですが、実際に何人乗っているかを調べてみると、1人か2人という結果でした。家族がいるので座席数の多い自動車を購入したものの、自分が移動する時にはプライベートな時間や空間、場所を楽しみたいという人も実は多いのではないでしょうか。1人で楽しめる空間を想定した場合、移動することに重点を置いた小さな自動車ということも考えられますが、やはりある程度のスペースがあった方が1人でもリラックスできるという意見もあり、社内でも議論をしているところです。

VISION-Sをはじめとする 「ソニー車」の一般販売は？

下山　ぜひお聞きしたかったことがあります。VISION-Sや、今後発表される「ソニー車」の一般販売は見据えられているのでしょうか。

川西　現時点では、発表の通り販売

の予定はありません。ただ、当面のマイルストーンとして、ナンバープレートを取得し、街を走れるところまでにする予定です。公道を走れるようになれば、販売するかどうかは別にしても、一般の市販車と同じ状態になります。

もともと、VISION-Sは公道を走ることを大前提にしてプロジェクトがスタートしています。公道を走るとなると、道路交通法を守り、様々な安全基準も満たす必要があります。衝突安全も考慮しないといけません。それらが前提の上でのデザインです。モックアップのコンセプトカーであれば、突飛なデザインにすることも可能でしたが、それでは単に置物でしかすぎません。安心安全でリアリティのある完成度の高い自動車をどうつくるかをとことん追求しました。

CESで展示したVISION-Sには、一部の安全部品がまだ取り付けられていませんので、これから完成を目指して部品の設計を行う予定です。そのためにTier1（一次サプライヤー）メーカーさんと協業させてもらっています。近い将来、公道を走れる状態になるでしょう。

日本におけるテスト走行と VISION-Sの今後の展開

下山　CESでVISION-Sが発表された時には、2020年度中に公道のテスト走行を行う予定だとお聞きしました。その後の新型コロナウイルスの影響も小さくないと思うのですが、テスト走行は予定通りに実施できそうでしょうか。

川西　弊社の開発拠点はヨーロッパにありますので、新型コロナウイルスの影響は少なからず受けています。しかし、設計は比較的順調に進んでいますので、2020年度中のテスト走行は可能ではないかと考えています。

テスト走行は、日本・アメリカ・ヨーロッパで行う予定です。順番や実施時期は変動する可能性はありますが、市街地の走行も行いますので、いずれは日本でもテスト走行を行うことは間違いありません。

下山　本日は、重点的にお話しいただいたVISION-Sをはじめとして、強みである要素技術を活かして安心安全な車両本体を開発していくという、きれいに一本の筋が通った御社の方針に感銘を受けました。最後に、モビリティビジネスをどのように拡大していくか、御社の描いている将来的な構想があれば教えていただけますでしょうか。

川西　今後の展開や構想については、いろいろな可能性があると思っています。実際に、CESでVISION-Sを発表してから、OEM各社からもコンタクトがあり、継続してお話ししています。どことどんな協業をしていくかについては、完全にオープンな状態です。実は、自分たちだけでやっていくという意見もあり、社内でも議論を進めています。現時点では、いろいろな可能性を想定して、あまり方針を限定せずにオープンな姿勢を維持したいと考えています。

株式会社
モービルアイジャパン
INTERVIEW

企業情報

会社名	株式会社モービルアイジャパン
役職	代表取締役・CEO 川原昌太郎（かわはら・しょうたろう）
企業概要	先進運転支援システム（ADAS）の開発、SoC及びコンピュータビジョンアルゴリズムの提供
URL	https://www.mobileye.com/

株式会社モービルアイジャパンは、IntelグループであるイスラエルMobileyeの日本法人として、自動運転システムや自動運転に欠かせない地図データの生成システムなどを提供しています。Mobileyeが自動運転に参入した経緯や今後のビジネス構想について、日本法人の設立前から日本市場の開拓に携わった代表取締役社長の川原昌太郎氏と、著者の下山哲平が対談を行いました。

モービルアイジャパンの設立経緯と事業概要

下山　御社の母体であるMobileyeは、画像処理技術や半導体設計などに強みを持つイスラエルのテクノロジー企業であると認識しています。2017年にIntelの傘下に入ってからは、自動運転技術の開発やサービスの提供に力を入れているとお見受けします。テクノロジーから自動車業界に本格参入された経緯や自動運転用のマップなどのデータビジネス、さらには日本市場における今後のサービス展開などについて、いろいろとお聞かせいただければと思っています。どうぞよろしくお願いいたします。

まずは、日本法人のモービルアイジャパンが設立された経緯も含めて、御社の事業概要を教えてください。

川原　母体のMobileyeは、カメラをベースとしたADAS（先進運転支援システム）のコアテクノロジーを供給する会社として、イスラエルで1999年に設立されました。我々が提供しているコアテクノロジーとは、車載カメラの画像を処理するコンピュータービジョンと呼ばれる分野のアルゴリズムと、その性能を効率的に活かせる半導体チップ（SoC）である「EyeQ」の主に2つです。

これらの根幹ビジネスはこれからも継続していきますが、当初より、日本市場は重要市場のひとつとして掲げておりました。その日本市場での売上を伸ばすために、2006年に日本法人であるモービルアイジャパンが設立され、2002年からMobileyeの日本代表として活動していた私が、日本法人の代表者に就任いたしました。

自動運転への機運の高まりに伴い、今後期待できる新しいビジネスの領域として、我々が開発したREM（Road Experience Management 図1）という自動高精度地図生成システムを活用したデータビジネスの展開も視野に入りつつあります。データビジネスについては、自動運転が実用化されると思われる2030年くらいまでのビジネスストラテジーを立てています。

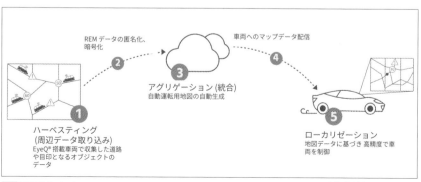

図1 REMのプロセス

出典：株式会社モービルアイジャパン

下山　自社で保有されるマップデータを、プラットフォーム的な立ち位置で収益化する長期的なプランをすでに持っておられるのですね。設立当初は、強みである要素技術を盛り込んだEyeQチップなど、広い意味で車載部品を製造・販売していくビジネスモデルだったと思いますが、データビジネスなど自動運転領域におけるITサービスにも拡大していく構想は、設立時から持っておられたのでしょうか。

川原　Mobileyeが設立された当初は、まだ自動運転の実用化の時期が見えなかったので、自動運転向けのサービスについても具体的な構想はありませんでした。大きな転機になったのは2009年にGoogleが始めた自動運転のプロジェクト、後にスピンアウトしたWaymoの登場でした。Waymoによって、自動運転に対する機運が高まってきたように感じます。安全な自動運転の実現のために、我々の強みであるADASを使って何ができるのかを真剣に検討を始めたのが2010年頃でした。その検討を通じて、自社のクラウドサーバに自動車からデータを吸い上げて、高精度の地図を自動生成するというREMのビジネスモデル開発に2012年頃に着手しました。従来は、EyeQチップを1個売っていくらというビジネスモデルでしたが、データビジネスの場合は、データを継続提供することで、毎年継続的に収入が得られるモデルを構築できるのが最大の魅力です。

WILLERと提携して
日本でMaaSサービス展開へ

下山　まだ自動運転の市場がまったく形成されていない約10年前から、長期的な視野で地図データの活用にフォーカスされて、ビッグデータを収集する仕組みまでつくり上げたのは素晴らしいことだと感じました。

2020年7月に、WILLERとの提携により日本市場でMaaSサービスを展開するという発表がありました。地域における交通手段の提供や、高速道路を使った長距離移動手段の提供など、日本市場での展開はどのように考えているのでしょうか。具体的なサービスのローンチ目標などを可能な範囲で教えてください。

川原　完全自動運転による無人で運行する「ロボタクシー」と、オンデマンド型でシェアサービスとして提供される完全自動運転の「自動運転シャトル」を2023年にサービスインする計画です。サービスインに先立ち、2021年にセーフティドライバーが搭乗した状態でロボタクシーの実証実験を日本の公道で行います。

商用サービスを行うエリアについては、WILLERと現在検討中です。サービスを展開するにあたり、国からの補助金に頼ることなく、自分たちだけで持続可能なビジネスモデルを構築することを第一使命に考えていますので、それを実現するのはどのエリアが最も適しているかという視点で詳細を詰めているところです。

同様のMaaSサービスについては、日本だけでなく、イスラエルや

台湾、ASEAN諸国でも展開していく計画ですが、サービス内容は国や地域ごとに異なっています。たとえば、イスラエルでのサービス展開では、Intelが2020年5月に傘下に収めたMaaSプラットフォームを手掛けるMoovitが中心的役割を演じますが、日本ではその部分をWILLERが担当して、我々は表に出ない形になる予定です。

地図データを自動生成するREMのビジネスモデル

下山　自動運転を実現するには、精密なマップが必要ですが、自前でマップのデータを収集して整備するとなると膨大なコストがかかります。たとえば、自動運転が絡まないMaaS系サービスにおいてGoogleマップを商用利用しようとしただけで多額なライセンス料がかかってしまいます。御社は独自に収集したマップデータを使ってデータビジネスの展開を考

えられておられますが、データを収集する仕組みはどのようなものでしょうか。

川原　REMの基本的な仕組みは、弊社のカメラシステムを搭載した一般車両から、カメラの捉えた道路や標識のデータ（図2）を弊社のクラウドサーバに送信して、そのデータを使って地図を生成し、新しいデータで自動更新します。クラウドサーバに送信する際、カメラが収集した画像そのものではなく、EyeQチップでエッジ処理したテキストデータに変換しますので、送信するデータ容量は1kmあたり約10キロバイトと非常に小さくなり、通信コストもかなり低減しています。また、送信されるデータはどの車両から送信されたかというパーソナルデータとは一切紐付きませんので、GDPR（General Data Protection Regulation：一般データ保護規則）で定めるデジタルデータのプライバシー保護規定にも準拠しています。

図2 カメラが捉えるデータ

出典：株式会社モービルアイジャパン

株式会社モービルアイジャパン

REMには、ビジネスモデルとしてのポイントが2つあります。ひとつ目は、弊社が所有権を持つロードブックです。ロードブックとは、REMで使われる地図のことを指します。REMにデータを収集する方法としては、OEMメーカーと提携して販売される新車にシステムを搭載してもらう方法と、中古車にシステムを搭載してもらう方法があります。いずれのケースでもデータをREMに使用する権利を弊社が所有します。

もうひとつは、地図の情報を更新するメンテナンスです。クラウドソーシングを活用した地図生成ソリューションであり、地図の構築もメンテナンスも基本的にすべて自動です。レーザースキャナーを使って地図の構築やメンテナンスをするという従来の方法に比べると、圧倒的にメンテナンス費用を含めたランニングコストを下げることが実現しています。

これはすでに発表済みのデータですが、OEMメーカーの量産車を中心に、2022年末までに世界中で2,000万台以上に弊社のシステムを搭載して、REMで利用するデータを収集できるようになる予定です。

自動車メーカーと提携して データ収集を推進

下山　タクシー会社から聞いた話では、東京都内だとすべての路地を含めて、だいたい1日あればほぼカバーできるそうです。たとえば、タクシー会社と提携して、タクシーにカメラを搭載することでデータだけ先に収集する手もあったかと思いますが、今日のお話しでは、OEMメーカーと提携して量産車に搭載されるとのこと。御社がビッグデータを収集するにあたって王道を歩んでおられるという印象を持ちました。今後も、OEMメーカーの量産車に搭載することをメインに、地図データの充実を図っていく方針でしょうか。

川原　長期的には、OEMメーカーさんとのパートナーシップを拡大していく予定です。その一方で、短期的には、特定のエリアでサービスを展開するにあたってデータが足りないのであれば、タクシーなどの既販車を使ってデータを補完するというアプローチも可能です。我々が目指している、補助金に頼らない持続可能なビジネスモデルを構築するという観点では、街全体をデジタルデータ化して、地図だけではなく、道路の老朽化情報や歩行者がどこを歩いているかという動的情報などもサービスとして提供することも想定しています。データビジネスの収益を見据えたロボタクシー事業を展開することが、持続可能なビジネスモデルになるのではないでしょうか。データビジネスとの組み合わせで、ロボタクシー事業を採算に乗せられるエリアを増やしたいと思っています。

下山　2022年末までに、世界で2,000万台に御社の地図情報収集機能付きのシステムが搭載予定とお聞きしましたが、そのうち、日本ではどのくらいの車両に搭載される予定で

しょうか。日本の道路情報を地方まで網羅するには、車両数がかなり必要になるのではないかと感じました。

川原　日本では、OEMメーカー2社と契約して、2019年8月頃から弊社のシステムを搭載した一般車両を通じてデータの収集を開始しています。具体的な数値については開示していませんが、カバレッジの状況をヒートマップ的に時系列で観察すると、すでに国内の主要道路をほぼカバーできています。車両に搭載して日々走行していれば、計画通りに国内の道路をすべて網羅できると認識しています。

下山　日本では2社のOEMメーカーと提携されているそうですが、収集したデータの所有権や活用方法について、どういう交渉をされたのでしょうか。OEMメーカーもデータを自分たちだけで所有したいという希望もあったと想像しますが、御社の提案が通ったポイントはどのようなところにあるのでしょうか。

川原　OEMメーカーには、最初から現在のREMのビジネスモデルをもとに提案しており、交渉の経緯や内容は詳しくお話しできないですが、それまで培った関係を上手に活かして合意に達しています。基本的には、収集したデータをREMに使用する権利を弊社が保有して、REMに利用する以外の用途については、共同で新しい収益モデルをつくる方向で柔軟に話し合っています。自動車が生み出す移動データは、人の動きや消費に

かかわってきますので、OEMメーカーもデータの活用には大きな関心を持っているようです。

自動運転の安全性を定義する世界標準

下山　独自の要素技術を武器に自動運転ビジネスに参入をしようとしている企業にとって、自動運転がいつ普及するか、正確に予測するのが難しいことが大きな不透明要素です。御社は、すでにマップデータビジネスやロボタクシーなどMaaSサービスを着実に進めてこられていますが、自動運転ビジネスを推進するにあたってハードルと感じたことは何でしょうか。

川原　我々がこれまでハードルと感じていて、これからクリアしていかないといけないと考えているのは、まず「レギュレーション」です。次いで、「社会からの受け入れ」、コストを含めた「ビジネスモデル」、後は「テクノロジー」だと認識しています。弊社では、それぞれの課題に対して、的確なアクションを取ってきていると自負しています。

特に、レギュレーションに関しては、大きな取り組みとして、「RSS（Responsibility-Sensitive Safety）」という、自動運転の安全を数式で定義するわかりやすい世界標準をつくろうとしています。

RSSは、定型数式による計算を通じて自動運転車が自己の行動・制御判断ミスによる事故を起こさないようにす

るためのものです。MobileyeのCEOであるアムノン・シャシュア博士が発表した学術論文に基づいて構成されていて、2017年に韓国で開催されたWorld Knowledge Forumで初めて公表されました。

　現在、AVの実用化が間近になるにつれ、規制機関は世界規模でAVを運用するための迅速なルール策定をより強く求められています。そのため、深い技術知識と迅速にグローバルな標準規格を開発することで知られるIEEE（Institute of Electrical and Electronics Engineers：アイ・トリプル・イー）でその標準化を進めており、近いうちに第1弾の標準策定案を発表する予定です。

目標は事故率を人間運転の 1/1000にすること

下山　たしか、2019年のCESで大々的に発表されていましたね。弊社の「自動運転ラボ」でもお伝えしたことがあります。Intelさん自体が世界標準の会社なので、とてもいい取り組みだと思います。RSSの特徴はどんなことでしょうか。

川原　RSSは人間が自動車を運転する時に日頃意識的または無意識的に使っている「安全運転」を数式化したものです。地域や環境によるばらつきを網羅するためにパラメーターが用意されています。また、RSSによって安全な判断が保証されることで、システム全体の性能目標を立てる際にシステムのほかのコンポーネ

ントに求められる性能が明確になるというメリットもあり、開発計画や評価検証方法もシンプルになります。

　たとえば、現在当社は人間の運転よりも1000倍安全、すなわち事故率が1/1000の自動運転システムを目指していますが、RSSを正確に実装することで、センシングシステムに求められる性能が決まります。当社のセンシングシステムは2つの異なるセンサー群でそれぞれLevel4相当を実現する「True Redundancy」、訳して確かな冗長性、を主なコンセプトとしております。ひとつ目は単眼カメラを12個使った360度センシング、もうひとつがLidarとミリ波を使った360度センシングですが、このTrue Redundancyにより目標性能と評価量、さらにシステムコストの最適化を実現することができています。

下山　2019年3月に自動運転の精度や認識技術を競う技術競技会「自動運転AIチャレンジ」が自動車技術会の主催で開催されまして、その時のパネルディスカッションで私が司会を務めさせていただきました。ゲストとしてAIの第一人者である東京大学大学院工学系研究科総合研究機構の松尾豊特任准教授も参加されていましたが、「正解を誰かがつくらない限りは、自動運転は社会に受け入れられない」という趣旨のことをおっしゃっていました。自動運転車が安全であるという基準を誰かが決めないと議論は進まない、と。この部分は、RSSの理念と共通しているように感じました。

川原　どんなに安全性の高い自動車であっても、レアケースによる交通事故を完全にゼロにすることはできません。そこが自動車メーカーがジレンマに陥るところでしょうか。もちろん人の命は守るべきですし、一方で社会にとって有益な自動運転技術は普及させていくべきものだと信じていますので、その普及のための基準を明確にするのが我々のアプローチです。事故をゼロにできなくても、事故率を人間運転の1/1000にできれば、十分に安全だと認められるのではないでしょうか。

RSSは、事故原因を究明することにも大いに貢献できます。RSSを実装していると、事故が起きた時に、第三者の無謀な運転が原因なのか、センシング自体の問題なのかなど、責任の切り分けを明確にできるロジックになっています。自動運転時に起きた事故の原因が究明できないと、社会に受け入れられない要素になり得ますが、RSSを実装することで、その問題はクリアできるかなと期待しています。

今後の ビジネス展開構想について

下山　御社は、自動運転におけるインフラともいえる地図データを中心にデータビジネスを推進しており、今後はインフラプラットフォーマーとして収益をあげるビジョンをお持ちです。地図データを収集するにあたって人の移動データも集約できる立場であることを考えると、それらのデータを対消費者向け（toC）のコンテンツやサービスに転換することも可能だと思います。今後は、toCのビジネス、たとえばロボタクシーへのコンテンツ配信など、いわゆるソフトウェアマネタイズも御社の長期計画の構想に入っているのでしょうか。

川原　海外、特に東南アジアでは、Moovitがその領域のビジネスを行っています。Moovitがグループに加わったことで、その領域のビジネスを展開する可能性については、今後検討していきたいと思っています。

下山　本日は、いろいろと興味深い話を聞かせていただき、ありがとうございます。最後に、何らかの強みを持っていて、これからMaaSなど自動運転サービス市場に参入したいと考えている企業に対して、自社の要素技術をどう自動運転に活かしていくのか、自動車産業とどう向き合っていくのかなどを含めてアドバイスをいただければ幸いです。

川原　自動車向けの要素技術については、量販車に採用されることがゴールになると思っていますので、コストと安全性が大きな鍵になります。サービスという視点では、多くの人に使われるコンテンツであるかどうか、社会から求められるコンテンツをどれだけ突き詰められるかだと思います。これまで誰もやっていない新しいことで、かつ社会がそれを必要としているかどうか。そこの判断が重要ではないでしょうか。

Part 1　自動運転ビジネスの市場

Part1 では、自動運転及び MaaS ビジネスに参入するのに必要な知識や情報を網羅しています。

自動運転の基礎知識

　自動運転は、レベル0からレベル5までの6段階に分類されます。日本政府は自動運転の実現に向けて官民一体で取り組んでおり、無人での自動運転が可能になるレベル4を2025年頃に実用化する目標を掲げています。

自動運転ビジネスが注目される理由

　既存の自動車業界に加え、車が自動で動くようになった時にその上に乗る MaaS など様々なサービスのことも含めて自動運転ビジネスと表現しています。人が運転から解放されると移動時間がすべて自由時間に変わるなど、ライフスタイルに大きな変化が生まれます。

自動運転で実現するビジネス革命

　自動運転が実用化されることで、幅広い業種に大きな経済波及効果があります。特に、小売業は非常に大きな恩恵を受けます。農業など既存の業界も、自動運転社会の到来で大きく変貌するでしょう。

自動運転ビジネスの市場規模と関連業界

　自動運転ビジネス市場は、「自動車業界」と「関連サービス業界」に分類できます。自動運転の実用化によって新しいサービスが次々に登場し、自動運転車向けの広告・サービス市場が巨大市場になると見込まれています。

自動運転ビジネスで利用されている技術

　自動運転車には、AI（人工知能）やセンサーなどの最先端技術が搭載されます。自動運転サービスの実現にも、多様な IT 技術が使われます。利用されている技術を知ることで、自動運転ビジネスへの参入機会が広がります。

自動運転ビジネスの海外事例

　自動運転ビジネスにおいて、特徴的な技術やサービスを開発・商用化している海外の事例として、「Waymo」「Amazon.com」「Bosch」「Uber」「Tesla」「Luminar」「GM Cruise」の合計7社を取り上げました。

自動運転ビジネスの市場

※各章で用いる「自動運転ビジネス」は、既存の自動車業界に加え、車が自動で動くようになった時にその上に乗るMaaSなど様々なサービスのことも含めたビジネスとして表現しています。

Chapter 1

自動運転の基礎知識

自動運転は6段階のレベルに分けられていて、一般的にはレベル3以上が自動運転と表現されます。日本政府がいつまでにどのレベルの実現を目標に掲げているかなど、自動運転ビジネスに参入するうえで必要な基礎知識をまとめました。

01 自動運転とは

自動運転は、レベル0からレベル5までの6段階に分類されます。レベル4以上になると無人での自動運転が可能になります。

● 自動運転の定義とレベル

自動運転は、技術的にどの程度の自動運転が可能なのかを基準にレベル分けされるのが一般的です（図1、図2）。日本では、SAE（米国自動車技術会）が2014年1月に公表（2016年に改正）した自動運転レベルの定義[*1]が採用されています。

SAEの自動運転レベルは、レベル0からレベル5までの6段階に分類されています。レベル1は、アクセルやブレーキなど車両の前後方向の制御、またはハンドルを使った横方向の制御のどちらかひとつをシステムが担います。レベル2になると、縦方向と横方向の両方をシステムで自動制御できます。2020年9月時点で、日本国内で自動運転機能もしくは運転支援機能をうたって市販されている車種は、レベル2までに相当します。

● レベル3とレベル4以上の決定的な違い

一般的には、レベル3以上が「自動運転車」と表現されますが、レベル3とレベル4以上では非常に大きな違いがあります。

レベル3（条件付き自動運転車）では、高速道路など特定条件下での自動運転が可能になり、いわゆる「よそ見運転」も許されますが、人間が自動車を直ちに制御できる状態で運転席に待機することが求められます。それに対して、レベル4以上では、自動運転システムを作動中は運転に関する操作はすべてシステムが行うようになります。

レベル4（特定条件下における完全自動運転車）とレベル5（完全自動運転車）の違いは、レベル4が高速道路など指定された場所だけで自動運転が認められるのに対して、レベル5では細い路地などすべての公道で自動運転が可能になる点です。

● 自動運転の実現に必要な条件や環境

レベル4以上の完全自動運転を実現するためには、自動運転車をつくる技術の開発のほか、自動運転車が公道を走るための法整備、自動運転車の走行に適した道路環境の整備など、様々な準備が必要です。

自動運転車の開発に必要な技術としては、位置特定技術や認識技術、AI技術、予測技術、プランニング技術、ドライバーモニタリング技術、通信技術などがあげられます。必要な技術の詳細や開発の現状については、Chapter5で

*1 SAE の自動運転レベルの定義（J3016）：https://www.sae.org/news/2019/01/sae-updates-j3016-automated-driving-graphic

説明します。

　自動運転車の走行には道路などの環境の整備も必要ですが、自動運転システムが作動する前提となる走行環境条件のことをODD（Operational Design Domain、運行設計領域）と表現します。公道における自動運転の実用化は、まず高速道路から始まるといわれています。高速道路に自動運転専用レーンを設けるなど、自動運転に適した状態にアップデートすることが検討され始めています。

各レベルの名称・主体・走行領域

自動運転化レベルの0〜5まで、それぞれレベルの名称と主体、走行領域などが示されている。

段階	名称	主体	走行領域
0	運転自動化なし	人	―
1	運転支援	人	限定的
2	特定条件下での自動運転機能	人	限定的
3	条件付き自動運転	人／車	限定的
4	特定条件下における完全自動運転	車	限定的
5	完全自動運転	車	限定なし

図1 自動運転レベルとは

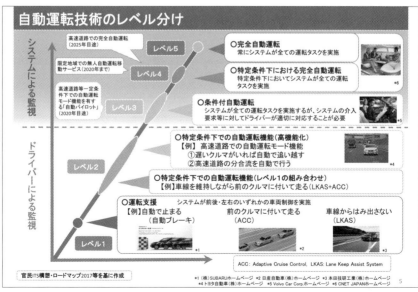

図2 国土交通省作成のレベル1から5までの解説図

出典：国土交通省：『運転支援技術・自動運転技術の進化と普及』より引用
URL：https://www.mlit.go.jp/common/001213451.pdf

02 自動運転普及に向けた 日本政府の意向

日本政府は自動運転の実現に向けて、官民一体で取り組んでいます。自家用車については、2025年頃に高速道路でのレベル4の実用化を目指すという目標を掲げています。

国策ともいえる自動運転の実現

近年、欧米や日本のみならず、中国やアジア諸国も自動運転を強力に推進しています。各国が自動運転に力を入れる理由は、自動運転が実現すると大きな経済波及効果が得られるからにほかなりません。日本にとって自動車は世界市場を対象にした大きな産業でもあり、国をあげて自動運転社会の実現を目指しています。自動運転の推進は、日本の国策のひとつといってもいいでしょう。

日本政府は、自動運転の実現に向けて、官民一体となって準備を進めています（表1）。自動運転の分野で日本がリードするためには、AIなど最新技術の開発を担う人材育成も重要なテーマです。その一環として、2019年には自動運転の精度や認識技術を競う国際大会「自動運転AIチャレンジ」[*1]が自動車技術会の主催で行われました。大きな成果が得られたことから、第2回大会の決勝が2020年9月から11月にかけてオンラインで開催されます。

いつまでにどのレベルの実現が見込めるか

政府の高度情報通信ネットワーク社会推進戦略本部（IT総合戦略本部）が2020年7月に公表した「官民ITS構想・ロードマップ2020（案）」[*2]では、2020年の高速道路におけるレベル3の市場化を皮切りに、2025年を目途に高速道路におけるレベル4の実用化、物流での自動運転システムの導入普及、限定地域における無人自動運転移動サービスの全国普及などを実現して、2030年までに「世界一安全で円滑な道路交通社会」を構築するという目標が掲げられています。

世界的に見て、日本の自動運転に対する取り組みは、どの程度進んでいるのでしょうか。世界の4大会計事務所のひとつとして知られるKPMGが算出した自動運転車対応指数（AVRI）2020年版[*3]によると、日本は5Gの普及が遅れたことなどが影響して前年から順位をひとつ下げて11位となりました。自動運転関連の特許取得件数が最も多いなど、技術やイノベーション項目では引き続き高い評価を得ています。

自動運転の実用化に向けて進む法整備

自動運転の推進には、法律の整備が欠かせません。日本は自動運転への取り組みで欧米に遅れを取っていると思われがちですが、日本政府の対応はスピーディーであり、法整備ではむしろアメリカよりも先行しているほどです。

＊1 自動運転AIチャレンジ：https://www.jsae.or.jp/jaaic2019/index.html
＊2「官民ITS構想・ロードマップ2020（案）」：https://www.kantei.go.jp/jp/singi/it2/dai78/siryou2-2.pdf
＊3 第3回 KPMG 自動運転車対応指数を発表：https://home.kpmg/jp/ja/home/media/press-releases/2020/08/avri2020.html

　2019年には道路交通法（図1）と道路運送車両法の改正を行い、2020年4月の施行後は公道でのレベル3の自動運転が可能になりました。道路運送車両法では、限定地域で遠隔型自動運転システムを使った移動サービスを可能にするなど、すでにレベル4を想定した内容も盛り込まれています。目標通りに2025年頃にレベル4が実用化されるとしたら、その先に待っているのは完全自動運転社会です。レベル5の実現には、自動運転の安全性を担保するために人工知能やセンサーカメラなどのさらなる技術革新が求められますが、それほど遠い未来の話ではありません。

表1　自動運転システムの市場化・サービス実現期待時期[1]

	レベル	実現が見込まれる技術（例）	市場化等期待時期[2]
自動運転技術の高度化			
自家用	レベル3	高速道路での自動運転	2020年目途
	レベル4	高速道路での自動運転	2025年目途
物流サービス	[3]―	高速道路でのトラックの後続車有人隊列走行	2021年まで
		高速道路でのトラックの後続車無人隊列走行	2022年度以降
	レベル4	高速道路でのトラックの自動運転	2025年以降
移動サービス	レベル4[4]	限定地域での無人自動運転移動サービス	2020年まで
	レベル2以上	高速道路でのバスの運転支援・自動運転	2022年以降
運転支援技術の高度化			
自家用	レベル2	一般道路での運転支援	2020年まで
	レベル1、レベル2	運転支援システムの高度化	（2020年代前半）今後の検討内容による

※1：市場化等期待時期については、今後、海外等における自動運転システムの開発動向を含む国内外の産業・技術動向を踏まえて、見直しをするものとする。
※2：民間企業による市場化が可能となるよう、政府が目指すべき努力目標の時期として設定。
※3：トラックの隊列走行は、一定の条件下（ODD）において先頭車両の運転者が操縦し、後続車両は先頭車両に電子的に連結されている状態であるためレベル表記は行わない。
※4：無人自動運転移動サービスは、運転自動化レベル4の無人自動運転移動サービスが2020年までに実現されることを期待するとの意。

出典：高度情報通信ネットワーク社会推進戦略本部（IT総合戦略本部）『官民ITS構想・ロードマップ2020（案）』より引用
URL：https://www.kantei.go.jp/jp/singi/it2/dai78/siryou2-2.pdf

【背　景】

【自動運転の実現に向けた取組の進展】

○ 政府目標
　➤ 制度面では、2020年目途に高度自動運転システム（レベル3）に係る走行環境の整備を図る。
　　（「官民ITS構想・ロードマップ2018」平成30年6月、高度情報通信ネットワーク社会推進戦略本部等）
○ 技術開発の状況
　➤ 実験施設や各地の公道で多くの実証実験を実施

【概　要】

【自動車の自動運転の技術の実用化に対応するための規定の整備】

○ 自動運行装置の定義等に関する規定の整備
　➤ 道路運送車両法に規定される自動運行装置を「自動運行装置」として定義
　➤ 同装置を使用して自動車を用いる行為は「運転」に含まれる旨規定
○ 自動運行装置を使用する運転者の義務に関する規定の整備
　➤ 自動運行装置が使用される条件（国土交通大臣が付する走行環境条件）を満たさない場合には、同装置を使用した運転を禁止
　➤ 条件外となった場合に直ちに適切に対処できる状態でいるなどの場合に限り、携帯電話使用等禁止（安全運転義務への上乗せ）規定の適用を除外
○ 作動状態記録装置による記録等に関する規定の整備
　➤ 作動状態の確認に必要な情報を記録するための装置による記録及び保存を義務付け
　➤ 整備不良車両と認めるときは、警察官が記録の提示を求めることができる旨規定

高速道路における自動運転（イメージ）

図1　改正道路交通法（道路交通法の一部を改正する法律案）

出典：警察庁『道路交通法の一部を改正する法律（令和2年5月までに施行）』より引用
URL：https://www.npa.go.jp/bureau/traffic/selfdriving/trafficact.pdf

03 自動運転の最新動向

2020年に、日本の自動車メーカーからレベル3（条件付き自動運転車）の
の市販車が販売されます。並行して、レベル4（特定条件下における完全自
動運転車）の実証実験も行われる予定です。

● 海外で先行する自動運転車の開発

　海外では、GoogleからスピンアウトしたWaymoが2018年に自動運転タク
シーの商用サービスを開始しました[*1]。Amazon.comも、2019年1月に宅配
ロボット「Amazon Scout」の実証実験を開始しました[*2]。すでに様々な分野
で自動運転サービスが動き出しています（表1）。

　自動運転ビジネスにおいて、特徴的な技術やサービスを開発、あるいはすで
に商用化している海外の事例として、「Waymo」「Amazon.com」「Bosch」
「Uber」「Tesla」「Luminar」「GM Cruise」の合計7社をChapter6で紹介し
ています。

● 日本の主要メーカーの対応状況

　市販車として最初にレベル3の搭載にシステム的に対応したのは、ドイツ
Audiが2018年9月に販売を開始した「Audi A8」です。日本では、法律的に
公道でレベル3が利用できるようになったのが2020年4月ですので、日本で
販売された当初は、レベル3の機能は使えない仕様になっていました。

　日本の自動車メーカーでは、ホンダがレベル3に対応した車種を2020年内
に発売する意向を表明しています。ほかの主要メーカーも、2020年4月に改正
道路交通法が施行されてレベル3が解禁されたことを受けて、2020年から
2021年にかけてレベル3に対応した市販車を投入してくる可能性が高いとみ
られています。

● 東京オリンピックで最新技術の発表か

　トヨタの研究開発子会社トヨタ・リサーチ・インスティテュート（TRI）は、
2020年7月から9月にかけて、東京のお台場地区で自動運転実験車「TRI-P4」
（図1）によるレベル4の実証実験を行うと発表しています[*3]（新型コロナウイル
スの影響で発表していた予定は延期され、2021年の東京オリンピックを念頭に計画を再検討
中）。お台場地区は、交通量が多く渋滞も頻繁に発生することで知られますが、
人が運転に一切関与しないレベル4の自動運転がすでに実用段階であることを
アピールするには絶好の場所と思われます。

　また、トヨタは、2020年の東京オリンピックでレベル4の自動運転車を披露
する予定でした。2021年に延期された東京オリンピックでは、さらに最新の

＊1 Waymoの自動運転タクシー商用サービス開始：https://medium.com/waymo/riding-with-waymo-one-today-9ac8164c5c0e
＊2 Amazon.comの宅配ロボット「Amazon Scout」実証実験開始：https://blog.aboutamazon.com/transportation/meet-scout
＊3 自動運転実験車「TRI-P4」によるレベル4の実証実験：https://global.toyota/jp/newsroom/corporate/30344850.html

技術を導入した試験車両が公開されるかもしれません。1年延期されたとはいえ、東京オリンピックは、日本の自動運転技術を世界にアピールする絶好の機会であることには変わりありません。

表1 主要メーカーの状況

国	メーカー	販売時期や開発状況
日本	トヨタ	2021年の東京五輪でレベル4車両披露へ
	ホンダ	2020年内にレベル3搭載車を販売へ
	日産	レベル2の「ProPILOT 2.0」の搭載車種を発売済み
	日野	VWグループと提携、2025年以降完全自動運転実現へ
	いすゞ	日野と技術提携、路車間通信や加減速支援を順次実用化
ドイツ	BMW	2021年にレベル3.5、2020年代半ばにレベル4実現へ
	Volkswagen（VW）	2020年頃に自動運転EVを市場投入か
	Mercedes-Benz	2020年にレベル3、2020年代初めまでにレベル4実現目指す
	Audi	レベル4商用車は2021年、市販車は2025年までに市場へ
スウェーデン	VOLVO	2021年に自動運転レベル4の実現を目指すことを発表していたが、その後、レベルにはこだわらずに開発を進めることに言及
欧米	FCA	2023〜25年にレベル4実現へ。Waymoとの協業にも注目
アメリカ	Waymo	レベル4自動運転タクシー2018年に実用化。量産体制構築へ
	Apple	謎多き自動運転部門、試験走行は増加中
	GM Cruise	自動運転タクシーの2019年内のスタート計画は延期したが、開発車両の第1号を2020年1月に発表
	Ford	2021年に一気にレベル4クラスの自動運転車両
	Tesla	2020年には100万台以上のロボタクシー生産とイーロン・マスク氏が2019年に発言

図1 トヨタの自動運転実験車「TRI-P4」

出典：トヨタ自動車株式会社：『トヨタ、2020年夏に日本でレベル4自動運転車の同乗試乗の機会を提供』より引用
URL：https://global.toyota/jp/newsroom/corporate/30344850.html

04 自動運転ビジネスを理解するためのキーワード

自動運転ビジネスの可能性を理解するには、新しい概念を表すキーワードを押さえておきましょう。

新しい概念を表す様々なキーワード

自動運転ビジネスは、従来の自動車業界だけではなく、幅広い業界に関係するため、新しい概念を表す様々なキーワードが登場します（表1）。自動運転ビジネスを正しく理解するために、押さえておくべきキーワードを先に整理します。中にはまだ統一的な定義が定まっていない用語もありますが、本書で使用している意味を簡単に説明しています。

自動運転で押さえておきたいキーワード

本書のタイトルの一部でも扱っているMaaS（マース）は、「Mobility as a Service」の頭文字を取った略語で、直訳は「サービスとしてのモビリティ」という意味になります。自動車だけでなく、すべての交通手段をシームレスにつなぎ、ひとつのサービスとして提供するという移動の新しい概念を示す言葉です。

CASE（ケース）は、Connected（コネクテッド）、Autonomous（自動運転）、Shared & Services（シェアリングとサービス）、Electric（電動化）の頭文字を取った造語です。2016年のパリモーターショーにおいて、Daimler AGのCEOが使ったことで一躍有名になりました。

これらのキーワードに共通するのは「サービス」です。特にCASEは、シェアリングなどのサービスによって車両製造台数が減少してしまう可能性があるにもかかわらず、自動車メーカーが世界戦略の柱として提唱した点はとても興味深いところです。

自動運転車と無人ビークル

本書では、「自動運転車」と「無人ビークル（輸送車両）」という言葉を意図的に使い分けています。これ以降、自動運転車と表記される場合は、人を乗せて移動する際の運転操作の主体が車（自動運転システム）となるレベル4以上の自動運転車を指すものとします。無人ビークルは、主にモノの輸送を自動運転で行う無人車両のことです。無人ビークルも、レベル4以上で初めて実現するものです。

人が運転に関与しないといけないレベル3は、「条件付き自動運転車」と表記します。

多くの自動運転ビジネスは、自動運転車と無人ビークルによって、つまりレベル4以上に到達してから市場が大きく成長します。人を目的地まで運ぶ自動

運転車と、主にモノを運ぶ無人ビークルでは、利用シーンが大きく異なります。自動運転ビジネスを検討する際には、自動運転車だけではなく、無人ビークルの利用目的やメリットにも注目しましょう。

表1 キーワード一覧

キーワード	説明
自動運転ビジネス	既存の自動車業界に加え、車が自動で動くようになった時にその上に乗るMaaSなど様々なサービスのことも含めたビジネスのこと
自動運転レベル	SAE（米国自動車技術会）が公表している、技術的にどこまで自動運転が可能なのかをレベル0から5までの6段階に分類した定義
完全自動運転車	細い路地などすべての公道で完全な自動運転が可能になるレベル5に対応した自動運転車を指す
条件付き自動運転車	高速道路などの指定されたエリアで部分的な自動運転が可能になるレベル3に対応した自動運転車を指す
無人ビークル	人を乗せて運ぶことが目的ではない自動走行車両のことを指す。宅配ロボットや警備ロボットなども含む
モビリティ	直訳すると可動性、流動性だが、本書では、自動車を含めた移動手段や交通機関という意味で使用する
ダイナミックマップ	高精度3D地図をベースに、道路上の構造物、渋滞情報など安全に走行するために必要な情報が付加された地図のこと
OTA（Over The Air）	無線通信を経由してデータを送受信する技術を指す。自動車に搭載されたソフトウェアの自動更新などに利用される
コネクテッドカー	常時インターネットに接続され、車両の状態や道路状況などのデータを送受信できる機能を持った自動車を指す。運転支援車や自動運転車もインターネットに常時接続されるので、コネクテッドカーの一種に含まれる
MaaS（Mobility as a Service）	すべての交通手段をシームレスにつなぎ、ひとつのサービスとして提供するという新しい移動の概念を表した言葉
CASE	Connected（コネクテッド）、Autonomous（自動運転）、Shared & Services（シェアリングとサービス）、Electric（電動化）の頭文字をつなげた造語
ライドシェア	自動車で他人と相乗りすることを指す。シェアリングエコノミーの一種に数えられる
ドローン	遠隔操作や自動操縦によって飛行でき、人を乗せる構造になっていない航空機の総称。目的によって大きさは様々

無人自動運転サービスの実現及び普及に向けたロードマップ

　自動走行ビジネス検討会は、2020年度から2025年度までの間の無人自動運転サービスの実現や展開を具体化した「無人自動運転サービスの実現及び普及に向けたロードマップ」を策定しました。

『自動走行ビジネス検討会「自動走行の実現に向けた取組報告と方針」報告書概要 Version4.0：無人自動運転サービスの実現及び普及に向けたロードマップ⑥』（報告書 P.10）
URL https://www.meti.go.jp/shingikai/mono_info_service/jido_soko/pdf/20200512_02.pdf

　自動走行ビジネス検討会とは、国土交通省の自動車局長と経済産業省の製造産業局長が主催して、自動車メーカー、サプライヤー、有識者を加えて2015年2月に発足した組織です。発足以来、検討会やワーキンググループなどで議論してきた成果を、報告書「自動走行の実現に向けた取組報告と方針」Version4.0としてとりまとめ、2020年5月に公表しました。報告書には、ロードマップのほかに、過去に行われた実証実験の検証、ダイナミックマップ、通信インフラ、セーフティ、サイバーセキュリティなど自動運転実現に向けて必要なテクノロジーや課題についても詳細にまとめられています。

　ロードマップでは、走行環境を「閉鎖空間」、「限定空間」、「自動車専用空間」、「交通環境整備空間」、「混在空間」の5つに分類して、それぞれにおいて「短期（2020年度～2022年度頃まで）」、「中期（2023年度～2025年度頃まで）」、「長期（2026年度以降）」の時系列で自動運転サービスの実現時期の見込みなどをマップ上に示しています。早ければ2022年度頃には廃線跡などの限定空間では遠隔監視のみの自動運転サービスが開始され、2025年度を目途に高速道路や生活道路など少なくとも40カ所以上で、レベル4（高度運転自動化）の自動運転サービスを普及させる計画になっています。

　報告書の最後では、ロードマップの実現に向けて、「政府目標の達成に向けた実証事業の実施、成果の普及」、「安全性評価、人材育成・確保その他の協調領域の取組の着実な推進」に取り組んでいくために、今後注力していく施策が具体的に掲げられています。この報告書を読むと、日本の様々な場所・道路で自動運転サービス導入を強力に推し進めようという政府の方針が伝わってきます。

Chapter 2

自動運転ビジネスが
注目される理由

政府が自動運転の実現に注力するのは、派生する経済効果が大きいからにほかなりません。自動運転はなぜそのような経済効果を生み出すのでしょう。その理由は、自動運転によって私たちの生活様式や消費行動が大きく変わるからです。

01 自動運転ビジネスの定義

自動運転ビジネスとは、自動運転車の研究・設計・生産・販売に直接かかわることだけではありません。車が自動で動くようになった時にその上に乗るMaaSなど様々なサービスのことも含めて自動運転ビジネスと表現しています。

● 自動運転ビジネスの主戦場はサービス

　本書は「自動運転ビジネス」に参入することを大きなテーマに掲げていますが、「自動運転ビジネス」を自動運転車の研究・設計・生産・販売に直接かかわる産業だけでなく、「車が自動で動くようになった時にその上に乗るMaaSなど様々なサービスのことも含めたビジネス」と定義しています（図1）。

　自動車が運転手なしで自動で動くようになるのは、レベル4以降のことになります。レベル4が実現すると、人間が自動車を運転しなくてもよくなり、自動運転車、特に無人ビークルが急増します。自動運転車や無人ビークルが人やモノを運ぶことによって、これまでは採算が合わず成立しなかったサービスでも、ビジネスとしての展開が可能になります。これらの新しいサービスこそ、自動運転ビジネスの中核なのです。

● 既存の自動車業界に及ぼす影響

　自動運転が実現すると、その経済効果は自動車業界にとどまらず社会全体に広がることが予想されます。自動運転の機能を搭載した自動車は、高度な性能を持ったデジタルデバイスとなります。

　国内でも、レベル3（条件付き自動運転車）の市販車が2020年から2021年にかけて発売される見込みです。自動運転によって運転手のヒューマンエラーが減ることで、交通事故の減少などの効果が期待できます。しかし現在の自動運転関連のビジネスについては、「研究開発」「プロトタイピング」「実証実験」など、レベル4以降を見据えた先行投資が主戦場になっています。

● レベル4は早ければ2025年にも実現へ

　人間が運転に関与しないといけないレベル3と、システムによる完全自動運転が実現するレベル4の間には、数々のハードルがあることは事実です。しかし、レベル3が実用化される段階に到達した今、レベル4の実現はそれほど遠い未来の話ではありません。

　日本政府は、2025年頃までに高速道路におけるレベル4の実用化や物流での自動運転システムの導入普及、限定地域での無人自動運転移動サービスの全国普及などを実現するという具体的な目標を打ち出しています（図2）。世界の自動車メーカーも、各社がレベル4対応の構想を発表していますが、それを見

るとやはり2025年頃を目標に設定しているようです。

　つまり、レベル4は2025年から2030年に向けて実用化される可能性が高く、レベル4によって誕生する自動運転ビジネスへの参入で先行者利益を得たいと考えるなら、今から準備を開始しても決して早すぎることはないということになるのではないでしょうか。

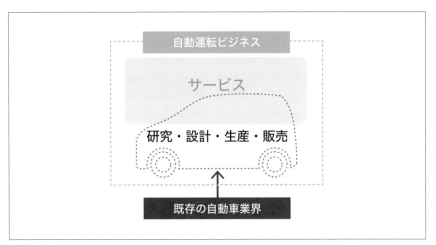

図1 既存の自動車業界と自動運転化で誕生するサービスの関係

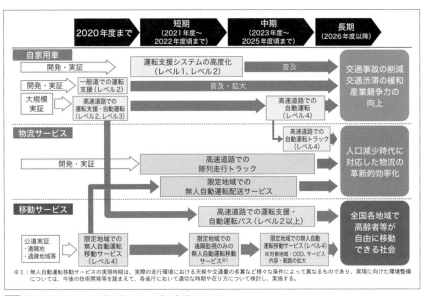

※1：無人自動運転移動サービスの実現時期は、実際の走行環境における天候や交通量の多寡など様々な条件によって異なるものであり、実現に向けた環境整備については、今後の技術開発等を踏まえて、各省庁において適切な時期や在り方について検討し、実施する。

図2 自動運転システムの市場化・サービス実現のシナリオ

出典：高度情報通信ネットワーク社会推進戦略本部（IT総合戦略本部）『官民 ITS 構想・ロードマップ 2020（案）』より作成
URL：https://www.kantei.go.jp/jp/singi/it2/dai78/siryou2-2.pdf

02 自動運転によって 何が変わるのか

自動運転がレベル4に達すると、限定された特定エリアにおいて人は自動車の運転から解放され、これまで運転していた時間が自由時間に変わっていきます。

● 自動運転の実現によって変わること

自動運転ビジネスについて、本書では、レベル4が実現した際に誕生する新しいサービスの市場に焦点を当てて解説しています。レベル4は、特定エリア内で人が運転に関与しなくてもいい自動運転レベルを指します。レベル4以上では、「自動運転車」と「無人ビークル（輸送車両）」を分けて考える必要があります（図1、表1）。

自動運転車とは、運転手なしで指定した地点に自分を運んでくれる自家用ハイヤーのようなものとイメージすればいいでしょう。

人を乗せることを前提とせずにどこにでも移動することができる無人ビークルの登場によって、自動運転ビジネスの市場が大きく拡大します。無人ビークルは運転手が必要ありませんので、需要がある限りモノを運ぶことが可能になります。今までは人間が車を運転して配達しなければいけなかったものが、完全無人化、自動化できるわけですから、そこに大きなビジネスチャンスが生まれるのです。

● 運転手の自由時間が急増する

自家用に利用する自動運転車でも大きな変化が生まれます。レベル4だと、特定エリアにおいて人間は運転から解放され、目的地に着くまで自由な時間が増えます。目的地に着くまで、何をするのも自由です。従来は、車を運転している間は、実質的に運転に拘束されて何もできませんでしたが、自動運転車では、その時間が丸々自由時間になります。

現代人はやるべきことに追われていて、自由時間は貴重です。新しいことをするには、その分、寝る時間を削るしかないという人も少なくありません。仮に、毎日3時間、自動車を運転している人であれば、自動運転車になることで、1日あたり3時間の自由時間を手に入れることができるのです。

● レベル4以上では移動コストが1/10に

自動運転の実用化によって、従来の輸送、配達コストが劇的に下がることも見逃せません。アメリカの調査会社ARK Investment Managementが2017年10月に発表したMaaSレポート[*1]では、人間が移動するコストは、自動運転タクシーの登場によって、1/10になると試算しています。たとえば、都内のタクシー料金は1km以内で410円ですが、わかりやすく説明すると、この費用

*1 ARK Investment ManagementのMaaSレポート：https://research.ark-invest.com/hubfs/1_Nikko_JPN_Content/ARK_MaaS_JP.pdf

が約40円になるということです。

ECなどの通信販売では、単価の低いものは送料のウェイトが高くなるため、一定の単価以上のものでないと採算に合わないため販売されないのが常識です。しかし、無人ビークルを使って低コストで配達が可能になるなら、単価の低い商品でも立派なビジネスになる可能性があります。

無人ビークルの登場によって、あらゆる商品の宅配が可能になります。いわば、小売業のすべてが自動運転ビジネスになるといっても過言ではありません。

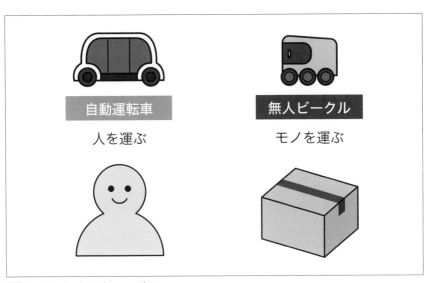

図1 自動運転車と無人ビークルの違い

表1 自動運転車と無人ビークルで変わること

自動運転車	人が運転から解放され、移動時間すべてが可処分時間になる
	車内で買い物やコンテンツなど消費活動を行うようになる
	自動運転タクシーやシェアリングカーを自家用車のように使うようになる
	移動の手段として、毎月課金の支払いで利用するようになる
	自動車に様々な決済ができる機能が追加される
無人ビークル	物流が大幅に効率化されコストが劇的に下がる
	低価格の商品でも宅配できるようになる
	街中を様々な目的の無人ビークルが行き交うようになる
	新しい販売チャネルとして無人店舗が登場する
	防犯や見回りなど公共の目的で利用されるようになる

03 自動運転によって車は接触時間の一番長いデジタルデバイスに

自動運転社会では、接触時間が最も長いデジタルデバイスは自動車になります。これまでスマホで行ってきたことも、すべて自動車で完結するようになります。

これまでの運転時間が可処分時間に変わるインパクト

　自動運転車による最も直接的なメリットは、これまで運転に費やしていた時間がそっくり可処分時間に変わるということです。可処分時間とは、「自分の裁量で自由に使える余暇時間」のことです。5年ごとに実施される総務省の「社会生活基本調査」2016年版[*1]によると、日本人の「余暇時間」は、1日あたり平均6時間22分です（図1）。この時間を、テレビの視聴や雑誌の購読、スポーツ、趣味などに振り当てて使っています。

　仮に、これまで1日2時間を運転に費やしていた人は、その2時間がいきなり可処分時間に加算されます。運転する必要がなくなった「運転手」は、その時間を使って何をするでしょうか。目的地に着くまでに仕事や勉強に励む人もいるでしょうが、多くの人はネットショッピングやゲームなどの消費活動を優先するでしょう。自動車という完全に閉鎖されたプライベート空間で、思う存分、自分がやりたいことに集中できるはずです（図2）。

運転手向けのサービスや商品販売で大きな商機

　自動運転車は、インターネットに常時接続され、360度スクリーンに囲まれたプライベートな快適空間になります。言うまでもなく、自動運転車が登場するまでは、どこにも存在していなかった特別な場所です。そのプライベート空間に向けて、映画やゲームなどのコンテンツ、商品を紹介するオンラインショッピングの提案など、様々なサービスが提供されるようになります。テレビやパソコン、スマホとはまったく別の新しいメディアの誕生です。

自動車はスマホに代わって一番身近なデジタルデバイスに

　自動運転が実用化され、自動運転タクシーやカーシェアリングなどを廉価に利用できるようになると、ちょっとした移動にも自動運転車を使うようになります。

　毎回乗る自動車は変わっても、運転する人が利用したアプリやサービスの情報が各車に引き継がれれば、移動時間はいつも同じデジタルデバイスを使っているような感覚で、長時間利用するようになるでしょう。

　自動運転車は、巨大なスクリーンに囲まれた最先端のデジタルデバイスです。個人が保有しているPCよりもはるかに高性能です。その快適さ、便利さ

*1 平成28年社会生活基本調査 生活時間に関する結果：https://www.stat.go.jp/data/shakai/2016/pdf/gaiyou2.pdf

を体験してしまうと、画面が小さくCPUやメモリなどのスペックも劣るスマホには戻れなくなる人も少なくないでしょう。このような理由から、いずれは最も接触時間が長いデジタルデバイスが、これまでのスマホから自動車に取って代わる可能性が高いと考えられています。

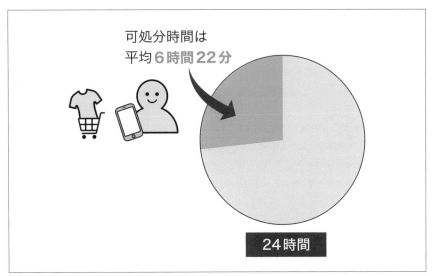

図1 日本人の1日あたりの可処分時間

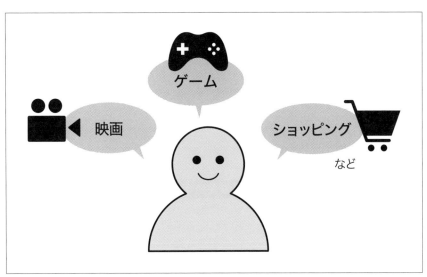

図2 運転する必要がなくなった運転手が車内でできること

自動運転によって
車が有力な決済手段になる

自動車を月額課金で利用して、商品の購入も自動車内で行われるようになると、自動車そのものが決済機能を持つようになります。

● 自動運転社会は自動車をシェアリングする時代

　自動運転社会が実現すると、金融ビジネスが大きく変わると予測されています。MaaSも含めた自動運転ビジネスとして新しい金融関係のサービスが増えます。その背景として、自動運転が実現すると自動車の所有の方法が変わることがあげられます。

　自動運転社会になると、自動運転タクシーや、1台の自動車に複数の人が乗り合わせる「ライドシェア」（図1）、好きな時だけ自動車を専有できる「カーシェアリング」など、自動車は所有せずに好きな時だけ利用する形が主流になるでしょう。今でも、カーシェアリングというサービスが存在していますが、数台の自動車を近隣の利用者でシェアしますので、必ずしも自分が使いたい時に予約できるとは限らず、利用のたびに指定の受け渡し場所まで出向く手間もかかります。

　自動運転が実現すると、指定した時間に自宅まで自動運転車がやってきてくれるようになります。オーダーに応じてどこからでも自動車を配車することができますので、希望するタイミングで利用できるようになるのも夢ではありません。

● 月額課金によるサブスクリプションが主流に

　自動運転車のシェアリングサービスを利用する最大のメリットは、自分専用の自家用車を所有することに比べて、大幅なコストダウンになることです。サービス体系が進化していけば、空いている車両をどこからでも配車してもらえるようになり、自家用車を保有しているのと同じように好きな時に使えるようになります。さらに、毎月の走行状況に応じて、毎月課金される額が変わるダイナミックプライシングという料金モデルも登場するかもしれません。

● 自動車そのものがあらゆる消費の決済手段となる

　シェアリングの利用が主流になり、自動車の利用料金を毎月支払う人が増えてくると、今のスマホでも利用されているキャリア決済と同じ位置付けになるでしょう。シェアリングサービス利用者が利用したコンテンツや通販で購入した商品の代金も、毎月の自動車の利用料金と一緒に支払われるようになります（図2）。

　トヨタは2019年11月に決済アプリ「TOYOTA Wallet」[*1]をリリースしまし

＊1 トヨタ自動車の決済アプリ「TOYOTA Wallet」: https://toyota-wallet.com/

た。「iD」やApple Payなど電子マネーのほかにクレジットカードやデビットカードの機能が一体化したアプリで、トヨタが提供するシェアリングサービスやレンタカーなどの自動車関連サービスの決済に利用できるのが特徴です。

　今後も、自動車メーカーが金融サービスに力を入れてくることは確実です。自動車関連の金融サービスが大きな収益源になることをよく理解しているからです。自動運転社会が到来すれば、自動車メーカーから世界最大の決済サービス会社が誕生するかもしれません。

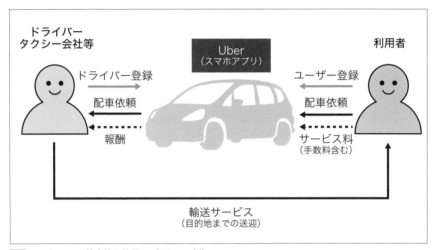

図1 ライドシェアの基本的な仕組み（Uberの例）
出典：総務省『社会課題解決のための新たなICTサービス・技術への人々の意識に関する調査研究』より作成
URL：https://www.soumu.go.jp/johotsusintokei/linkdata/h27_06_houkoku.pdf

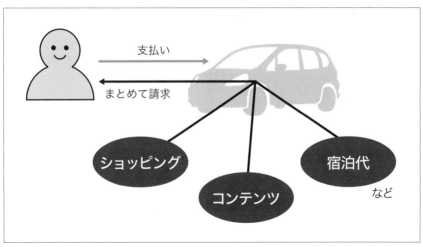

図2 自動車を介しての月額課金

04

自動運転によって車が有力な決済手段になる

05 自動運転によって移動データを パーソナライズできる

目的地や到着までの移動時間がわかる自動運転車の移動データは、マーケティングに威力を発揮する価値の高い情報です。将来は、パーソナルデータとの連携も期待できます。

● 自動運転車とビッグデータ

　自動運転車の登場は、マーケティング業界にも大きな変革をもたらすと期待されています。自動運転車がスマホに代わる高性能のデジタルデバイスとなることで、これまで一元的に管理できなかった移動データをマーケティングに活用できるようになるからです。

　アメリカのIntelの試算[*1]によると、条件付き自動運転車が実用化される2020年には、自動運転車が生み出すデータは1日1台あたり4テラバイト（TB）という膨大な量になる見込みです（図1）。インターネット接続機能を搭載した航空機が生み出すデータ量が1日1機あたりおよそ5テラバイトですので、自動運転車のデータ量がいかに大きいかがわかります。

　自動運転車のデータを解析すれば、その持ち主が毎日どのビルに通勤しているのか、通勤帰りにどこに立ち寄っているのか、休日にはどこへ出かけているのかなど、日々の生活行動も理論上は分析できるようになります。当然、これらのデータは非常にセンシティブな個人情報となるため、情報の匿名化が必須となりますが、行動パターンがわかれば、先回りして移動先の情報を自動運転車に配信するなど、きめ細かいターゲティングが可能になります。

● ターゲティング精度の向上

　自動運転社会の到来をきっかけに、あらゆるものがデジタル化される動きが加速して、私たちの日常生活は飛躍的に便利になります。自動運転車に乗っているだけで、必要な情報が入ってきます。目的地で使いたいものがあれば、車内から発注して目的地に着いたタイミングで無人ビークルが商品を届けてくれるようなことも十分実現可能になるでしょう。

　人がどこに移動しているのかというデータを把握することで、ターゲティング精度は一気に上がります。自動運転を見据えたMaaSの実証実験に、マーケティングを手掛ける会社が多く参加しているのも理解できます。

● ジオロケーションで入手できる移動データ

　利用者の位置情報を収集して活用する技術のことをジオロケーションと表現します。スマホでも位置情報を利用するGPS機能は搭載されていますが、今いる場所は特定できるものの、これからどこに向かうのかはわかりません。しか

*1 Intelによる自動運転車が生み出すデータ量試算：https://car.watch.impress.co.jp/docs/topic/special/1098708.html

し、自動運転では、利用者がこれからどこに向かい、いつ到着予定なのかまですべてわかります。自動運転車が生み出す移動データは、人類が初めて入手する移動データと表現することができるでしょう（図2）。

　自動運転車が生み出す移動データは、非常に貴重なパーソナルデータであるがゆえに、悪用されてしまうと個人を特定されかねません。移動データの取り扱いには、ブロックチェーン技術（P.083参照）の活用など情報セキュリティの実効性を担保することが問われます。

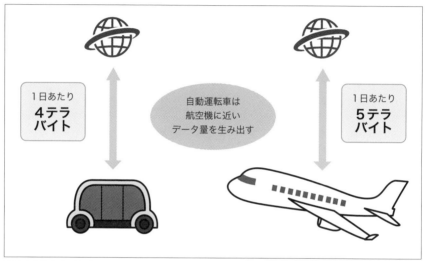

図1 自動運転車が生成する膨大なデータ

図2 位置情報と結びつく情報

欧州で進む「MaaS×運賃無料」の大きな流れ

2020年3月よりEUのルクセンブルグで、電車やバスなどすべての公共交通機関の運賃が無料化されました。運賃無料化の方針は、2018年12月に発表されていました。国全体で運賃の無料化を実施するのは、ルクセンブルグが世界で初めての例となります。

実は、市や町レベルの自治体で公共交通機関の運賃を無料化する例は珍しくはありません。ベルギーのブリュッセル自由大学で公共交通機関の無料化について研究しているケブロウスキー博士によると、アメリカのロサンゼルス郊外にあるコマースという町が1962年に公共交通機関の無料化を実施したのが最初とされています。

ルクセンブルグが国全体で無料化を決断するきっかけになったのは、2013年から無料化に踏み切ったエストニアの首都・タリンでの成功事例だったと思われます。タリン市民は、住民登録の情報とスマートカードを紐付けることで、バスやトロリーバス、路面電車などすべての公共交通機関を無料で利用できます。タリン市民の運賃が無料化されたため運賃収入は大幅に減少しましたが、運賃無料の権利を得たい人の流入が増え、タリン市の人口は無料化実施前の約41万5,000人から4年後には約44万人に増加、その効果で住民税の増収分が運賃の減収分を大きく上回りました。直接的な税収の増加に加え、市民の移動が活発化することで地域経済にもプラスに働いたと思われます。ルクセンブルグの人口は国全体で約62万人ですが、人口約44万人のタリン市で運賃の無料化が機能したことを考えると、ルクセンブルグでも無料化の効果が期待できそうです。

公共交通機関は、特に地方では市民の移動手段を確保するために税金の投入で維持されているケースも少なくありません。運賃を無料化することで、地域経済の活性化や人口増加というメリットが期待できるなら、今後も運賃の無料化に踏み切る自治体は増えるでしょう。

自動運転が実用化されれば、広告や商品販売で収益化するビジネスモデルを採用する自動運転タクシーや自動運転バスが登場するものと期待されます。公共交通機関と自動運転サービスを提供する事業者が連携すれば、あらゆるモビリティをシームレスに、しかも無料で利用できるようになる、MaaSの完成形が実現するかもしれません。

Chapter 3

自動運転で実現する
ビジネス革命

自動運転の実用化によって、自動車業界は恩恵を受けるでしょう。しかし、恩恵を受けるのは自動車業界だけではありません。むしろ、小売やエンタテインメント、広告など周辺業界が受ける恩恵の方がはるかに大きくなると予想されています。

自動運転で生まれる大きなビジネスチャンス

> 自動運転が実用化されることで、幅広い業種に大きな経済波及効果があります。注目したいのは、自動で車が走るようになることで新しく誕生するサービス市場です。

● 自動運転は既存業界に革命をもたらす

　自動運転の実用化は、幅広い業種に大きな波及効果をもたらします。矢野経済研究所は、2030年におけるレベル3の条件付き自動運転車は373万台、レベル4以上の自動運転車は1,530万台と、レベル3以上のシステムを搭載した車両台数の合計は約1,900万台に達すると予測[*1]しています。仮に、販売価格が1台200万円とすれば、約38兆円の市場規模になります。従来の電気自動車にはなかった半導体やセンサー、自動運転のためのソフトウェアが搭載されますので、それらを製造する企業が大きな恩恵を受けることは間違いありません。

　自動運転車が普及すると、運転する必要がなくなった運転手や同乗者のためのコンテンツ、広告配信、商品販売など、車両の販売以外にも大きな市場が誕生します（図1）。スイスの金融大手UBSグループは、自動運転車向けの広告・サービス市場はアメリカ国内だけでも2030年に4,720億ドル（約49兆6,000億円）規模に達するというレポート[*2]を出しています。自動運転車の車両販売よりも大きな市場が新たに生まれることになります。

● 「自動で走る」ことで広がるサービスが最重要市場になる

　この約49兆6,000億円という市場は、あくまでも自動運転車に乗って移動している人向けのサービスのひとつにすぎません。自動運転が実用化されれば、人が移動のために使う自動運転車よりも、モノを運んだり遠隔操作でサービスを提供したりする無人ビークルの方が、台数も圧倒的に多くなることは確実で、無人ビークルの活用によって生まれる経済波及効果の方がはるかに大きくなるでしょう。

　これまで輸送コストが合わずにビジネスにならなかったサービスが、無人ビークルによって一気に収益性の高いビジネスに生まれ変わる可能性があります。新しいサービスが次々に誕生し、特に小売、金融、広告、不動産などの既存の業界に革命をもたらすでしょう（図2）。新しいサービスを支えるために、ハードウェアやソフトウェアの開発が行われ、ITやソフトウェアなど関連業界も大いに潤うことが期待できます。なお、各業界において自動運転サービスに参入する具体的な方法については、Part3で詳しく説明しています。

＊1 自動運転システムの世界市場に関する調査を実施（2019年）：https://www.yano.co.jp/press-release/show/press_id/2134
＊2 If we end up sitting around in self-driving cars watching ads, Google is going to make billions：
　　https://qz.com/1277566/if-the-future-of-cars-is-them-self-driving-while-we-watch-ads-google-is-going-to-make-billions/

● 自動運転社会の到来で登場する新しいサービス

　Daimler AGのCEOが使い始めたことで一気にキーワードとして広まったCASE（ケース）の「S」はShared & Services（シェアリングとサービス）を指しています。自動車メーカーは、自動運転時代には、車両の製造・販売だけでなく、サービスの提供が大きな収益源になると予測しているのです。シェアリングが主流になれば、月額課金で自動車利用者に対して様々なサービスが提供されるようになるでしょう。

　サービスへの課金で収益を上げられるのであれば、車両そのものの利用料金はもらわなくても十分にビジネスとして成り立ちます。極論をいえば、車での移動をリーズナブルに提供して、どうマネタイズするかという世界観に変わっていきます。自動運転が実現した後の「自動運転ビジネス」は、従来のビジネス常識を根本から覆すほどのインパクトがあるといえます。

自動運転×金融
自動運転×決済
自動運転×エンタメ（コンテンツ）
自動運転×情報セキュリティ
自動運転×広告

図1 自動運転の先に広がるサービスとの連携例

- ・車中で注文した商品を目的地で受け取れるサービス
- ・リクエストに応じてやってくる移動店舗
- ・配送用無人ビークルを全国に派遣するサービサー
- ・自動運転で物件価値を高める不動産領域に関連するコンサルティング
- ・農地を集約して大規模農業の運営代行
- ・車中での様々なサービス利用に対する決済ビジネス
- ・MaaSデータの収集、分析、活用支援サービス
- ・自動車向けコンテンツ配信サービス
- ・自動運転車のリモート監視、制御サービス
- ・地元の店舗向けエリアマーケティングサービス

図2 レベル4以降で登場する新しいサービス例

02 自動運転がもたらす小売革命

無人ビークルでの配送が可能になると、小売業は非常に大きな恩恵を受けます。これまで採算に乗りにくかった生鮮食料品の宅配ビジネスも大きな市場に成長するでしょう。

● 自動運転で最も恩恵を受ける小売業

　自動運転の実用化は、非常に幅広い業界に恩恵をもたらします。その中でも特に恩恵を受ける業界の代表格が小売業です。無人ビークルは低コストで商品を配送してくれる配達員だけではなく、街を歩く人から注文を受け付ける移動店舗の役割さえ担えるようになります。従来の小売業が大きく業態を変えるのは間違いありません。小売業すべてが自動運転ビジネスそのものといっても過言ではないでしょう。

　小売業は大きく分類すると、有店舗と無店舗に分類できます。店舗を構えて店頭で販売する業態は、配送コストは必要ありませんが、商圏が限られるという弱点があります。一方、ECなどの無店舗販売は、商圏に制限がない代わりに、配送コストをお客様に負担してもらうため、単価の低い商品は取り扱えないという制限がありました。自動運転はこの両者の弱点を解決してくれます（図1）。

● 無人ビークルが実現すると配送コストは1/10に

　アメリカの調査会社ARK Investment Managementのレポート[1]によると、自動運転車での移動コストは現在のほぼ1/10まで減少するとされ、同程度に配送コストも小さくなると考えられます。配送拠点のネットワークを構築して、配送ルートを最適化できれば、さらに配送コストを下げ、配達にかかる時間を短縮することが可能でしょう。将来、無人ビークルの配送拠点として活用できそうなのが、全国に店舗網を保有するコンビニや郵便局です。

　最終の輸送拠点からエンドユーザー、つまり注文者の自宅やオフィスなどへの最後の区間は「ラストワンマイル（最後の1マイル）」と呼ばれています。Amazon.comが早くからドローンの実証実験を行ってきたのも、自動運転の実用化を待たずに、ラストワンマイルにおける効率的な配送手段を独自に獲得したいからにほかなりません。小売業界にとってラストワンマイルにおける効率的な配送の実現は、悲願といえます。

● 生鮮食料品の自動宅配だけでも大きな経済効果

　Amazon.comなどの企業によって、ラストワンマイル用の無人ビークルの開発競争が進められています。ただ、無人ビークルで配送コストが1/10になった際に、一番恩恵を受けるのはAmazon.comのような既存のEC企業では

*1 MOBILITY-AS-A-SERVICE（サービスとしてのモビリティ）：なぜ自動運転車は全てを変えるのか：
https://research.ark-invest.com/hubfs/1_Nikko_JPN_Content/ARK_MaaS_JP.pdf

ありません。確かにAmazon.comの利益も増えるでしょうが、これまでECでは扱いにくかった単価の低い膨大な商品群が無店舗でも販売できるようになるインパクトの大きさにはとうてい及びません。

　無人ビークルで大きな恩恵を期待できる代表例は、スーパーやコンビニによる生鮮食料品の宅配です。たとえば、夕食の調理中にネギを買い忘れたことに気づいた時に、スマホから注文すれば1時間以内にネギ1本を自宅まで配送してくれるサービスがあったとしたら、使ってみたいと思いませんか（図2）。生鮮食料品の小口・オンデマンド宅配は、確実に大きなニーズはあるとわかっていても、これまでは採算に合わず成立できなかった新しい市場です。

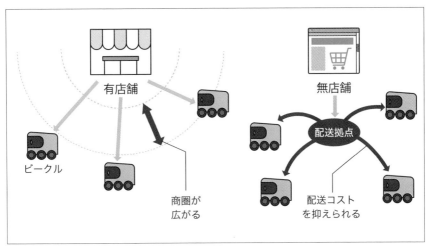

図1 小売業が自動運転で受けるメリット

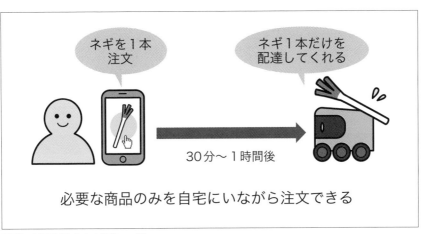

図2 無人配送がもたらす恩恵の一例

農業、警察など
既存の業界も激変

農業や警察、行政など既存の業界や分野も、自動運転社会の到来で大きく変貌するでしょう。自動運転は業務やサービスの自動化を加速させます。

● 自動運転によるメリットが大きい農業

　小売業以外にも、自動運転社会の到来で大きく変わると予想される業界は数多くあります（図1）。その中でも、自動運転との相性が特に良いと期待されているのが農業です。人を運ぶ自動運転車を使って公道を走らせるサービスについては、求められる安全性レベルが高いために、商用サービスが認可されるまでに少々時間がかかります。その点、農地という私有地内での農業用機器の自動運転であれば、道路交通法など法律上の縛りもなく、人命に危険が及ぶ可能性も低いため、いち早い実用化が可能です（図2）。農業への自動運転活用が浸透すれば、後継者がいなくて放置されている農地を集約して、大規模農場をビジネスとして運営する農業法人が増えると予想できます。

　また、自動運転で使われるAIや画像解析の技術を応用して、暗黙知としてデータ化されていなかった農業運営のノウハウが共有されるようになれば、農業は高い収益を上げられる魅力的なビジネスに変貌する可能性があります。

● 無人パトカーが街の治安を守る

　行政サービスとして、自動運転によるメリットが大きいと期待されているのが警察の分野です。世界的にみて治安がいいとされている日本ですが、特に、交番勤務の警察官が行っている巡回業務は、自動運転の技術で大幅に効率化できる可能性があります。すでに海外では無人のパトカーや、移動型の派出所など自動運転技術を組み合わせた実証実験が行われています。

　道案内や体調不良など街で困っている人への支援のために、人工知能を搭載した無人ビークルを街に配置するだけでも、巡回する警察官を減らすメリットが期待できそうです。地方では、一人暮らしの高齢者の見回りにも活用できますし、防犯カメラを搭載し警察とすぐに連絡できる機能を持った無人ビークルが身近にあるだけでも地域社会の治安向上になるでしょう。

● 業務を自動化するためのサービスやソフトウェア

　トラクターやパトカーが自動で走行するようになったからといって、業務をすべて自動化できるわけではありません。これまで農業の経験のない人が農作業を自動化したいのであれば、いつ植え付けをして、どのタイミングで収穫するのが良いのか、人工知能や農業の専門家が指示するようなソフトウェアやサービスが必要になります。自動運転ビジネスの一環として、このようなソフ

トウェアやサービスの需要が発生すると考えられます。

　パトカーの巡回では、交通違反者を見つければ、運転免許証で本人確認を行い、違反切符を切る、必要に応じて罰金をその場で決済するなどの業務を行うことになります。無人パトカーには、本人確認機能、違反切符発行機能、罰金の決済機能などを実行・管理できるソフトウェアやサービスを搭載しなければなりません。そうすると、無人パトカー向けのソフトウェアやサービスを開発・提供するという大きな市場が生まれます。

図1 自動運転技術を利用する業界との連携例

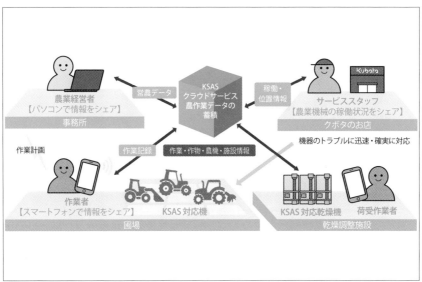

図2 自動運転を取り入れた新しい農業のかたち

出典：株式会社クボタ：『「KSAS」の仕組み』より作成
URL：https://www.kubota.co.jp/rd/smartagri/index.html

04 自動運転で誕生する
新しい市場を狙え

自動運転ビジネス（MaaSなど様々サービスも含む）の中で最も魅力的な市場は、自動運転車の実用化によって新しく誕生するサービス市場です。今から参入の準備をすれば、先行者利益も期待できます。

● 自動運転ビジネス参入の考え方

レベル4以上の自動運転車になると、自動車そのものが大きく進化します。ただ、自動運転車に必要なセンサーや半導体などの部品をつくる、あるいは、自動運転車そのものを製造するというのは、従来の自動車業界の範疇に入ります。他業種からの新規参入は非常にハードルが高いでしょう。

人を運ぶ自動運転車には高度な技術や安全性が求められますが、ラストワンマイルを実現する無人ビークルの製造ならハードルはそれほど高くないかもしれません。しかし、配送用の無人ビークルを企画・製造することは必ずしも自動車業界に参入することとは限りません。自動運転によって新しく生まれるサービスを実現するためのツールやインフラを提供することになるため、その新しいサービス市場に参入することを意味します。

● 新しく誕生するサービス市場に大きな魅力

自動運転ビジネスには、実に様々な参入方法が考えられますが、最も魅力的なのは、レベル4以上の自動運転の実用化によって新しく誕生するサービス市場に参入することです（図1、図2）。これまで存在しなかった巨大な市場が生まれますので、いち早く準備をした企業が先行者利益を得られる可能性があります。特に、無人ビークルを使った新しいサービスは、アイデア次第で無限の可能性を秘めているといえるでしょう。

無人ビークルを使った移動店舗による無人販売ビジネスひとつを考えてみても、移動店舗で自社の商品を販売すること以外にも、移動店舗型ビークルを設計・製造する、移動店舗を事業者に貸し出すオペレーターとして運営する、無人販売に必要な本人確認や決済などの機能を提供する、移動店舗の事故に対応した専用の保険商品を販売する、など数多くのビジネス機会が派生します。

● 自動運転化すればどんな社会になるか想像力を働かせる

新しく誕生するサービス市場で先行者利益を獲得するためのコツは、自動運転が実用化されたら、どのような関連サービスが生まれるかというイマジネーションを働かせることです。すでに自動運転化を見越した実証実験がいくつも行われていますので、そういった先進的な事例を参考にするのもいいでしょう。ただし、すでに多くの企業が実験している業態に注目しすぎてもチャンス

を逃すことになりかねません。

　柔軟な発想をするためにも、自社の商品や技術などの経営資源の棚卸しをすることをおすすめします。すでに触れた通り、モノを販売する小売業は、ほぼすべてが自動運転の恩恵を受けますし、金融、広告、不動産などの業界も自動運転で大きく変わります。こういう視点で想像力を働かせれば、自動運転ビジネスとまったく接点が見つからない企業は極めて少数派といえるのではないでしょうか。

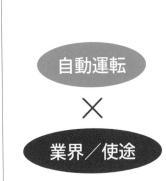

①自動運転タクシー
②自動運転バス
③観光サービス特化型タクシー・バス
④自動運転パトロールカー
⑤無人配送システム

⑥自動運転車内向けメディア
⑦自動運転車向け保険
⑧自動運転専用メンテナンス事業者
⑨無人移動ショップ
⑩多目的スペースとしての活用

図1 自動運転社会の到来で登場する10のサービス

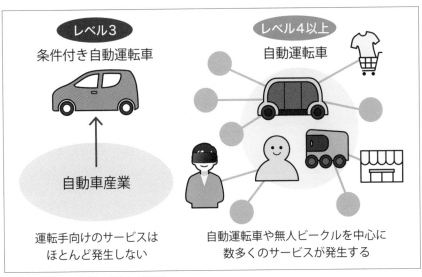

図2 レベル4からビジネスが大きく広がる

COLUMN

日本政府が目指す「日本版MaaS」とは

　未来投資会議は、2020年7月に「令和2年度革新的事業活動に関する実行計画案」を公表しました。

　未来投資会議とは、将来の経済成長に資する分野における投資を官民が連携して進めるための議論を行う目的で、内閣総理大臣を議長とし、関係する国務大臣や有識者が参加して2016年9月に設置された組織です。

　公表された実行計画案には、「新しい働き方の定着」から始まり、キャッシュレスの普及やオープンイノベーションの推進などに並んで、「モビリティ」が大きなテーマとしてまとめられています。その中に、「日本版MaaSの推進」と題されたロードマップが掲載されています。

『令和2年度革新的事業活動に関する実行計画案』（報告書p73〜75）
URL http://www.kantei.go.jp/jp/singi/keizaisaisei/miraitoshikaigi/dai40/siryou1-2-2.pdf

　ロードマップでは、「地域における移動手段の維持・活性化」、「モビリティと物流・サービスとの融合」、「新しいまちづくりとモビリティ」、「データ連携の加速」の4項目に分け、2025年度までに実現すべき指針とともに、担当大臣と、達成目標となるKPIも記載されています。

　日本版MaaSの特徴のひとつは、「地域における移動手段の維持・活性化」をロードマップの最初に持ってくるなど重要視していることです。2025年度までの中期において、公共交通の維持・活性化や消費者の利便性向上、高齢者の移動機会の創出などを推進するため、

　①鉄道やバスといった複数の交通手段や観光施設などを横断的に利用できるフリーパスについて国への運賃届出手続きが簡素化される制度の創設
　②自治体ごとに複数の交通事業者などの幅広い関係者が参画する協議会制度の活用促進を図ることで、地域の住民や旅行者1人ひとりの移動ニーズに対応し、複数の公共交通やそれ以外の移動サービスを組み合わせたMaaSの利用拡大を促す

と明記されています。

　KPIとしては、「2022年度目途での鉄道廃線跡等における遠隔監視のみの自動運転移動サービスが開始」、「2025年目途に、高速道路上でレベル4の自動運転が実現」、「2030年までに、地域限定型の無人自動運転移動サービスが全国100カ所以上で展開」などと具体的な目標数値も掲げられています。

Chapter 4

自動運転ビジネスの市場規模と関連業界

自動運転ビジネス（MaaSなど様々サービスも含む）は、これから新たに誕生するサービスも多いため、現時点で市場規模や成長率を正確に予測するのは簡単ではありません。シンクタンクや調査会社が公表している調査結果などから、今後の市場予測を整理してみました。

01 自動運転ビジネスの関連業界

自動運転ビジネス（MaaSなど様々サービスも含む）市場は、自動車業界と関連サービス業界に分類できます。

● EVや自動運転車など拡大する自動車業界

自動運転ビジネスの市場は、大きく分類すると「自動運転車をつくる自動車業界」と「自動運転に関連するサービスやインフラを提供する関連業界」に分類できます。マスコミ等でよく取り上げられるのは、レベル3以上の自動運転車などの「車両」の台数や販売額で表す市場規模です。自動運転車が実用化される前に、EV（電気自動車）やコネクテッドカーが普及すると予測されています。

富士経済が公表した調査報告書[*1,2]では、2035年における電気自動車の販売台数は世界で6,300万台を超えると予想しています（図1）。2017年の販売台数は世界で約440万台でしたので、およそ14.3倍に急増する計算になります。また、インターネットに常時接続されるコネクテッドカーという分類だと、2035年の販売台数は世界で1億1,000万台に達し、普及率は96.3%にまで高まる見込みです。

● 自動運転化で広がる自動車業界の裾野産業

矢野経済研究所は、2030年までの新車におけるADAS/自動運転システムの世界搭載台数を予測[*3]しています。それによると、2030年におけるレベル3の条件付き自動運転車は373万台、レベル4以上の自動運転車は1,530万台と販売台数の合計は約1,900万台に達する見込みです。仮に、1台200万円とすれば、レベル3以上の自動運転車だけで約38兆円の市場規模になります。

自動運転車には、従来の自動車には使われていなかったカメラやセンサーなどの電子部品が搭載されます。自動運転車の販売数が増えれば増えるほど、新しい電子部品の需要が膨らみます。車両がメインと考えれば、センサーや車載カメラ、ディスプレイ、組み込みソフトウェアなどは裾野産業と表現できます。これらの裾野産業の市場規模も、今後、大きく成長することが予想されています。

● MaaSやライドシェアなどの関連サービス業界

自動車業界よりも、さらに高い成長率が期待されているのが、「自動運転に関連するサービスやインフラを提供する関連業界」です（図2）。具体的には、車両をシェアリングすることで普及するライドシェアや、自動運転車も含めて移動手段をひとつのサービスとして提供するMaaS、自動運転車に対するコンテンツ・広告配信、自動運転の実現に欠かせない5G（第5世代移動通信システ

* 1 xEV国別中長期市場予測 2018-2019：https://www.fuji-keizai.co.jp/market/detail.html?cid=18111&view_type=2
* 2 コネクテッドカー関連市場の現状とテレマティクス戦略 2018：https://www.fuji-keizai.co.jp/press/detail.html?cid=18018&view_type=1
* 3 自動運転システムの世界市場に関する調査を実施（2019年）：https://www.yano.co.jp/press-release/show/press_id/2134

ム）などです。

　これらの関連サービスについては、現時点で予想されている市場規模を大きく上回る規模に成長する可能性を秘めています。現時点で想定されているビジネスモデルを凌駕する仕組みや手法が登場する可能性があるからです。たとえば、自動運転車に対して広告を配信する市場が巨大に成長するとすれば、そのサービスに対してどんな裾野があるだろうか、と考えると、新たな市場のヒントが数多く見つかるでしょう。

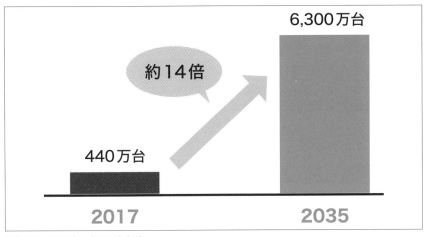

図1 世界の電気自動車の販売台数

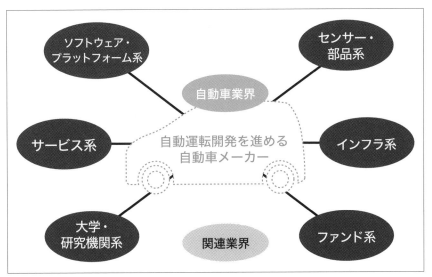

図2 自動運転業界の枠組み

02 MaaSも含めた自動運転ビジネスの市場規模（自動運転車）

コネクテッドカーや自動運転車などの車両を製造する自動車業界では、電子部品やデバイス、ソフトウェアなどの裾野産業の急成長が期待されます（図1）。

● コネクテッドカー関連デバイスに特需

自動車産業のうち、裾野に該当する電子機器やデバイスの市場については、電子情報技術産業協会（JEITA）が市場予測[*1]を公表しています。それによると、ECU（電子制御装置）やCASE関連デバイスの世界生産額は、2017年の3兆5,000億円から2030年には13兆3,000億円に達すると予測しています（図2左）。

矢野経済研究所が発表した国内のコネクテッドカー関連市場の調査[*2]によると、プローブ情報（センサーなどで取得される車両の位置、速度、通過時刻などの走行軌道データのこと）を使ったサービスやクラウドADAS（先進運転支援システム）のサービスなどを含めた国内の市場規模は、2020年の1兆円規模から2025年には約2倍の2兆円規模になると予測しています（図2右）。

● センサー、車載カメラ、ミリ波レーダー

自動運転車に、新たに必要とされる電子部品の代表格は、光技術を活用して車両の周辺環境を検知するLiDAR（ライダー）や画像認識のためのカメラ、ミリ波レーダーなどです。

矢野経済研究所が公表した自動運転やADAS向けのセンサー市場規模の予測[*3]によると、2017年の世界出荷額8,959億円が、2030年には約3兆2,755億円と約3.6倍に膨らむ見込みです。特に、レーザーを含むLiDARの市場規模は、2017年の約25億円から2030年には約4,959億円と約200倍に急拡大すると予測しています。

同研究所では、センサー別の世界市場規模についても予測を発表しています。それによると、ミリ波レーダーが2017年の3,969億800万円から2020年に7,692億8,500万円、カメラが4,458億6,000万円から8,132億8,000万円、超音波センサーが506億1,600万円から838億500万円に大きく伸びる見込みです。

● 組み込みソフトウェアや高精度3D地図

従来型の車がコネクテッドカーや自動運転車に進化してデジタル化することで、車載向けの組み込みソフトウェアの市場規模も大きく拡大します。NEDO（新エネルギー・産業技術総合開発機構）では、2030年頃までに世界全体で8,000億円規模の市場になると予測[*4]しています。

アメリカのMarketsandMarketsが発表した自動運転車向け高精度3D地図

*1 2030年における車載用電子制御装置及びCASEからみた注目デバイスの世界生産額見通し：https://www.jeita.or.jp/japanese/topics/2018/1218_2.pdf
*2 国内コネクテッドカー関連市場に関する調査を実施（2017年）：https://www.yano.co.jp/press-release/show/press_id/1783
*3 ADAS/自動運転用センサ世界市場に関する調査を実施（2018年）：https://www.yano.co.jp/press-release/show/press_id/1915

の市場に関する調査結果[*5] によると、金額ベースの世界市場規模は2020年の13億ドル（約1,370億円）から2030年には204億ドル（約2兆1,400億円）に拡大すると見込まれています。

モビリティ関連市場規模予測		
自動運転車 (レベル3以上)	4,412万台規模	(2040年)
電気自動車	6,000万台規模	(2035年)
コネクテッドカー	2兆円規模	(2025年)
MaaS	6兆円規模	(2030年)
ライドシェア	20兆円規模	(2025年)
CASE関連デバイス	13兆円規模	(2030年)
関連センサー	3兆円規模	(2030年)
5G	4兆円規模	(2023年)
車載ディスプレイ	2,412億円規模	(2035年)
テレマティクス保険	2億3,200万件規模	(2035年)

図1 モビリティ関連市場規模予測（筆者調べ）

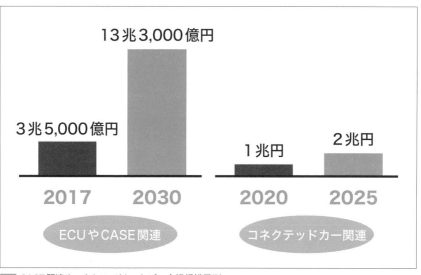

図2 CASE関連やコネクテッドカーなどの市場規模予測

* 4 IoTソフトウェア分野の技術戦略策定について：https://www.nedo.go.jp/content/100866308.pdf
* 5 HD Map for Autonomous Vehicles Market worth $20.4 billion in 2030：
https://www.marketsandmarkets.com/PressReleases/hd-map-autonomous-vehicle.asp

03 MaaSも含めた自動運転ビジネスの市場規模（関連サービス）

関連サービス業界では、MaaSやライドシェアがすでに大きな市場に成長しています。今後、自動運転車向けの広告・サービス市場が巨大市場になると見込まれています。

● MaaSやライドシェアはすでに兆規模の市場に

自動運転に関連するサービス市場として、すでに先行して拡大しているのがMaaSやライドシェアです（図1）。

インドのWiseGuy Research Consultantsによると、世界のMaaS市場[*1]は、2017年の段階で241億ドル（約2兆5,300億円）規模に達していましたが、2025年には2,304億ドル（約24兆2,000億円）規模まで拡大する見込みです。矢野経済研究所によると、国内MaaS市場規模[*2]は、サービス事業者の売上ベースで2018年に845億円でしたが、2025年に2兆1,042億円、2030年には6兆3,600億円に達すると予測しています。

ResearchStationが発表したライドシェア市場に関する調査報告書[*3]によると、ライドシェアの世界市場規模は2018年には613億ドル（約6兆4,400億円）規模ですが、2025年には2018年比で3倍以上、つまり20兆円を超える規模になると予測しています。

● 5Gは自動運転サービスに欠かせないインフラ

自動運転車では、従来のカーナビ地図とは比較できないほどの高精度な3D地図が使われます。3D地図のデータ容量は膨大になるため、一定量は車両に搭載されたストレージに保存されますが、最新データについては、その都度、クラウドから取得する必要があります。そのような時には、どうしても高速で安定した通信ができる5G（第5世代移動通信システム）が必要になります。5Gは自動運転には欠かせないインフラと表現できるでしょう。

日本の大手電機メーカーなどが参加する電子情報技術産業協会（JEITA）が公表した5Gの市場予測[*4]によると、2030年には世界需要額が2018年の6,000億円規模から、約300倍に相当する168兆3,000億円規模に拡大する見込みです。5Gの市場規模の内訳で最も規模が大きいのがIoT機器の104兆1,000億円で、この中に自動運転車に搭載される電子部品やデバイスが含まれます。

● 自動運転車向け広告・サービス市場は50兆円規模に

自動運転が実用化されれば、巨大な市場になると期待されているのが、自動運転車向けの広告やコンテンツの配信ビジネスです。スイスの金融大手UBS

＊1 Global Mobility as a Service (MaaS) Market Research Report 2018：
　　https://www.wiseguyreports.com/reports/3213662-global-mobility-as-a-service-maas-market-research-report-2018
＊2 国内MaaS市場に関する調査を実施（2018年）：https://www.yano.co.jp/press-release/show/press_id/2092

グループは、自動運転車向けの広告・サービス市場はアメリカ国内だけで2030年に4,720億ドル（約49兆6,000億円）規模に達するという予測[*5]を発表しました。2030年の自動運転車向け広告市場のうち、収益の60%はGoogleの親会社であるAlphabetが獲得するとみています。

　UBSグループは、2030年までにアメリカにおける自動運転車関連ビジネスの収益が2兆3,000億ドル（約242兆円）になるという見通しも明らかにしました。この数字には、自動車産業の収益も含まれると思われますが、収益の70%は従来の自動車を運転していた層を対象にしたビジネスからもたらされるという見込みも示しています。自動運転によって運転の必要がなくなった人を対象にしたサービスの可能性がいかに大きいかがわかります（図2）。

①	カーシェアリング
②	共用モビリティサービス
③	バイクシェアリング（自転車を含む）
④	CNS（Courier Network Services）
⑤	P2P（Peer-to-Peer：個人間の車両共有）
⑥	ライドシェアリング
⑦	タクシー（オンデマンドタクシー配車）
⑧	その他（駐車場シェアリング等）
⑨	関連アプリ（乗換案内などに予約・決済が付加されたアプリなど）
⑩	マルチモーダルモビリティ（自動車、公共交通、自転車などの複数の交通機関を連続して利用可能とする）サービス

図1　MaaSの市場規模に含まれるサービス（米国SAE（Society of Automotive Engineers）の分類）

産業	市場規模	変化規模	変化率	結果
デジタルメディア	$42	$14	33%	得する6業種
貨物輸送	$604	$100	17%	
電気機器・ソフトウェア	$203	$26	13%	
自動車	$570	$42	7%	
土地開発	$931	$45	5%	
オイル・ガス	$284	$14	5%	
医療	$1,067	▲$12	▲1%	損する7業種
法律	$277	▲$3	▲1%	
建築・インフラ	$169	▲$8	▲4%	
自動車修理	$58	▲$15	▲26%	
個人移動	$86	▲$27	▲31%	
交通警察	$10	▲$5	▲50%	
保険	$180	▲$108	▲60%	

※「市場規模」と「変化規模」の単位はbillion（10億）

図2　自動運転化で伸びる市場と縮小する市場（筆者調べ）

＊3 Ride Sharing Market：https://www.marketsandmarkets.com/Market-Reports/mobility-on-demand-market-198699113.html
＊4 5Gの世界需要額見通しを発表：https://www.jeita.or.jp/japanese/topics/2019/1218-2.pdf
＊5 If we end up sitting around in self-driving cars watching ads, Google is going to make billions：
　　https://qz.com/1277566/if-the-future-of-cars-is-them-self-driving-while-we-watch-ads-google-is-going-to-make-billions/

COLUMN

「都市型 MaaS」と「地方型 MaaS」、「観光型 MaaS」の違い

MaaSは、大きく「都市型」「地方型」「観光型」の3種類に分類することができます。過去に国土交通省が公募した「新モビリティサービス推進事業」の実証実験では、「大都市近郊型・地方都市型」「地方郊外・過疎地型」「観光地型」の3つにカテゴリーに分類されています。

地方型MaaSは、公共の交通機関が廃止されたり、自動車を運転できなかったり、地域内の移動に不自由している住民に対して提供されるサービスが中心になります。地方型MaaSによって、地域住民の足が確保され、消費目的の移動が活発になり、地域経済の活性化に貢献します。

観光型MaaSは、文字通り、観光客向けに移動手段や観光をより楽しめる環境を提供するサービスです。観光型MaaSによって、従来は団体客がバスをチャーターしないと訪れることが難しかったスポットにも、個人旅行客が廉価なコストで訪問できるようになります。地方型MaaSも観光型MaaSも、従来の公共交通機関がカバーしていないエリアへの移動が多くなると思われますので、実現には自動運転が大きな鍵を握ります。

一方、都市型MaaSは性格が大きく異なります。都市部では公共の交通機関が発達していて、移動できないエリアはほとんどありません。その代わり、道路が慢性的に渋滞していて、目的地に効率よく到着するための交通手段や経路を選択するのが難しいという事情があります。交通渋滞を軽減するためにも、自家用車ではなく、鉄道やバス、タクシーなどの公共交通機関を便利に使えるようにするのが、都市型MaaSの大きな目的のひとつです。また、複数の交通手段をシームレスで利用できるようにするという観点では、エリア内で移動手段を提供している事業者が多い都市部では、事業者間の連携に交渉力が求められます。

2020年3月、東京メトロを運営する東京地下鉄は、都市型MaaSとして「my!東京MaaS」の取り組みを開始しました。その一環として、2020年7月には東京メトロアプリをリニューアルして、MaaS機能としてマルチモーダルな経路検索機能を実装しました。2020年下期以降は、「移動のしやすさの追求(エレベータールート検索)」「健康応援」「ビジネス加速」「東京を楽しむ」の4つのテーマでの取り組みを推進していく予定です。

大都市型MaaS「my! 東京MaaS」始動!
URL https://www.tokyometro.jp/news/2020/206786.html

Chapter 5

自動運転ビジネスで
利用されている技術

自動運転を実現するには、これまで人間が目で見て脳で判断していたことを、システムがすべてデジタル的に処理できるようになる必要があります。自動運転車には、あらゆる最新テクノロジーが凝縮されているといっても過言ではありません。

01 自動運転に使われている最新技術

自動運転ビジネスに必要とされる技術は、「自動運転を実現するための技術」と「自動運転サービスを支える技術」に分類されます。

● 自動運転車に凝縮されている最先端の技術

まずは大半の自動車が電気自動車になり、インターネットに常時接続されるコネクテッドカーを経て、レベル3の条件付き自動運転車やレベル4以上の自動運転車に進化するものと予想されています。自動運転を実現するためには、これまでの自動車には搭載されていなかった部品やシステムが必要になります。自動運転車は、最新技術が凝縮された高性能デジタルデバイスと表現してもいいでしょう。

自動運転ビジネスに必要とされる技術は、大きく「自動運転を実現するための技術」と「自動運転サービスを支える技術」に分類することができます（図1）。本書で取り上げる自動運転ビジネスは、「自動車が自動で動くようになった時にその上に乗るMaaSを含めたサービス」のことですので、後者の技術がいつ頃に実用化されるかが見えてくれば、ビジネスへの参入タイミングもおのずと見えてくるでしょう。

● 自動運転を実現するための技術（図2）

これまで人が行っていた運転操作をシステム的に自動化するためには、どういう運転をすればいいかを判断するためのデータをすべてデジタル化しなくてはなりません。具体的には、周囲の状況を確認できるカメラやセンサー、現在位置と目的地までの経路を確認できるマップ、収集できたデータに基づいて最適な操作を決める人工知能やソフトウェアなどの技術が欠かせません。

また、データを常に最新のものに更新したり、事故が起きても緊急停止するまでの間はデータが消失しないようにしたり、5Gや無線通信でデータの送受信を行うOTA（Over The Air：オーティーエー）、データを外部に保持できるクラウドなどの技術も重要になってきます。レベル5では、自動運転中のデータが管制塔のようなところに自動送信され、緊急時には遠隔操作を受けるようになるともいわれています。

● 自動運転サービスを支える技術

使われる技術をイメージするうえでも、人を乗せて運ぶ「自動運転車」と、モノの配達などをメインとする「無人ビークル」をはっきり区別した方がいいでしょう。自動運転車を対象としたサービスでは、目的地に到着するまでの自由時間を有意義に過ごしてもらうことが大きな目的です。エンタテインメント

であれば、車全体がプライベートな映画館や劇場のように楽しめるコンテンツの開発手法が重要な技術となるでしょう。車窓から見える景色を楽しみたい人には、AR技術などを組み合わせればリアルタイムの観光ガイドを提供できます。

一方、宅配などをメインの業務とする無人ビークルの場合は、商品を引き渡す際の本人認証や決済手段など利用者の利便性や、無人ビークルの運用コストの低減などが技術として採用されるポイントになります。

自動運転を実現するための技術

- AI・ソフトウェア
- カメラセンサー
- ダイナミックマップ
- 5G、クラウド

自動運転車向けサービスで使われる技術

- AR/VRを使ったコンテンツや広告
- OTA、本人認証と決済

図1 自動運転車に搭載される最新技術

位置特定技術	車両の現在位置を正確に特定
認識技術	障害物や歩行者などの動きを検知
人工知能（AI）技術	運転操作などの判断に
予測技術	事故リスクや危険可能性を算出
プランニング技術	状況に応じた走行ルートの決定
ドライバーモニタリング技術	運転手の状況を監視
通信技術	クラウドや車-歩行者間などで必要に

図2 自動運転に必須の7つの先端技術

02 自動運転を実現するための技術 （AI、ソフトウェア）

自動運転の「脳」に相当するのが、AI（人工知能）や自動運転ソフトウェアです。IT大手企業は、この分野の開発にしのぎを削っています。

● 自動運転に欠かせないAIの役割

人間が自動車を運転する際には、目や耳などから入ってくる情報に基づいて、どういう操作をすればいいかを頭で判断します。自動運転において、「脳」の役割を担うのはAIです（図1）。AIは、英語のArtificial Intelligenceの頭文字を組み合わせたもので、一般的に人工知能と訳されます。アルゴリズム、自動運転ソフトウェア、自動運転OSなどと表現されることもあります。AIは、走行中の自動運転車が取得し続ける膨大な画像データをリアルタイムに解析して、安全に運転を行うためのコア技術です。

科学技術振興機構は、人工知能を「探索型」「知識型」「制御型」「統合型」の4つのタイプに分類[1]しています。自動運転用のAIは、カメラやセンサーなどからリアルタイムに計測された情報に基づいて判断を行うことから、制御型の代表的なAIに分類されています。

● IT企業が自動運転に参入する背景

AIの開発には、名だたるIT企業が参入しています。Googleは子会社のWaymoで自動運転車の開発を行っていますが、その中核となるのが自動運転を制御するAIの開発です。Googleは、囲碁の現役プロ棋士に初めて勝利したことで大きなニュースになった「AlphaGo」を開発した実績があります。IBMも、日本の金融機関で導入事例が増えている「Watson」の開発で知られています。

Appleも自動運転車の開発に力を入れています。世界を代表するIT企業がAIの開発にこぞって参入するのは、AIの応用範囲が広く、AIの開発競争を制した企業が莫大な利益を生み出すことを知っているからです。AIがそう遠くない未来に商用化できる明確なビジョンが描ける分野として、各社の開発目標となっているのが、自動運転の分野なのです（表1）。

● 安全性を担保するための課題も

AI開発の手法は数多く存在しますが、ベースになっているのは機械学習（マシンラーニング）です。与えられた大量のデータからルールやパターンなどを見つけ出し、見出された特徴や法則などを新しいデータに適用することで、予測や分析を行う手法です。AIの開発を行う各社は、様々な手法を組み合わせて、どんなケースの交通事故でも回避する操作ができるAIの開発に注力してい

*1 人工知能技術の俯瞰と先導的AIプロジェクトの紹介：https://www.jst.go.jp/crds/sympo/20160825/pdf/05.pdf

ます。

　自動運転車の実用化がいつになるのかは、AIや自動運転ソフトウェアの開発状況にかかっているといっても過言ではありません。「目」にあたるカメラやセンサーの技術がいくら進化しても、目から得たデータを分析して運転操作を行う「脳」が不完全だと、自動運転の安全が担保されないからです。開発されたAIについては、今後、実証実験を重ねつつさらに能力を高めていくことが期待されています。

図1 自動運転におけるAIの役割

表1 すでに自動運転システムとして採用されている例

Waymoの自動運転システム	Waymo Driver（第5世代がリリース）
Uberの自動運転システム	SUVのボルボXC90に搭載予定
Teslaの自動運転システム	オートパイロット（バージョンアップで自動運転対応予定）

03 自動運転を実現するための技術（センサーカメラ）

自動運転の「目」の役割を担うのが、センサーカメラです。自動運転車での使用を想定した新しいセンサーが次々に開発されています。

● 自動運転で目の役割を担うセンサーカメラ

　自動運転の「目」にあたるセンサーの代表格は、「カメラ」「ミリ波レーダー」「超音波センサー」「LiDAR（ライダー）」の4つです。それぞれに長所と短所があるため、現在行われている実証実験では、この4つの中からいくつかを組み合わせて使用されることが一般的です（**図1**）。

　ミリ波レーダー、超音波センサー、LiDARの3つについては、電磁波や超音波、赤外線を照射し、反射して戻ってくるまでの時間から対象物までの距離を測定するという原理は基本的に共通しています（**図2**）。

　ミリ波レーダーは、夜間や悪天候下でも障害物などの方向と距離が計測可能である一方、小さい物体や段ボールなどの反射率の低い物体の検知が難しいという弱点があります。超音波センサーは、10メートル程度までの近距離の検知に強さを発揮します。

●「自動運転の目」と形容されるLiDAR（ライダー）

　近年、これらのセンサーの中でも特に注目を集めているのがLiDARです。LiDARは、レーザー光（赤外線）を照射することで対象物を識別する仕組みですが、赤外線は波長が短いため、一般的にミリ波レーダーよりも小さな物体を検知できるという特徴があります。自動運転向けには、周辺環境の3次元イメージを取得できる機能が搭載されていることから、「3D LiDAR」とも呼ばれています。

　従来のLiDARでは、レーザーと検出器を回転させることで360度全方位を観測する「機械的回転方式」が主流でしたが、小型化や軽量化が難しかったことから、今では半導体技術や光学技術で機構部を置き換える「ソリッドステート式」がメインになりつつあります。小型化されて設置場所の自由度が広がり、複数のセンサーを利用して全方位をカバーしやすくなりました。

● LiDARが自動運転車の標準になるかどうかは未知数

　LiDARは、スキャン方式として、ミラーやコイル、磁石などを用いた電磁式の微小電気機械システムを用いてレーザー光を走査させるMEMS（メムス）方式が登場するなど、さらに進化を遂げています。しかしながら、LiDARが自動運転車の標準となるかどうかについては、今のところ未知数です。

　LiDARの最大の弱点は開発コストが高いことです。LiDARを採用すると、そ

の分、車両の販売価格が高くなってしまうため、LiDARを使わずに、AI搭載カメラやほかのセンサーとの組み合わせで代替できないかと模索する自動車メーカーも少なくありません。

その一方で、アメリカのLuminarのように、廉価なLiDARの製品化に成功した企業も登場しています（P.098参照）。最大の弱点であるコストの高さが解消されるのであれば、LiDARを採用する条件付き自動運転車や自動運転車が増える可能性があります。

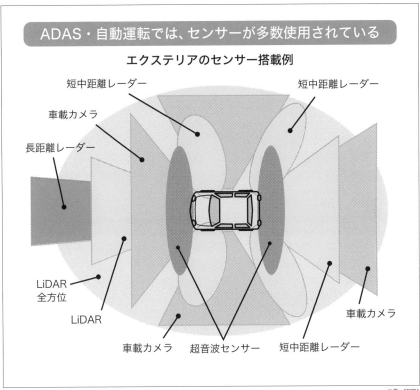

出典：JEITA

図1 センサーカメラの搭載例と役割分担

ミリ波レーダー	電磁波の反射	
超音波センサー	超音波の反射	
LiDAR	赤外線の反射	

図2 主なセンサーの特徴と違い

自動運転を実現するための技術（ダイナミックマップ）

04

安全な自動運転を実現するためには、道路やその周辺を走行する車両などの情報をほぼリアルタイムで表示できるダイナミックマップが不可欠です。

● ダイナミックマップとは

ダイナミックマップとは、「官民 ITS 構想・ロードマップ 2016」[*1] において、「道路及びその周辺に係る自車両の位置が車線レベルで特定できる高精度 3 次元地理空間情報（基盤的地図情報）及び、その上に自動走行などをサポートするために必要な各種の付加的地図情報（たとえば、速度制限など静的情報に加え、事故・工事情報等動的情報を含めた交通規制情報等）を載せたもの」と定義されています。

具体的には、高精度 3D 地図をベースにして、道路上の構造物、車線情報など 1 カ月以内の更新頻度が求められる「静的情報」、交通規制情報、渋滞予測など 1 時間以内の更新頻度が求められる「準静的情報（准静的情報）」、渋滞状況など 1 分以内の更新頻度が求められる「準動的情報（准動的情報）」、移動体間で発信される情報や信号現示情報など 1 秒単位での更新頻度が求められる「動的情報」などが表示されます（図1）。

● ダイナミックマップで使われる高精度 3D 地図

ダイナミックマップのベースとなる高精度 3D 地図は、従来の平面的な地図とは異なり、各車線やガードレール、道路標識、横断歩道など様々な情報をより正確な空間位置で記録した立体的な地図です（図2）。自動運転に使われる高精度測位サービスでは、自車位置の誤差を数センチメートルに抑えられますので、それに対応する地図情報にも限りなく誤差のない高精度なものが求められます。

高精度 3D 地図は、カメラ、レーザースキャナーなどの 3 次元計測器、GPS などの衛星測位機器などで構成される MMS（Mobile Mapping System：モービルマッピングシステム）と呼ばれる計測システムを使って作成されます。この計測システムを搭載した車両を走行させることで、道路の形状といった路面情報や、車線情報、標識などの道路の周辺環境を、効率的に 3 次元データとして取得することができます。

● 自動運転におけるダイナミックマップの役割

自動運転車は、搭載したカメラや LiDAR などのセンサー類で周囲の状況を認知し、ほかの車両や歩行者、街路樹、車線などの情報を解析したうえで、どのように車両を操作するかという判断を行います。その際、センサーが収集したリアルタイム情報を、精密な道路情報や信号・街路樹などの位置情報を備えた

*1 官民 ITS 構想・ロードマップ 2016：https://www.kantei.go.jp/jp/singi/it2/kettei/pdf/20160520/2016_roadmap.pdf

ダイナミックマップと照合することによって、走行している車両の位置をより正確に認識できるようになります。

　さらには、渋滞状況や一時的な走行規制、落下物や故障車といった準動的情報や、信号現示情報、交差点内歩行者・自転車情報、交差点直進車情報といった動的情報などを、V2V（Vehicle-to-Vehicle：車両間通信）やV2I（Vehicle-to-(roadside)-Infrastructure：車両インフラ間通信）によってダイナミックマップにリアルタイムに追加していくことによって、より安全性の高い自動運転が可能になります。

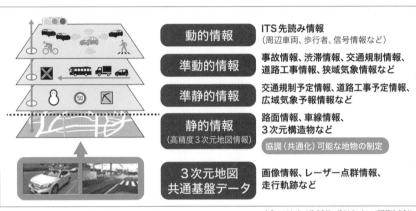

動的情報	ITS先読み情報（周辺車両、歩行者、信号情報など）
準動的情報	事故情報、渋滞情報、交通規制情報、道路工事情報、狭域気象情報など
準静的情報	交通規制予定情報、道路工事予定情報、広域気象予報情報など
静的情報（高精度3次元地図情報）	路面情報、車線情報、3次元構造物など　協調（共通化）可能な地物の制定
3次元地図共通基盤データ	画像情報、レーザー点群情報、走行軌跡など

図1 ダイナミックマップの構造

出典：ソフトバンク株式会社、ダイナミックマップ基盤株式会社：
『自動運転向け高精度3次元地図「ダイナミックマップ」に関する実証実験を実施』より作成
URL：https://www.softbank.jp/corp/news/press/sbkk/2019/20190222_01/

図2 自動運転車で実際に使われているダイナミックマップの画面写真

出典：ソフトバンク株式会社、ダイナミックマップ基盤株式会社：
『自動運転向け高精度3次元地図「ダイナミックマップ」に関する実証実験を実施』
URL：https://www.softbank.jp/corp/news/press/sbkk/2019/20190222_01/

自動運転サービスを支える技術（本人認証）

自動運転が普及すると、様々なサービスをシームレスで利用できるようになります。安心して決済を行うためには、本人認証の仕組みが重要になります。

● シェアリングエコノミーで求められる本人認証

すでに何度も触れたように、自動運転社会ではシェアリングエコノミーの普及が加速すると予想されています。自分専用の自動車を所有せずに、移動距離や利用時間に応じて課金されるカーシェアリングや自動運転タクシーを利用することが一般的になるでしょう。所有するにしても、使わない時間は他人に貸すことによって自動車の維持コストを軽減することもできるようになります。

カーシェアリングは、車を介して顔の見えない人との間で取引が発生するサービスです。誰がいつ使ったかを正確に記録するには、利用者の「本人認証」が欠かせません。その都度、身分証明書の提示をしてもらうような仕組みでは円滑なサービス提供ができませんので、利用者に手間をかけることなく、瞬時に正確な本人認証ができる仕組みが必要になります（図1、図2）。

● 実用化に向け法整備も進むデジタルキー

カーシェアリングにおいて、本人認証の手段としてすでに一部実用化が進められているのがデジタルキーです。以前は、道路運送車両法において、車両には物理的な鍵を設置することが義務付けられていましたが、自動車の施錠装置に関する保安基準が緩和されて、従来の鍵の代わりにスマホアプリなどデジタル化された鍵が利用できるように改正されました。

デジタルキーが利用できるようになったことで、車内に物理的な鍵を設置する必要がなくなり、シェアリングサービスの事業者は鍵を管理する手間やシステム構築における自由度が増すというメリットが期待できます。デジタルキーに決済機能が付加されれば、本人認証を受けたひとつのデジタルキーで、他社のシェアリングサービスはもちろん、公共の交通機関なども利用できるようになるでしょう。

● 個人を瞬時に認証する最新技術

MaaSが実現すると、本人認証や決済については「シームレス」であることが一層求められるようになります。現時点では、そのデバイスとしてスマホが最も現実的かもしれませんが、自動運転が普及すると状況は変わるでしょう。すでに説明した通り、最も接触時間の長いデバイスは、スマホから自動車に移り変わる可能性が高いためです。本人認証についても、スマホを介さない手法が主流になるかもしれません。

　一例として、和歌山県の南紀白浜でNECと三菱地所が行ったMaaSの実証実験[*1]では、NECが開発した顔認証技術が使われました。空港に到着した時点で顔認証による本人確認を行って、それ以降のホテルのチェックインなどはすべて「顔パス」で利用できるという仕組みでした。今後は、デジタルキーと組み合わせて、顔や指紋、瞳の虹彩、静脈、声紋などの生体認証が目的に応じて使い分けられるようになると予想されます。

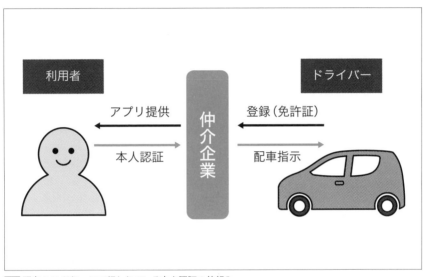

図1　現在のライドシェアで行われている本人認証の仕組み

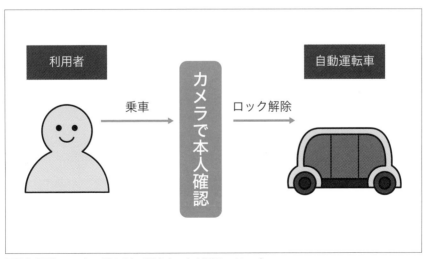

図2　自動運転サービスで導入される近未来の本人認証のイメージ

＊1 南紀白浜「IoTおもてなしサービス実証」の顔認証サービス施設が拡大：https://jpn.nec.com/press/201910/20191025_01.html

06 自動運転サービスを支える技術（VRとAR）

自動運転車向けのコンテンツや広告配信は巨大な市場になると予想されています。その効果を高めるために、VRやARの活用が見込まれています。

自動車はスクリーンに囲まれたエンタテインメント空間に

レベル4以上では人は運転から解放され、車内が360度スクリーンに囲まれたプライベート空間になる自動運転車も登場することが考えられます。フルスクリーン空間の価値を最大化するための技術としては、VR（Virtual Reality：仮想現実）やAR（Augmented Reality：拡張現実）などがあげられます。

VRは、目の前にある現実とは違った現実を体験できる技術です。ゲームなどではすでに実用化されていて、ヘッドセットやゴーグルを装着することで、空を飛びまわったり、有名な観光地に瞬間移動したりするような疑似体験をすることができます。

ARは、実際に見えている現実世界に架空の新しい情報を追加するという点がVRとは異なります。たとえば、車窓から見える観光地の景色に、観光案内の説明やイラストが、いかにも現実世界に現れたかのように表示されるようなイメージです。

過去に登場したARやVRの技術が進化

近年では、ARの技術を使ったスマホアプリも数多く登場しています。スマホのカメラから撮影された実際の映像に、GPSの位置情報に基づいた観光案内や、作成しておいたCG映像を重ねて表示することで、いかにもそこに実在しているかのように見せることができます。たとえば、店頭で特定の商品を撮影すれば、アバターの店員が現れて、商品の特徴を説明してくれるような映像を映し出すことができます。

自動運転車の360度フルスクリーン向けであれば、スマホでは難しかった様々な表現が可能になります。これまでは専用設備を備えた映画館でないと鑑賞できなかったクオリティのコンテンツやゲームが開発されるようになるでしょう。それに伴い、自動運転車の内装も、VRやARのコンテンツに連動して4Dを体感できるようなテクノロジー化が進むことが予想されます。

VRは自動運転ソフト開発にも応用可能

VRやARは、自動運転車向けのコンテンツやゲームに加えて、広告やECにも大きく貢献すると期待されています（図1）。3D空間に商品を表示させることで、購買意欲を高めるような、通常のウェブ広告ではできなかった表現方法を使えるのが魅力です。

　また、VRを自動運転ソフトウェアの開発に活用する企業もあります。イギリスとアメリカに拠点を持つrFproは、実際の風景をベースにしたテスト用の仮想空間を開発して、自動運転車の認知力を正確にテストする環境を提供しています（図2）。

　VRの技術を駆使することで、たとえばショーウィンドウに反射する光に対してセンサーがどう反応するかなど、実際に公道を走行テストしなくても自動運転のAIやソフトウェアに学習させることが可能になり、安全性の向上に大きく寄与することでしょう。

図1 Amazonショッピングアプリの「ARビュー」

図2 自動運転システム開発に活用されているVR技術

出典：rFpro
URL：http://www.rfpro.com/driving-simulation/vr-workstation/

07 自動運転サービスを支える技術 （フィンテック、5G、クラウド、OTA）

すでにITインフラとして幅広い分野で利用されている技術の中にも、自動運転の実現や自動運転サービスに欠かせない技術が数多くあります。

● 5Gやクラウドは欠かせないインフラ

自動運転車は、運転の安全性をより高めるため、周囲を走行するほかの車両やインフラ、ダイナミックマップ、様々な情報が蓄積されたサーバなどと常時通信し、大量のデータを送受信します。Intelの試算によると、自動運転車は1日あたり4テラバイトのデータを生成します。

大容量高速通信として利用が想定されているのが5G（第5世代移動通信システム）です。5Gの通信速度は、現在主流のLTEの約25倍にあたる最大20Gbps（ギガビット毎秒）で、ダイナミックマップに含まれる動的情報もほぼ遅延することなく受信ができるようになります。

完全自動運転社会になると、常に自動運転車からの情報をクラウドを通して監視する管制局のような仕組みがつくられると予想されています。自動運転車が収集した膨大なデータを保存できるクラウドの技術も欠かせません（図1）。

● 無線通信でデータの送受信を行うOTA（Over The Air）

自動運転車では、自動運転ソフトウェアなど数多くのソフトウェアが利用されるようになります。そのソフトウェアを自動的に最新版に更新するための技術として注目が高まっているのが「OTA（Over The Air）」です。

OTAは、無線通信を経由してデータを送受信する技術を指します。DCM（Data Communication Module：車載通信機）などの活用によりOTAによってソフトウェアの自動更新が可能になれば、より安全性を高められるうえ、自動運転車の管理コストや手間を大幅に減らすことが可能になります。

すでにTeslaでは、同社が提供している安全運転支援機能「オートパイロット」[1]の更新はOTAによって行われています。自動運転車に搭載されるソフトウェアの管理や更新については、OTAの導入が主流になるものと予想されています。

● 自動運転サービスとフィンテックの関係

自動運転車や無人ビークルが実用化されると、数多くの新しい自動運転サービスが登場し、膨大なキャッシュレス決済の需要が発生します。自動運転車では、目的地に到着するまでは消費活動を行う時間になってきますので、車内でショッピングをする機会が急増します。宅配を依頼した商品を無人ビークルから受け取る際にも、キャッシュレス決済が発生します。自動運転サービスと

＊1 Teslaのオートパイロット：https://www.tesla.com/jp/autopilot

フィンテックが密接な関係にあることがわかります。

　決済や本人認証の安全性の担保のために、ブロックチェーン技術の応用が想定されています（**図2**）。ブロックチェーンとは、「ブロック」と呼ばれるデータの単位を一定時間ごとに生成し、チェーンのように連結して保管する形式のデータベースのことです。ブロックチェーンはデータの改ざんが実質的に不可能で、過去の取引を容易にトラッキングできることや外部からの攻撃に強いことなどが特徴としてあげられます。

図1 自動運転車を支えるインフラ

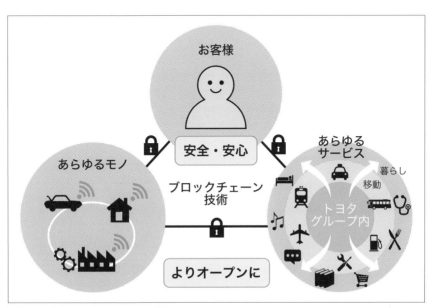

図2 ブロックチェーンの自動運転サービスへの活用例

出典：トヨタ自動車株式会社、トヨタファイナンシャルサービス株式会社：
『「トヨタ・ブロックチェーン・ラボ」、ブロックチェーン技術の活用検討と外部連携を加速化』より作成
URL：https://global.toyota/jp/newsroom/corporate/31827409.html

COLUMN

「MaaSアワード2020」で高評価を得たサービスの特徴

　2020年7月、「MaaS & Innovative Business Model Award（MaaSアワード2020）」の受賞サービスや取り組みが主催者であるIAAE（国際オートアフターマーケットEXPO）実行委員会から発表されました。MaaSアワード2020は、「サステナビリティ・地域貢献部門」、「アプリ部門」、「ビジネスモデル部門」、「次世代モビリティ部門」の4つの部門において、2017年4月1日以降2020年1月31日までに発表、ローンチあるいは実証実験を実施されたプロダクトやサービス、取り組みを対象に募集が行われました。

　広義のMaaSは、モビリティのサービス化、すなわち自動車交通だけでなく、鉄道、航空、船舶、自転車、個人向け小型モビリティ、ドローンなどを利用して人やモノの移動を行うサービスのことを指します。MaaSアワード2020でも、広義のMaaSが審査の対象になっています。

　すべての応募から選出される大賞には、ダイハツ工業の通所介護事業施設向け送迎支援システム「らくぴた送迎」が選ばれました。介護施設などでは、施設利用者を順にピックアップして送迎する「一筆書き送迎」が一般的に行われてきましたが、らくぴた送迎では、ICT管理とリアルタイムの情報共有システム化によって、高い効率の送迎を実現しました。

　ビジネスモデル部門では、大日本印刷の「東南アジアにおけるB2B物流マッチングサービス構築」が選ばれました。大日本印刷のICTを活用した高効率な物流管理システムに、Global Mobility ServiceのIoTを活用した車両ローンを融合させて、現地の低所得者層と小型配送車による配送業務をマッチングさせる仕組みです。

　次世代モビリティ部門は、小田急電鉄の「江の島プロジェクト2019」が、サステナビリティ・地域貢献部門は、伊那モバイルクリニック事務局の「医療マース」が受賞しています。アプリ部門で受賞したトヨタとトヨタファイナンシャルサービス「my route」については、P.230のコラムで詳しく紹介しています。

　MaaSの考え方は、すべての人が自由に移動できる環境を実現するという点でSDGs（持続可能な開発目標）に通じる部分がありますが、受賞結果を見渡してみると、社会貢献性の高いサービスや取り組みが多い印象を受けました。

『MaaSアワード2020』　選考結果
URL https://prtimes.jp/main/html/rd/p/000000009.000036884.html

Chapter **6**

自動運転ビジネスの
海外事例

海外には、ユニークな自動運転技術を開発したり、いち早く実証実験に踏み切ったりする先進的な事例が少なくありません。これらの事例を考察することで、自動運転ビジネスへの参入を企画・検討するうえで多くのヒントが見つかるでしょう。

01 自動運転で先行する海外市場

海外では自動運転に関する様々な実証実験がすでに展開されています。海外の事例を観察することで、日本における自動運転社会の近未来像が見えてきます。

主要国の自動運転に対する取り組み

レベル3については、主要メーカーはすでに実用化の技術を開発済で、各国の法整備が整い次第、市販車への搭載を開始する見込みです。2020年中に市販車への搭載を開始するメーカーもありますが、2021年までに、多くのメーカーが正式に市販化を発表するものと予想されています。

レベル4の開発については、タクシーやバスなど移動サービス主体に進められています。最も開発が進んでいる分野は、Googleの子会社Waymoが2018年に世界で初めて商用サービスを開始した自動運転タクシー[*1]でしょう。Waymoを追いかける形で、中国ではスタートアップのWeRide、Pony.ai、AutoXをはじめ、百度（バイドゥ）、Didi Chuxing（滴滴出行）らが自動運転タクシーの実証サービスを開始しているほか、2020年1月にはGM Cruiseが自動運転タクシー向けのハンドルのない自動運転車「Cruise Origin」[*2]を発表するなど、競争がますます激しくなっています。

様々な分野の実証実験で先行する海外市場

自動運転タクシー以外にも、海外では様々な用途での自動運転車や無人ビークルの開発や実証実験が行われています。自動運転ビジネスにおいて、特徴的な技術やサービスを開発、あるいはすでに商用化している海外の事例として、「Waymo」「Amazon.com」「Bosch」「Uber」「Tesla」「Luminar」「GM Cruise」の合計7社を取り上げました（図1）。

中には、Teslaのように自動車メーカーとして自動運転車の開発を進める一方で、シェアリングエコノミーの到来を見越して、カーシェアリングをマッチングするプラットフォームを発表している事例もあります。自動車メーカーが、自動運転ビジネスをどのような形で収益源にしようと考えているかがよくわかる事例といえます。

海外事例をどう活かすかがポイント

Uberについては、日本では法規制の関係で本来のライドシェアが展開できず、宅配サービスのUber Eatsが有名になりましたが、Uberは独自の自動運転タクシーの開発を進める一方で、新型コロナウイルスの影響で宅配の需要が伸びていることに対応して、「Uber Connect」と「Uber Direct」という新サー

* 1 Waymo unveils self-driving taxi service in Arizona for paying customers：
https://www.reuters.com/article/us-waymo-selfdriving-focus/waymo-unveils-self-driving-taxi-service-in-arizona-for-paying-customers-idUSKBN1O41M2
* 2 GM's Cruise unveils its first driverless vehicle: https://www.bbc.com/news/technology-51171398

ビス*3 を海外で展開しています。このようなサービスがUberの業績にどう貢献するかを想像してみることで、自動運転ビジネスについて数多くのヒントを得られるでしょう。

　海外市場で先行する自動運転サービスについては、少々の時間差を置いて日本にも上陸する可能性が高いと思われます。そういった視点で、海外事例を日本での自動運転ビジネスに役立ててみてください。

Waymo
- Googleの親会社であるAlphabet傘下の自動運転車開発企業
- 2018年に世界初の自動運転タクシー商用化
- 「Waymo Via」という自動運転トラックによる企業向け配送サービスにも参入

Amazon.com
- ラストワンマイル向けに独自に無人配送用のビークルを開発
- 2019年1月から自社開発した自動運転デリバリーロボット「Amazon Scout」を使った宅配の実証実験を開始
- 2019年2月に自動運転開発のスタートアップ企業Aurora Innovationに出資
- 2020年7月に自動運転技術開発のZooxを買収すると発表

Bosch
- 自動車部品メーカーとしては世界最大の規模を誇る
- 早い段階から自動車メーカーと共同で自動運転技術の開発に取り組む
- 自動バレーパーキングで世界最先端の技術

Uber
- ライドシェアの業態では世界最大の規模を誇る
- 2018年には研究開発費のほぼ1/3を自動運転車や空飛ぶ車などの開発に費やす
- 2020年3月に公道での自動運転タクシー実証実験を再スタート

Tesla
- 株式時価総額でトヨタを超え首位に
- 独自に開発した自動運転用のAIチップを搭載
- 2020年末には完全自動運転を実現すると公約

Luminar
- LiDARなど自動運転向けのセンサーを開発するベンチャー企業
- 独自技術で低価格高性能のLiDARを開発
- Volvo、トヨタなどが共同開発を行うパートナーシップを締結

GM Cruise
- 2016年5月から自動運転機能を持つEVを使った走行試験を開始
- 2020年1月にハンドルがない自動運転EV「Cruise Origin」を発表
- 自動運転タクシーの商用サービスを2020年内にも開始するのではないかという観測が浮上

図1 事例として取り上げる7社の特徴

*3 Moving more of what matters with delivery：https://www.uber.com/newsroom/moving-more-of-what-matters-with-delivery/

02 海外事例（Waymo）

> Googleの自動運転車開発部門から誕生したWaymoは、世界で最初に自動運転タクシーの商用サービスを開始したことで有名です。

Googleからスピンアウトした自動運転開発企業

Waymoは、Googleの親会社であるAlphabet傘下の自動運転車開発企業です。2016年12月に、Googleの自動運転車開発部門が分社化して、Waymoが設立されました（図1）。

Googleが自動運転車の開発に参入したのは、2009年に遡ります。アメリカでは交通事故の94%は人的ミスによるもので、交通事故による死傷者を減らすことを目的にカリフォルニア州で自動運転のテストを開始しました。

Googleは、自動運転技術の開発を開始するにあたり、ソフトウェア類はすべて独自に開発していましたが、車両に搭載するカメラやセンサーなどは他社製品を採用していました。しかし、センサーも独自開発した方が良いと判断して、2011年からはセンサー類の開発も開始しました。その成果のひとつとして、Waymoは2019年3月から自社開発のLiDARセンサー「Laser Bear Honeycomb」[1]の販売も始めています。

2018年に世界発の自動運転タクシー商用化

2018年12月には、世界初となる自動運転タクシーの商用サービス「Waymo One」をアリゾナ州フェニックスの一部地域で開始[2]しました（図2）。この自動運転タクシーのサービスには、フェニックスで公共交通機関を運営するValley Metroが協力しています。

当初は、セーフティドライバーが同乗する形でサービスは開始されましたが、2019年には一部の利用者に対してセーフティドライバーが同乗しない状態でのサービス提供を開始しています。Waymoの公式発表[3]によると、サービス提供開始前のプレサービスを含めたこれまでの配車回数は10万回を超えています。今後はアメリカ全土にサービス提供エリアを拡大していく計画です。

着実に無人化へステップアップ中

2020年に入り、新型コロナウイルスの影響で、フェニックスでの実証実験を中断していましたが、セーフティドライバーを同乗させ、米国疾病予防管理センター（CDC）やアリゾナ州当局が定めた感染防止のためのガイドラインに基づき、ドライバーのマスク着用など対策を講じたうえでサービスを再開することが発表されました。

* 1 Laser Bear Honeycomb : https://waymo.com/lidar/
* 2 Waymo unveils self-driving taxi service in Arizona for paying customers :
　　https://www.reuters.com/article/us-waymo-selfdriving-focus/waymo-unveils-self-driving-taxi-service-in-arizona-for-paying-customers-idUSKBN1O41M2

Waymoは、「Waymo Via」[*4]という自動運転トラックによる企業向け配送サービスにも参入しています。まだ限定的な試験サービスとして提供されていますが、今後は自動運転タクシーのように商用サービスを拡大していくものと思われます。

Waymo

- 2009年、Googleがカリフォルニア州で自動運転のテストを開始
- 2011年、Googleが自動運転に関するセンサー類の独自開発を開始
- 2016年12月、Googleの自動運転車開発部門を分社化してWaymo設立
- 2018年12月、自動運転タクシーの商用サービス「Waymo One」をアリゾナ州フェニックスの一部地域で開始
- 2019年3月、自社開発のLiDARセンサー「Laser Bear Honeycomb」の販売開始
- 2019年11月、セーフティドライバーなし自動運転タクシーのサービス提供を一部で開始

図1 Waymo：自動運転への取り組み

図2 Waymoの無人自動運転タクシー

出典：Waymo社プレスキット

* 3 Waymo One: A year of firsts：https://blog.waymo.com/2019/12/waymo-one-year-of-firsts.html
* 4 Waymo Via：https://waymo.com/waymo-via/

03 海外事例（Amazon.com）

ECサイトの運営で知られるAmazon.comは、ラストワンマイル無人配送の
実現を目指して、独自にビークルを開発しました。

● 配送の自動化を早くから模索してきたAmazon.com

　Amazon.comは、1995年にサービスを開始した世界を代表するECサイト
です（図1）。当初は書籍がメインでしたが、取扱商品のジャンルをエレクトロ
ニクス製品や音楽、宝飾品、食品などに拡大していき、外部企業が販売できる
マーケットプレイスでの取扱商品を含めると数億種類の商品が販売されていま
す。1997年5月にはNASDAQ証券取引所に上場を果たし、4大デジタルプ
ラットフォーマーを表すGAFA（Google、Apple、Facebook、Amazon）の一
角を占めています。

　Amazon.comは、商品の配送コスト削減のために、早くからドローンによる
無人配送の実験を開始したことでも知られています。Amazon.comは、2013
年12月にドローンを使った無人配送を計画しているという構想を発表しまし
た。その後、ドローンの試作品の動画を公開して、ネット上で大きな注目を集
めました。2015年には、アメリカの連邦航空局（FAA）から試験飛行の許可を
取得して、実用化のための実験を繰り返しています。

● 2019年1月に「Amazon Scout」の実証実験を開始

　2019年1月から、Amazon.comは自社開発した自動運転デリバリーロボッ
ト「Amazon Scout」を使った宅配の実証実験をサンフランシスコ州シアトル
で開始しました（図2）。無人ビークルの一種であるAmazon Scoutは、6つの
車輪が付いた40センチメートル四方程度の小型タイプで、受取人の自宅に向
けて歩道を低速で進みます。配達先に到着すると、受取人のアプリに通知が届
くとともに、上部のカバーが開いて商品が取り出せるようになります。

　実証実験では、Amazon Scoutで運ぶ荷物はランダムに選ばれていて、当初
は「Amazon Scoutアンバサダー」と呼ばれるスタッフが同行して、トラブル
への対処や受取人の反応を記録していました。実証実験で課題を洗い出して、
将来的には完全無人での配送を実現する計画です。2019年8月からは、実証実
験を行う地域をカリフォルニア州のアーバインにも拡大[1]しています。

● 配送ロボットを使った自動配送の実現へ

　インドの市場調査会社The Insight Partnersは、世界の物流ロボット市場規
模は、2018年時点で43億5,620万ドル（約4,570億円）が、2027年には約
4.7倍に相当する202億9,340万ドル（約2兆1,300億円）に拡大すると予測[2]

* 1 Amazon Scoutがカリフォルニア州アーバイン地区で自動配達を開始：
https://jp.techcrunch.com/2019/08/07/2019-08-06-amazon-scout-autonomuous-delivery-robots-begin-deliveries-in-california/
* 2 Logistics Robots Market to 2027 : https://www.theinsightpartners.com/reports/logistics-robots-market

しています。今後は、Amazon Scoutのような商品配送用の無人ビークルを開発する企業が増えてくるものと予想されます。

　さらに、2020年7月にはスタンフォード大学出身の技術者らが2014年に設立した自動運転技術開発のZooxを買収すると発表しました。買収金額は12億ドル（約1,260億円）を上回る見込みです。Zooxの技術を活用して物流網を自動化して、通販事業の効率化を目指すとみられています。

Amazon.com

- 1995年、書店をメインに扱うECサイトを開設
- 1997年5月、NASDAQ証券取引所に上場
- 2013年12月、ドローンを使った無人配送の構想を発表
- 2015年、アメリカの連邦航空局（FAA）から試験飛行の許可を取得
- 2019年1月、「Amazon Scout」を使った実証実験をサンフランシスコ州シアトルで開始
- 2019年2月、自動運転開発のスタートアップ企業Aurora Innovationに出資
- 2020年7月、自動運転技術開発のZooxを買収すると発表

図1 Amazon：自動運転への取り組み

図2 Amazon Scout

出典：Amazon.com
URL：https://blog.aboutamazon.com/transportation/meet-scout

04 海外事例（Bosch）

自動車部品メーカーとして世界最大の規模を誇るBoschは、自動車メーカーと協業して自動運転技術の開発にも大きな実績をあげています。

早い段階から自動運転関連の技術開発に実績

Robert Bosch（Bosch）は、1886年に設立されたドイツの総合自動車部品メーカーです（図1）。2019年の売上は779億ユーロ（約9兆7,400億円）で、自動車部品メーカーとしては世界最大の規模を誇ります。

Boschは、早い段階から自動車メーカーと共同で自動運転技術の開発に取り組んできたことで知られます。日本語で「横滑り防止装置」と訳されるESC（Electronic Stability Control）は、路面が凍結している場合や急カーブなどの場合にESCが稼働し、タイヤの回転数やブレーキを制御することで事故を防ぐ仕組みです。1995年にはDaimlerが「Sクラス」に初めてESCを装備し、現在は全世界の新車の82%にESCが装備[*1]されています。Boschは、ESCを「自動運転にとって基礎になるテクノロジー」と位置付けています。

自動バレーパーキングで世界最先端の技術

近年、Boschは自動運転に向けた開発を強化していて、その成果のひとつが自動バレーパーキング（Automated Valet Parking）技術です。2019年7月には、世界で初めて自動バレーパーキングに関する認証をドイツ当局から取得しました。

バレーパーキングは、駐車する際に運転手に代わって専門の係員が駐車作業を行うサービスのことです。このサービスを自動運転技術により、無人化・自動化するのが自動バレーパーキングです。管制センターからの指示で、任意に指定した駐車場所に車両を自動運転で誘導して、駐車を完了させる仕組みです。運転手が車外からリモートで駐車作業を支援する機能はすでに実用化されていますが、これはあくまでも運転手が操作するレベル2相当の機能です。それに対して、Boschの自動バレーパーキングは、完全にシステム側で行われるレベル4を実現した機能です。

2019年のCESでシャトル車両のコンセプト車を発表

Boschは、ラスベガスで開催された家電見本市「CES 2019」において、自動運転化やネットワーク化、電動化の最新ソリューションを搭載したコンセプト車を発表しました（図2）。将来的に、カーシェアリング、予約、駐車、充電などのサービスをネットワーク化して提供していく構想も明らかにしています。「Like a Bosch」というスローガンを掲げて、他社とは異なる独自の戦略

*1 ボッシュ、ESCの量産開始から25周年：https://www.bosch.co.jp/press/group-2005-01/

を進めていくことを強調しました。

　Boschの開発力の高さを示す例として、2020年2月には車載レーダーと車載カメラを補完する「長距離LiDAR」を開発したことを発表しています。レーダー、カメラ、そしてLiDARの3つを並行して活用することで、高速道路でも市街地でも、安全な自動運転を実現できるとしています。すでに生産体制も整っていることから、いくつかの車種に搭載されることが内定していると推測されます。

Bosch

- 1886年11月、創業者ロバート・ボッシュによって設立
- 1995年、Daimlerが「Sクラス」にESC（横滑り防止装置）を初めて装備
- 2019年1月、「CES 2019」において自動運転のコンセプト車を発表
- 2019年7月、世界で初めて自動バレーパーキングに関する認証を取得
- 2020年2月、車載レーダーと車載カメラを補完する「長距離LiDAR」を開発

図1 Bosch：自動運転への取り組み

図2 コネクテッドサービス機能を備えたコンセプト車

出典：ボッシュ株式会社

05 海外事例（Uber）

Uberは2018年の死亡事故を乗り越え、2020年中にもセーフティドライバーなしの自動運転タクシーの商用サービス開始を目指しています。

● 2010年に創業したライドシェア世界最大手

Uber Technologies（Uber）は、2010年にカリフォルニア州サンフランシスコで設立されました（図1）。同社が運営する配車アプリ「Uber」は、2020年現在、日本を含めた45以上の国と地域で利用されており、ライドシェアの業態では世界最大の規模を誇ります。

Uberは、2019年5月、ニューヨーク証券取引所（NYSE）に上場を果たし、株式の売り出しによって81億ドル（約8,510億円）を調達したことで話題となりました。Uberは、株式上場以前から自動運転車の開発に巨額の先行投資をしていたことで知られます。株式上場に際して米証券取引委員会（SEC）に提出された書類によると、2018年には研究開発費のほぼ1/3に相当する500億円以上を、自動運転車や空飛ぶ車などの開発に費やしていたことがわかりました。株式上場で調達した資金の一部も、自動運転関連の開発費や先行投資にあてられると予想されています。

● 2018年に起こした死亡事故を乗り越えることが課題

Uberは、独自の自動運転システムの開発を進めるとともに、自動運転タクシーの商用サービス化に向けて実証実験を重ねていきました。一時は、Waymoよりも先に商用サービスを開始できるとみられていましたが、2018年3月にUberの自動運転車が死亡事故を起こすというアクシデントが発生して、自動運転の実証実験は中断に追い込まれました。

この事故は、自動運転車が引き起こした初めての死亡事故ということで、アメリカのみならず世界で大きく報道されました。その後の調査で、事故の原因は自動運転システムの欠陥ではなく、システムが発した警告に対して運転手が適切に対処しなかった人的ミスであることが判明しています。Uberは、事故再発防止のためのルール強化に取り組み、2018年12月にペンシルベニア州ピッツバーグで実証実験を再開し、2020年3月にはサンフランシスコにおける公道実証実験の再開にこぎつけています。

● 2020年は「自動運転タクシー」が視野に

自動運転タクシーの商用サービスはWaymoに先を越された形になりましたが、自動運転システムの開発は水面下で続けられていました（図2）。2019年6月、VolvoのSUV「XC90」にUberの自動運転システムが搭載できる機能が

組み込まれたことが発表されました。将来的には、Uberネットワークで自動運転車による自動配車サービスを提供できるようになります。

　また、2020年3月に公道での実証実験の再スタートを切った自動運転タクシーについても、2020年中にセーフティドライバーなしでの商用サービスを開始する構想を明らかにしています。新型コロナウイルスの影響で予定通りに開始できるかどうかは不透明ですが、2020年がUberにとって巻き返しの年になるかどうかが注目されます。

Uber

- 2010年7月、カリフォルニア州サンフランシスコで設立
- 2018年3月、実証実験中に死亡事故を起こすというアクシデントが発生
- 2019年5月、ニューヨーク証券取引所（NYSE）に上場
- 2019年6月、VolvoのSUV「XC90」にUberの自動運転システムを搭載すると発表
- 2020年3月、公道での自動運転タクシーの実証実験を再開

図1 Uber：自動運転への取り組み

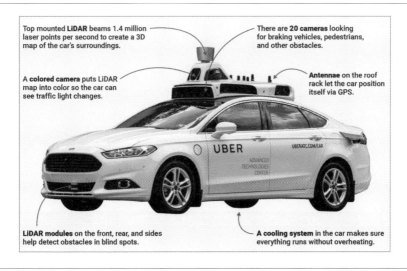

図2 Uberが開発中の自動運転車   出典：A Dutchess County Planning Federation eNewsletter

06 海外事例（Tesla）

Teslaは、独自に開発した自動運転用のAIチップを搭載して、自動運転ソフトウェアを更新することで完全自動運転の実現を目標に掲げています。

● 株式時価総額で自動車メーカーの首位に

　Teslaは、2003年7月にカリフォルニア州サン・カルロスで設立された電気自動車メーカーです（図1）。2008年に発売された初めての生産車両「Roadster」で、自動車メーカーとしての地位を確立し、2010年6月にアメリカNASDAQ市場に株式上場を果たしました。CEOのイーロン・マスク氏の放胆な発言がたびたび話題になりますが、自動運転技術の開発力については市場でも高く評価されていて、Teslaの株式時価総額は2020年に入って10兆円を突破しました。自動車メーカーとしては、トヨタとTeslaは株式時価総額で首位争いをしていましたが、2020年6月以降の急騰で2020年9月時点ではトヨタのほぼ2倍にまで評価[1]され、確固たる首位になっています。

　Teslaの車両には、先進運転支援システム「オートパイロット」が搭載されています。オートパイロットでは、同一車線内でステアリング操作や加減速を自動的に行う自動運転レベル2相当の運転支援が利用できます（図2）。

● 2020年には完全な自動運転車を量産へ

　Teslaは、自動運転車について非常にユニークなアプローチを進めています。既存のTesla車に、自動運転用のAIチップを取り付け、自動運転ソフトウェアをアップデートすることで完全な自動運転を達成できるというものです。その中核となるのが、2019年4月に発表された、完全自動運転向けのプロセッサ「FSD（Full Self-Driving）」システムです。アメリカの半導体メーカーNVIDIAとの提携で自社開発しました。

　FSDは、車両購入時にオプション料金を払うことで設置可能で、すでにModel 2やModel X、Model 3への搭載が開始されています。FSDの初回アップデートとして、持ち主のいるところまで車両を呼び寄せる「Smart Summon」機能が追加されました。2020年後半からは、FSDをサブスクリプションサービスとして月額課金制で提供する構想も発表されています。そういった進展を踏まえて、2020年末には完全自動運転を実現すると公約しています。

● 配車サービスのプラットフォーム「TESLA NETWORK」

　Teslaは、FSDの発表に合わせて「Robotaxi（ロボタクシー）」構想も明らかにしました。TeslaとFSDを搭載した自動運転車のリース契約を結べば、車両オーナーはTeslaが運営する配車サービスプラットフォーム「Tesla

[1] 2020年9月30日時点で株式時価総額は3,977億ドル（約41兆8,000億円）。

Network」に登録することで、自動運転タクシー事業を行えるようになります。事故が発生した際にはTeslaが責任を持ち、車両オーナーは運賃収入でリース代の一部をまかなうことが可能になります。

　Teslaによると、1マイル（1.6キロメートル）あたり0.65ドル（約68円）を得ることができます。3万マイル利用されれば、収入は約1万ドル（約105万円）になる計算です。このプラットフォームを活用して、2020年には100万台のロボタクシー（自動運転タクシー）を公道で走らせたいという壮大な計画です。オーナーとの間での契約はリースですが、カーシェアリングの普及を一気に後押しすることが期待されます。

Tesla

- 2003年7月、カリフォルニア州サン・カルロスで設立
- 2008年、初めての生産車両「Roadster」を発売
- 2010年6月、アメリカNASDAQ市場に株式を上場
- 2019年4月、完全自動運転向けの
  プロセッサ「Dual Redundant FSD Computer（FSD）」を発表
- 2019年4月、「Robotaxi（ロボタクシー）」構想を発表
- 2019年9月、最新のアップデートで
  「Smart Summon（スマート・サモン）」機能を追加

図1 Tesla：自動運転への取り組み

図2 Teslaが販売するEV（電気自動車）

出典：Tesla
URL：https://www.tesla.com/presskit/autopilot?redirect=no

07 海外事例（Luminar）

Luminarは、これまでの常識を覆す500ドルのLiDAR[*1]ユニットを発売して注目を集めています。新型LiDARは、次世代のVolvo SUV車に搭載が決定しています。

● 神童と呼ばれたオースティン・ラッセルが設立

Luminar Technologiesは、2012年にカリフォルニア州で設立されたLiDARなど自動運転向けのセンサーを開発するベンチャー企業です（図1）。16歳からスタンフォード大学で物理学を学び、幼い頃から「神童」と呼ばれていたオースティン・ラッセル氏が、若手起業家向けの研究奨学金制度を利用し、大学を中退してLuminarを設立しました。

当初から低価格のLiDAR開発に取り組み、2017年には3,600万ドル（約37億8,000万円）の資金調達に成功して話題になりました。2019年の時点で、資金調達額の累計は、2億5,000万ドル（約263億円）に達したことが明らかになっています。フロリダ州オーランドに研究開発拠点を据え、シリコンバレーなどで実績のあるエンジニアなど数百人がLiDARの開発に取り組んでいます。

● 独自技術で低価格高性能のLiDARを開発

2019年7月、Luminarはバンパーに簡単に装着できる缶ジュースサイズの「第3世代LiDARユニット」を500ドル（約52,500円）で発売すると発表して、業界に大きな衝撃を与えました（図2）。独自技術の採用により、従来品に比べてより解像度が高く、より遠距離の対象物を認識でき、Luminarの技術力の高さを改めて印象付けました。

LiDARは価格が高いことがネックになっていて、自動運転車にLiDARを搭載することに否定的なメーカーも少なくありません。たとえば、TeslaはAI搭載のカメラで十分に代替できるとして、LiDARを使わずに完全自動運転を実現できるシステムの開発を進めています。Luminarの低価格LiDARが登場したことで、LiDARを搭載する運転支援車や自動運転車が一気に増える可能性があります。

● 次世代のVolvo SUV車に搭載が決定

2020年5月、スウェーデンのVolvo Carsは、2022年から次世代プラットフォーム"SPA2"を採用するSUV車XC90に、LuminarのLiDARと検知技術を導入すると発表[*2]しました。VolvoのCTOは、LuminarのLiDAR採用を発表する記者会見で、「LiDAR技術は人と同等の運転技術を持つ完全自動運転技術シ

---

*1 Light Detection And Rangingの略。レーザー光を利用して距離を測定する仕組み。
*2 Next generation Volvo cars to be powered by Luminar LiDAR technology for safe self-driving：
https://www.media.volvocars.com/ca/en-ca/media/pressreleases/268323/next-generation-volvo-cars-to-be-powered-by-luminar-lidar-technology-for-safe-self-driving

ステムを構築するために不可欠なもの」とコメントしています。

　Volvoは、早い段階からLuminarの技術力を高く評価しており、2018年6月にはLuminarに資本参加しています。また、トヨタもシリコンバレーに開設したトヨタ・リサーチ・インスティテュートを通じて、Luminarと共同開発を行うパートナーシップを締結しています。Luminarは、設立以来の歴史が浅いものの、自動運転の技術開発において一定のポジションを確保したことは確実のようです。

Luminar

- 2012年、オースティン・ラッセル氏が大学を中退してカリフォルニア州で設立
- 2017年、ベンチャーキャピタルなどから3,600万ドル（約37億8,000万円）の資金調達に成功
- 2018年6月、スウェーデンのVolvo Carsが資本参加
- 2019年7月、500ドル（約52,500円）の「第3世代LiDARユニット」を発表
- 2020年5月、Volvo Carsが次世代プラットフォームにLuminar製のLiDAR採用を発表

図1 Luminar：自動運転への取り組み

図2 Luminarが発表した500ドルの低価格LiDAR

出典：Luminarプレスリリース

08 海外事例（GM Cruise）

GM Cruiseは、ハンドルのないコンセプト車両を発表して話題になっています。2020年中にハンドルのない自動運転車を使った実証実験も行われる見込みです。

自動運転開発を加速させたいGMが2016年にCruise Automationを買収

Cruise Automationは、2013年10月の設立後、自動運転キットの開発を開始しました（図1）。2016年3月、GMに5億8,100万ドル（約610億円）で買収され社名がGM Gruiseになり、2016年5月からGMが出資している配車アプリLyftと自動運転機能を持つEVを使った走行試験をサンフランシスコなどの都市で開始しました。これらの実証実験を通じて、自動運転タクシーに参入する構想を打ち出しました。

2018年に、ソフトバンク・ビジョン・ファンドから22億5,000万ドル（約2,360億円）、ホンダから27億5,000万ドル（約2,890億円）の出資を受け入れました。2019年5月には、両者からさらに追加出資を受けています。これらの資本提携により、ホンダとの協業で自動運転車の開発を進め、同じくソフトバンクが出資するUberなどライドシェア大手への車両供給が見込めるようになりました。

2020年1月にハンドルがない自動運転EV「Cruise Origin」を発表

GM Cruiseは、2020年1月に自動運転EVのコンセプト車両「Cruise Origin」を発表[1]しました（図2）。ハンドルやペダル、サイドミラーなどが設置されておらず、シートが中心に向かい合って配置されるなど、斬新な設計になっています。鍵穴もなく、ナンバーを押して解錠する装置がドアに設置されています。主にライドシェアや自動運転タクシーとしての利用を想定して設計されていることがわかります。

Cruise Originを披露した直後に、GMはデトロイト・ハムトラムク工場に新たに22億ドル（約2,310億円）を投資することを発表しました。当初は電動ピックアップトラックの製造を行いますが、この工場でいずれはGM CruiseのCruise Originの組み立てを行うとしています。Cruise Originは単なるコンセプト車両ではなく、量産に向けたロードマップがすでにできていることが明らかになりました。

ハンドルなしの自動運転実証として初認可の見通し

GM Cruiseは、2019年内に自動運転タクシーの商用サービスを開始する計画を持っていましたが、「安全面の懸念」を理由に開始時期を延期していまし

*1 Cruise Origin：https://www.getcruise.com/origin

た。開始の目標時期については公表されていませんでしたが、Cruise Origin の開発が進行している様子から、数年以内に自動運転タクシーの商用サービスを開始すると考えられています。

2019年12月にロイター通信は、GMが申請中の「ハンドルなし」自動運転車による実証実験をアメリカ当局が認可する見通しであることを伝えました[*2]。Waymoは、すでに「ハンドルあり」＋「セーフティドライバーなし」の自動運転タクシーを事業展開していますが、これまで「ハンドルなし」の自動運転車で公道での実証実験を行った例はなく、実現すれば史上初となります。

GM Cruise

- 2013年10月、自動運転キットを開発するCruise Automationが設立
- 2016年3月、GMに5億8,100万ドル（約610億円）で買収される
- 2016年5月、配車アプリLyftと走行試験をサンフランシスコなどで開始
- 2018年、ソフトバンク・ビジョン・ファンドやホンダから出資を受け入れ
- 2019年12月、「ハンドルなし」自動運転車による実証実験が認可される見通しとの報道
- 2020年1月、ハンドルがない自動運転EVのコンセプト車両「Cruise Origin」を発表

図1 GM Cruise：自動運転への取り組み

図2 GM Cruise が発表したハンドルなしオリジナル自動運転車「Cruise Origin」

出典：Cruise公式投稿

＊2 U.S. talks with GM over deploying self-driving cars without steering wheels：
https://in.reuters.com/article/uk-autos-autonomous-exclusive-idINKBN1YO2EE

海外で進むスマートシティの巨大プロジェクト

近年、世界各地でスマートシティを建設する取り組みが進められています。国土交通省では、スマートシティを「都市の抱える諸課題に対して、ICT等の新技術を活用しつつ、マネジメント（計画、整備、管理・運営等）が行われ、全体最適化が図られる持続可能な都市または地区」と定義しています。

『スマートシティの実現に向けて【中間とりまとめ】』（報告書 P.3）
URL https://www.mlit.go.jp/common/001249774.pdf

一方、2020年5月には、いわゆる「スーパーシティ法案」が参議院本会議で可決・成立しました。スーパーシティは、AIや自動運転、IoTといった第4次産業革命における最先端技術を活用し、未来の暮らしを先行実現する「まるごと未来都市」と位置付けられています。スマートシティと明確に区別するのは難しいかもしれませんが、スーパーシティは、より多様な最先端技術を導入することで、住民目線に基づいて幅広く生活全般をカバーするイメージです。

スマートシティ建設の種類は、工場跡地や埋め立て地などの更地に新しく都市を建設するグリーンフィールド型と、既存の街において必要な再開発やインフラ整備を行うブラウンフィールド型の2つに大きく分類できます。先進国では、都市インフラの老朽化が問題になりつつあります。まずはグリーンフィールド型で実験的な都市建設を行い、その成果を都市の再開発に活かそうとする例や、人口の一極集中を緩和させる目的で、首都郊外にグリーンフィールド型で新都心を建設する例などがあります。

国をあげてスマートシティの建設に注力している例としては、アラブ首長国連邦のドバイがよく知られています。首都のドバイ全体をスマートシティ化するという壮大な計画です。市内では、交通手段の25%を自動運転化するという目標も策定されているほか、ドバイ警察はAI（人工知能）搭載の「動く交番」を開発するなど、自動運転技術が様々なシーンで活用される見込みです。

中東では、サウジアラビアで未来都市「NEOM」建設プロジェクトが進められています。同国のムハンマド皇太子と縁のあるソフトバンク・ビジョン・ファンド（SVF）も投資する予定であると報じられています。

アジアでは、中国の深セン市にテンセントが中心になって、臨海部の埋め立て地に「Net City」を建設する計画が進められています。フィリピンでは、マニラから100km離れた郊外にあるアメリカ空軍基地跡地に新都心としての「ニュークラークシティ」が誕生する予定です。

Part 2 事業者紹介

Part2では、自動運転・MaaSにかかわる主要な事業者、大学・研究機関、ファンド系企業の類型と各事業者の概要を紹介します。

事業者紹介

※ここでは正式名称ではなく通称名を掲載しています。

Chapter **7**

カオスマップ／
事業者カタログ

ここでは主要な事業者を16の切り口で分類したカオス
マップと、大学・研究機関とファンド系企業をまとめた
カオスマップを紹介します。

01 カオスマップ①
企業99社

企業99社

ア アメリカ　欧 欧州*1　ロ ロシア　中 中国　日 日本

技術開発

Aurora	ア	先進モビリティ	日
SenseTime	中	J-QuAD	日
Pony.ai	中	富士通	日
アセントロボティクス	日		
Preferred Networks	日		
アイサンテクノロジー	日		

センサー開発（カメラ・LiDARなど）

Velodyne Lidar	ア		
Luminar	ア	リコー	日
東芝	日	パナソニック	日
村田製作所	日	パイオニア	日
京セラ	日	ITD Lab	日
日立オートモティブシステムズ	日		

サプライヤー・パーツ開発

Western Digital	ア		
Continental	ド	アイシン精機	日
ZF	ド	ジェイテクト	日
Valeo	フ		

セキュリティ

Dellfer	ア	NDIAS	日
Karamba Security	イ	WHITE MOTION	日

有力企業

GM/Cruise	ア	NVIDIA	ア
Tesla	ア	VW/AUDI	欧
Ford/Argo AI	ア	BMW	欧
Amazon/Zoox	ア	Volvo	欧
Waymo/Google	ア	Navya	欧
Intel/Mobileye	ア	Easy Mile	欧
Apple	ア	BOSCH	欧
Uber	ア	HERE	欧
Daimler/Mercedes Benz	欧		

半導体開発

Qualcomm	ア	ルネサス	日
Arm	英	NSITEXE	日

警備ロボット開発

ALSOK	日	SEQSENSE	日
セコム	日		

図1 カオスマップ①

*1 ドイツ、フランス、イギリス、オランダ除く。

自動運転・MaaSにかかわる主要な企業99社を16の領域、国別に分けて紹介します（図1）。ここに掲載されている企業の概要は、P.109以降で確認できます。

イ イスラエル	ド ドイツ	フ フランス	英 イギリス	オ オランダ

通信会社

ソフトバンク 日	NTTドコモ 日
KDDI 日	

Yandex ロ	ティアフォー 日
Didi Chuxing 中	ZMP 日
Baidu 中	BOLDLY 日
日産 日	DeNA 日
ホンダ 日	ソニー 日
デンソー 日	
トヨタ/TRI/TRI-AD 日	
ダイナミックマップ基盤 日	
MONET Technologies 日	

配送サービス開発

Walmart ア	楽天 日
Kroger ア	セブンイレブン 日
ヤマト運輸 日	ローソン 日

実用化支援・実証実験支援

マクニカ 日	フィールドオート 日

シミュレーションソフト

ANSYS ア	OTSL 日

マップ

TomTom オ	AutoNavi 中
NaviInfo 中	ゼンリン 日

自動運転トラック開発

Embark Trucks ア	いすゞ自動車 日
日野自動車 日	UDトラックス 日

無人ビークル開発

Nuro ア	JD.com 中
MobyMart 中	Hakobot 日
Starship Technologies ア	

保険会社

Trov ア	損保ジャパン 日
東京海上 日	
あいおいニッセイ同和損保 日	

コンテンツ

Disney ア	ACCESS 日

※ここでは正式名称ではなく通称名を使用しています。

02 カオスマップ② 大学・研究機関／ファンド系

自動運転・MaaSにかかわる主要な大学・研究機関とファンド系企業を国別に分けて紹介します（図2）。

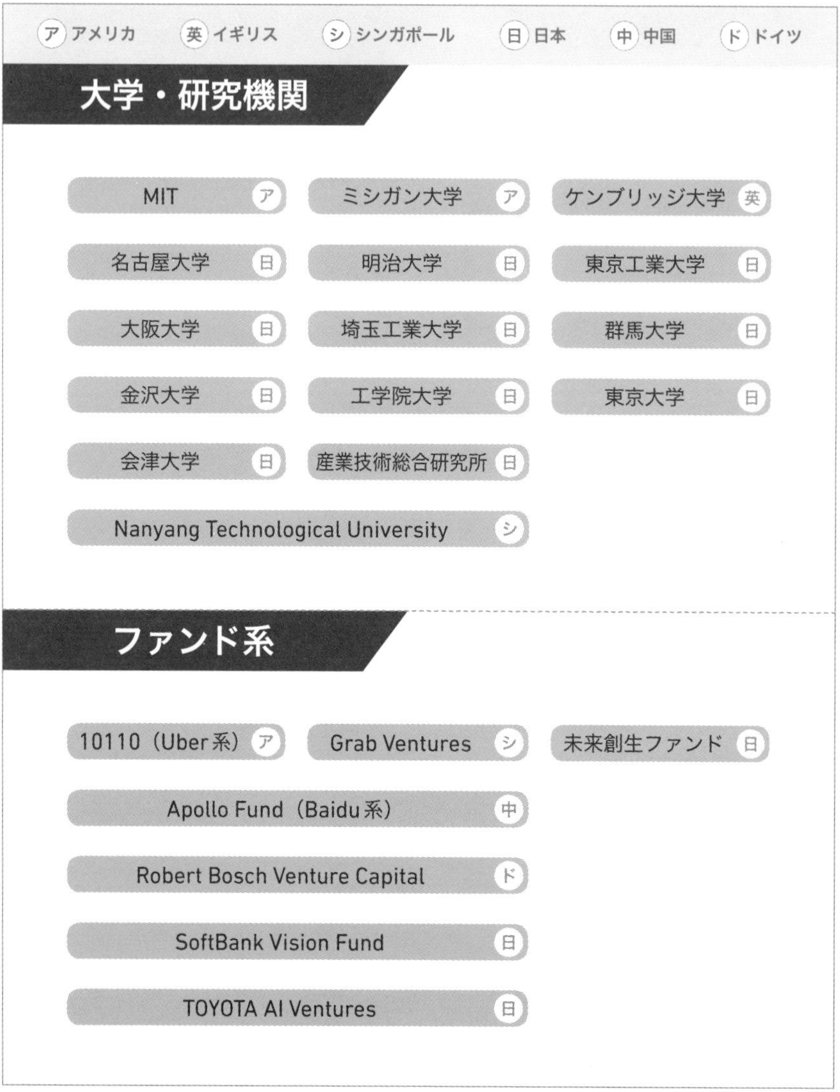

ア アメリカ　英 イギリス　シ シンガポール　日 日本　中 中国　ド ドイツ

大学・研究機関

MIT ア	ミシガン大学 ア	ケンブリッジ大学 英
名古屋大学 日	明治大学 日	東京工業大学 日
大阪大学 日	埼玉工業大学 日	群馬大学 日
金沢大学 日	工学院大学 日	東京大学 日
会津大学 日	産業技術総合研究所 日	
Nanyang Technological University シ		

ファンド系

10110（Uber系）ア	Grab Ventures シ	未来創生ファンド 日
Apollo Fund（Baidu系）中		
Robert Bosch Venture Capital ド		
SoftBank Vision Fund 日		
TOYOTA AI Ventures 日		

図2 カオスマップ②　　　　　　　　　　　　　　　　　※ここでは正式名称ではなく通称名を使用しています。

03 事業者カタログ

カオスマップで紹介した事業者の概要を紹介します（ 表1 、 表2 、 表3 ）。

表1 企業99社

※上場企業は設立年の下段に上場市場を示しています。記載がない事業者は非上場企業です。
※ここでは正式名称ではなく通称名を使用しています。

国名	事業者名	URL	設立年	概要
有力企業				
アメリカ	GM/Cruise	https://getcruise.com/	2013年	Cruiseは自動運転システム開発会社。GMが2016年に買収。2020年に量産モデルとして自動運転車「Origin」を発表
	Tesla	https://www.tesla.com/	2003年 NASDAQ	開発力に定評のある電気自動車メーカー。自動運転用のAIシステム「FSD」を独自開発。2020年中の自動運転実現を目指す
	Ford/Argo AI	https://www.argo.ai/	2016年	Argo AIはレベル4を実現するソフトウェアを開発。Googleで自動運転開発に携わったSalesky氏が設立。FordとVWが資本参加
	Amazon/Zoox	https://zoox.com/	2014年	Amazon.comの傘下に入ったZoox。自動運転タクシー向けの車両を開発するスタートアップ企業
	Waymo/Google	https://waymo.com/	2016年	WaymoはGoogleからスピンアウトして設立された自動運転車開発企業。世界で最初に自動運転タクシーの商用サービスを開始したことで知られる
	Apple	https://www.apple.com	1976年 NASDAQ	iPhoneなどのデバイスやソフトウェアを開発・販売する多国籍企業。自動運転技術に関する実証実験を継続して実施している
	Uber	https://www.uber.com/	2009年 NYSE	配車アプリの提供を行うライドシェア企業として世界最大の規模を誇る。自動運転車の開発に巨額の投資を行っていることで有名
	NVIDIA	https://www.nvidia.com/	1993年 NASDAQ	グラフィック処理のGPUに定評がある半導体メーカー。TeslaのAIチップ開発に協力するなど、自動運転技術の開発にも注力
イスラエル	Intel/Mobileye	https://www.mobileye.com/	1999年 NYSE	MobileyeはADASや自動車用半導体の設計を手掛けるイスラエル発の開発企業。2017年にIntelに153億ドルで買収され注目を集める

国名	事業者名	URL	設立年	概要
ドイツ	VW/AUDI	https://www.volkswagen.de/	1937年フランクフルト証券取引所	傘下のAudiがいち早くレベル3対応の量産車を発売。2022年末までに自動運転などのテクノロジーに340億ユーロを投資する計画
	BMW	https://www.bmw.de/	1916年フランクフルト証券取引所	Rolls-RoyceとMINIを傘下に持つ。ADASの機能向上に注力。三眼カメラや高性能センサーが搭載された最上級モデル「BMW X7」を発売
	Daimler/Mercedes-Benz	https://www.daimler.com/	1883年フランクフルト証券取引所	高級車部門のMercedes-Benzは、半導体メーカーNVIDIAと提携。共同開発する自動運転システムを2024年以降に搭載予定
	BOSCH	https://www.bosch.com/	1886年	自動車部品メーカーとして世界最大規模。LiDARやミリ波レーダーの開発に加え、半導体メーカーNVIDIAと共同でAIの開発も
フランス	Navya	https://navya.tech/	2014年ユーロネクスト・パリ	自動運転シャトルバスの開発を手掛けるスタートアップ企業。日本ではソフトバンク系のBOLDLYが同社の車両を使って実証実験を実施
	EasyMile	https://easymile.com/	2014年	自動運転シャトルバス「EZ10」を開発。ドイツの自動車部品メーカーContinentalと自動運転タクシーの開発にも着手
スウェーデン	Volvo	https://www.volvocars.com/	1927年	Google系の自動運転開発企業Waymoと提携。配車サービス向けプラットフォームにWaymoの自動運転技術を導入する予定
オランダ	HERE Technologies	https://www.here.com/	1985年	自動運転車向けのダイナミックマップを手掛ける位置情報サービス分野の有力企業。三菱商事やNTTもオランダ法人を通じて資本参加
ロシア	Yandex	https://yandex.ru/	2000年NASDAQ	「ロシアのGoogle」と形容される有力IT企業。ポータルサイトなどのITサービスに加え、自動運転車の開発にも注力
中国	Didi Chuxing	https://www.didichuxing.com	2012年	世界1,000都市以上で展開するライドシェア大手。ソフトバンクやAppleなどが資本参加。2019年に自動運転開発部門を別会社化
	Baidu	https://www.baidu.com/	2000年NASDAQ	ネット検索サービスで中国最大手。自動運転技術を支援するファンドを創設するなど、プラットフォーマーとして自動運転開発連合を形成

国名	事業者名	URL	設立年	概要
日本	トヨタ/TRI/TRI-AD	https://global.toyota/jp/	1937年東証一部	子会社として、人工知能に関する先端研究を行うTRIや、自動運転関連のソフトウェア開発を行うTRI-ADを設立している。自動運転EV「e-Palette」を発表
	日産	http://www.nissan.co.jp/	1933年東証一部	フランスのRenaultが筆頭株主。AIにドライバーの癖を学習させて、自動運転システムにその癖を反映させる技術を開発中。DeNAと自動運転タクシー実証
	ホンダ	https://www.honda.co.jp/	1948年東証一部	2020年内にレベル3の車両を発売予定。AIやビッグデータ技術を手掛ける中国のNeusoft Reachと合弁会社を設立
	デンソー	https://www.denso.com/jp/ja/	1949年東証一部	国内最大手の自動車部品メーカー。アメリカの半導体大手Qualcommの子会社と協業で次世代コックピットシステムを開発へ
	ティアフォー	https://tier4.jp/	2015年	名古屋大学で開発された自動運転OSを事業化する目的で設立。オープンソースでOSを展開しており、すでに世界で導入実績多数
	ZMP	https://www.zmp.co.jp/	2001年	自動運転技術開発プラットフォーム「RoboCar」シリーズや警備ロボット「PATORO」などを提供するロボットベンチャー企業
	BOLDLY	https://www.softbank.jp/drive/	2016年	ソフトバンクと先進モビリティの合弁で設立。2020年秋から国内で初めて公道で自動運転バスの定時・定路線での運行サービスを開始する予定
	ダイナミックマップ基盤	https://www.dynamic-maps.co.jp/	2016年	自動運転に欠かせない高精度3次元地図のプロバイダー。トヨタなどの国内OEMが資本参加。同業のアメリカUshrを買収
	MONET Technologies	https://www.monet-technologies.com/	2018年	トヨタとソフトバンクが合弁で設立。オンデマンドモビリティサービス、データ解析サービス、Autono-MaaS事業を展開
	DeNA	https://dena.com/jp/	1999年東証一部	モバイルゲーム開発やSNS運営、ECなどを手掛けるインターネット関連企業。日産と組んで自動運転タクシーの実証実験を実施
	ソニー	https://www.sony.co.jp/	1946年東証一部	CMOSイメージセンサーで世界首位。エンタメ分野にも強み。CES 2020で自動運転車のコンセプトカー「Vision-S」を発表

国名	事業者名	URL	設立年	概要
技術開発				
アメリカ	Aurora	https://aurora.tech/	2016年	TeslaやGoogle、Uberの元社員らが創業した自動運転システム開発企業。自動運転技術でVWやヒュンダイと戦略的提携
中国（香港）	SenseTime	https://www.sensetime.com/	2014年	ディープラーニング技術を応用したAIと顔認識技術の開発を手掛ける。2017年からホンダと自動運転アルゴリズムの共同研究も
中国	Pony.ai	https://www.pony.ai/en/	2016年	Baiduで自動運転技術に携わっていた開発者2人が設立。自動運転タクシーや自動運転トラックの開発を推進。トヨタも資本参加
日本	アセントロボティクス	https://ascent.ai/jp/	2016年	完全自動運転車や次世代産業用ロボット向けのソフトウェア開発を行うAIテクノロジー企業。世界中からトップレベルのAI技術者が集結
	先進モビリティ	https://www.as-mobi.com/	2014年	東京大学生産技術研究所の次世代モビリティ連携研究センターで研究・開発された技術を事業化するために設立されたベンチャー企業
	Preferred Networks	https://preferred.jp/ja/	2014年	深層学習や機械学習で自動運転技術や産業用ロボットの開発を手掛けるユニコーン企業。自律走行型の作業ロボットの実証実験開始へ
	J-QuAD	https://www.j-quad.co.jp/	2019年	デンソー、アイシン精機、アドヴィックス、ジェイテクトの4社が合弁で設立した自動運転の統合ソフトウェア開発を行う企業
	富士通	https://www.fujitsu.com/jp/	1935年 東証一部	日本を代表する総合ITベンダー。Fordのグループ会社Autonomicと先進的なモビリティサービスの提供に向けて協業
	アイサンテクノロジー	https://www.aisantec.co.jp/	1970年 東証 JASDAQ	測量用ソフトウェア開発が主力。高精度3次元地図を提供するなど自動運転分野にも注力。様々な実証実験に参加し、内閣府SIPの実証にも参画
セキュリティ				
アメリカ	Dellfer	https://dellfer.com/	2016年	サイバーセキュリティのスタートアップ企業。車載システムをサイバー攻撃から守る技術を共同開発する目的でデンソーが資本参加
イスラエル	Karamba Security	https://www.karambasecurity.com/	2015年	サイバーセキュリティを手掛けるイスラエル企業。OTAアップデートを含む通信を認証できる自動運転向けIoTセキュリティ製品を開発

国名	事業者名	URL	設立年	概要
日本	NDIAS	https://ndias.jp/	2018年	自動運転車やコネクテッドカーに特化したサイバーセキュリティ企業。デンソーとNRIセキュアテクノロジーズが合弁で設立
	WHITE MOTION	https://www.white-motion.com/	2017年	自動車向けセキュリティ技術の開発企業。サイバーセキュリティを手掛けるフランスQuarkslabとカルソニックカンセイが合弁で設立

サプライヤー・パーツ開発

国名	事業者名	URL	設立年	概要
アメリカ	Western Digital	https://www.westerndigital.com/	1970年 NASDAQ	HDDやフラッシュメモリ製品に強いストレージ製造大手。車載向けに注力。2015年から車載フラッシュストレージの販売を開始
ドイツ	Continental	https://www.continental.com/en	1871年 フランクフルト証券取引所	タイヤに強い総合自動車部品メーカー。自動運転用のAI開発でNvidiaやBaiduと提携。2025年を目途にレベル5の実用化を目指す
	ZF	https://www.zf.com/mobile/en/	1915年 フランクフルト証券取引所	世界41カ国に拠点を有する自動車部品メーカー。独自開発のAI自動車制御ユニットにアメリカ半導体大手Xilinxの技術を導入
フランス	Valeo	https://www.valeo.com/	1923年 ユーロネクスト	大手自動車部品メーカー。世界の自動車メーカーにシステムや製品を供給。CESでADASや自動運転に関する新技術を次々に発表
日本	アイシン精機	https://www.aisin.co.jp/	1949年 東証一部	トヨタグループの自動車部品メーカー。2015年に初代モデルを発表した商業施設特化型パーソナルモビリティを2020年から事業化へ
	ジェイテクト	https://www.jtekt.co.jp/	1935年 東証一部	トヨタグループの自動車部品メーカー。EPSなど電子部品や自動運転技術の開発推進のため、刈谷市のソフトウェア開発拠点を拡張

半導体開発

国名	事業者名	URL	設立年	概要
アメリカ	Qualcomm	https://www.qualcomm.com/	1985年 NASDAQ	半導体設計開発の大手。CDMA方式の携帯電話普及で急成長。子会社がデンソーと次世代のコックピットシステム開発で協業
イギリス	Arm	https://www.arm.com/	1990年	ARMアーキテクチャで知られるファブレス半導体メーカー。IVIやADAS用のチップで絶大なシェア。ソフトバンクグループ傘下

国名	事業者名	URL	設立年	概要
日本	ルネサス・エレクトロニクス	https://www.renesas.com/	2002年東証一部	自動車向けが売上の半分以上を占める大手半導体メーカー。独自開発の車載用SoCで自動運転システムやADASの開発を加速
	NSITEXE	https://nsitexe.com/	2017年	半導体IPの設計・開発企業。認知や判断の統合処理に強い自動運転用の半導体DFP（DataFlow Processor）の開発を推進

センサー開発（カメラ・LiDARなど）

国名	事業者名	URL	設立年	概要
アメリカ	Velodyne Lidar	https://velodynelidar.com/	1983年	サブウーファー技術の開発企業として設立。2005年からLiDAR開発に本格的に着手。2015年にLiDAR開発部門を分社化
	Luminar	https://www.luminartech.com/	2012年	低価格のLiDARを開発する目的で設立。2019年に500ドルの製品を発表。Volvoの次世代型プラットフォームに採用予定。トヨタも実験車両で採用
日本	東芝	https://www.toshiba.co.jp/	1875年東証二部	大手電機メーカー。LiDARに応用できる長距離測定と高解像度を実現する受光技術や、車両の動きを高精度に推定するAIなどを開発
	村田製作所	https://www.murata.com/	1950年東証一部	大手電子部品メーカー。MEMSセンサーの工場を拡張。自動車安全水準「ASIL D」に対応した3D MEMS慣性力センサーを開発
	京セラ	https://www.kyocera.co.jp/	1959年東証一部	大手電気機器メーカー。自動運転技術にも注力。LiDARと画像センサーを一体化した高精度測距センサーモジュールの商品化に着手
	リコー	https://www.ricoh.co.jp/	1936年東証一部	光学機器製造メーカー。デンソーと共同開発した車載用ステレオカメラでは、3次元画像処理に独自の高密度視差演算技術を採用
	パナソニック	https://www.panasonic.com/jp/	1935年東証一部	車載分野も手掛ける総合電機メーカー。CES 2020で、車両と道路が通信できる技術などコネクテッドカー関連の最新技術を展示
	日立オートモティブシステムズ	http://www.hitachi-automotive.co.jp/	2009年	日立製作所100%出資の自動車部品メーカー。2018年には公道で自動運転の走行実証実験を行うなど、自動運転技術の開発に注力
	パイオニア	https://jpn.pioneer/	1947年非上場	カーナビや地図サービスを手掛ける電気機器メーカー。ドイツの自動車部品メーカーContinentalと統合コックピットの開発で協業

国名	事業者名	URL	設立年	概要
日本	ITD Lab	https://itdlab.com/	2016年	高性能ステレオカメラの開発企業。レベル5に対応できる立体画像認識技術に強み。小型インテリジェント・ステレオカメラを開発中
通信会社				
日本	ソフトバンク	https://www.softbank.jp/	1981年東証一部	国内通信大手。トラックの隊列走行を盛んに実験。持株会社のソフトバンクグループは、ビジョンファンドを通じて自動運転分野で投資多数
	KDDI	https://www.kddi.com/	1953年東証一部	次世代通信システム「5G」などを提供する電気通信事業者。自社の5Gネットワーク内にAmazonのストレージサービスを設置
	NTTドコモ	https://www.nttdocomo.co.jp/	1991年東証一部	国内最大手の移動体通信事業者。2019年から効率的な車両とルートの組み合わせを瞬時に算出する「AI運行バス」の提供を開始
シミュレーションソフト				
アメリカ	ANSYS	https://www.ansys.com/	1970年	自動運転システムの開発を支援するシミュレーションソフトの開発企業。LiDARやカメラなどのバーチャルシミュレーションも可能
日本	OTSL	https://www.otsl.jp/	2003年	近距離無線システムの開発企業。海外企業と共同で、LiDARなど各センサーに対応した5種類のシミュレータを同時稼働できるプラットフォームを開発
マップ				
オランダ	TomTom	https://www.tomtom.com/	1991年ユーロネクスト	地図サービスの大手。トヨタ子会社TRI-ADが2020年に実施した一般道の地図生成実験では、TomTom独自のアルゴリズムを採用
中国	NaviInfo	http://www.navinfo.com/	2002年深圳証券取引所	統合地理情報サービス企業。オートパイロットマップなどの技術開発にも注力。オランダHEREなどとともにアライアンスを結成
	AutoNavi	https://mobile.amap.com/	2001年NASDAQ	統合地理情報サービス企業。中国Alibabaの傘下。ドイツBoschや中国NavInfoなどと高精度3次元地図の共同開発を推進
日本	ゼンリン	https://www.zenrin.co.jp/	1961年東証一部	地図情報サービスで国内最大手。道路情報の自動差分抽出技術をMobility Technologiesと共同開発すると発表

国名	事業者名	URL	設立年	概要
自動運転トラック開発				
アメリカ	Embark Trucks	https://embarktrucks.com/	2016年	トラックの自動運転に特化したスタートアップ企業。2018年に自動運転で約3,900キロのアメリカ横断を成功させたことで有名
日本	日野自動車	https://www.hino.co.jp/	1942年東証一部	トラックとバスの製造で日本最大手。VWグループのバス・トラック部門と提携。自動運転を含む技術領域で協力体制の構築を目指す
日本	いすゞ自動車	https://www.isuzu.co.jp/	1916年東証一部	主にトラックやバスを製造する自動車メーカー。大型トラック「ギガ」にレーンキープアシストなどレベル2の高度運転支援機能を実装
日本	UDトラックス	https://www.udtrucks.com/japan/	2007年	大型車に特化した自動車メーカー。2018年にレベル4のトラック走行デモを実施。2030年までに完全自動運転トラックの量産化が目標
無人ビークル開発				
アメリカ	Nuro	https://nuro.ai/	2016年	元Googleの技術者によって設立されたロボット企業。配送用ロボットの開発を推進。WalmartやKrogerなどと実証実験を開始
アメリカ	Starship Technologies	https://www.starship.xyz/	2014年	配送用ロボットの開発企業。2018年から配送用ロボットで商用サービスを開始。2020年6月までに10万回以上の配送を実施
中国	MobyMart	https://themobymart.com/	不明	スウェーデンで誕生した移動式カフェが中国との連携で無人コンビニ「MobyMart」に進化。自動運転が可能な車両タイプの店舗
中国	JD.com	https://global.jd.com/	1998年NASDAQ	ECサイト「Jd.com」を運営。2016年にドローンによる宅配を実用化。中国のスタートアップが開発した宅配ビークルを採用予定
日本	Hakobot	https://hakobot.com/	2018年	配送用ロボットの開発企業。堀江貴文氏がアドバイザーを務めることで知られる。2018年5月に配送用ロボットの初号機を発表
警備ロボット開発				
日本	ALSOK	https://www.alsok.co.jp/	1965年東証一部	ALSOKのブランドで知られる警備・セキュリティサービス企業。2019年に自律走行が可能な警備員協働型警備ロボットを開発

国名	事業者名	URL	設立年	概要
日本	セコム	https://www.secom.co.jp/	1962年 東証一部	警備サービスで国内首位。自律走行型巡回監視ロボットを開発。2019年6月から成田空港のターミナル巡回警備の一部に導入
	SEQSENSE	https://www.seqsense.com/	2016年	明治大学から誕生した警備ロボット開発のベンチャー企業。独自開発の警備ロボットが2020年2月から成田空港の館内警備に導入

配送サービス開発

国名	事業者名	URL	設立年	概要
アメリカ	Walmart	https://corporate.walmart.com/	1969年 NYSE	世界最大のスーパーマーケットチェーン。送客や食品宅配などで自動運転技術の導入に意欲的。Waymoなど多くの自動車関連企業と提携
	Kroger	https://www.thekrogerco.com/	1883年 NYSE	大手スーパーマーケットチェーン。ガソリンスタンドも運営。2019年に配送用ロボットのNuroと実証実験をヒューストンで開始
日本	ヤマト運輸	http://www.kuronekoyamato.co.jp/	1929年 東証一部	国内宅配サービス首位。次世代物流サービスの開発を目指し、その一環として2018年にはドライバー不在の公道走行実験を実施
	楽天	https://corp.rakuten.co.jp/	1997年 東証一部	大手IT企業。ライドシェア大手Lyftに資本参加。2019年に自律走行ロボットで商品を配送する実証実験を西友と約1カ月間実施
	セブンイレブン	https://www.sej.co.jp/	1973年 東証一部	国内でコンビニエンスストア最大手。トヨタと提携しており、「e-Palette」を活用した移動型店舗の開発を検討中とされる
	ローソン	https://www.lawson.co.jp/	1975年 東証一部	三菱商事傘下のコンビニエンスストア。ZMPと大学構内で宅配ロボットの実証実績

保険会社

国名	事業者名	URL	設立年	概要
アメリカ	Trov	https://www.trov.com/	2012年	オンデマンドの保険プラットフォームを運営。モビリティ領域にサービスを拡大。PSAのカーシェアリングサービス向けに保険を提供
日本	損保ジャパン	https://www.sompo-japan.co.jp/	1944年 東証一部	大手損害保険会社。2018年に遠隔型自動運転運行サポート施設を開設。2019年にティアフォーやアイサンテクノロジーと業務提携
	あいおいニッセイ同和損保	https://www.aioinissaydowa.co.jp/	1918年 東証一部	大手損害保険会社。2020年3月からレクサスのコネクテッドカー向けにAIを活用した交通事故の状況を把握できる仕組みを提供

国名	事業者名	URL	設立年	概要
日本	東京海上日動火災保険	https://www.tokiomarine-nichido.co.jp/	1944年東証一部	大手損害保険会社。MaaSの社会実装推進と新たな保険サービスの開発を目的にJR東日本と提携。2020年冬から実証実験開始へ
コンテンツ				
アメリカ	Disney	https://thewaltdisneycompany.com/	1923年NYSE	世界的なエンタテインメント企業。2018年に自動運転車の車内におけるエンタテインメントメディアの開発でAudiと業務提携
日本	ACCESS	https://www.access-company.com/	1984年東証一部	「モノとインターネットを繋ぐ」を理念に掲げるソフトウェア開発企業。車載向けマルチメディアコンテンツ共有システムの開発に注力
実用化支援・実証実験支援				
日本	マクニカ	https://www.macnica.co.jp/	1972年東証一部	半導体などの電子部品専門商社。小型ロボットタクシーを活用したモビリティビジネス創出のため、PerceptInの日本法人と協業
日本	フィールドオート	不明	2018年	実証実験で豊富な経験を持つ埼玉工業大学から派生した自動運転実証実験の支援サービスを提供するベンチャー企業。ティアフォーの子会社

表2 大学・研究機関 ※ここでは正式名称ではなく通称名を使用しています。

国名	事業者名	URL	設立年	概要
アメリカ	MIT	https://www.mit.edu/	1865年	マサチューセッツ州に本部を置く私立工科大学。トヨタやデンソーなど自動車関連企業との共同研究が多いことで知られる
アメリカ	ミシガン大学	https://umich.edu/	1817年	ミシガン州立の研究型総合大学。州政府の意向で大学内に自動車に関連する次世代技術の開発拠点を設置。実験用のミニタウンも建設
イギリス	ケンブリッジ大学	https://www.cam.ac.uk/	1209年	中世に創設された世界屈指の名門大学。AIの研究開発チームが深層強化学習で自動運転システムを開発する企業「Wayve」を設立
シンガポール	Nanyang Technological University	https://www.ntu.edu.sg/	1981年	シンガポールにある国立大学。構内に自動運転車のテストセンターとサーキットが設置されている。AIに関する論文が多いことでも有名

国名	事業者名	URL	設立年	概要
日本	名古屋大学	http://www.nagoya-u.ac.jp/	1939年	名古屋市に本部を置く国立大学。モビリティに関する研究開発が盛んで、大学発のベンチャーとしてティアフォーやオプティマインドなど
	明治大学	https://www.meiji.ac.jp/	1920年	東京都千代田区に本部を置く私立大学。2018年に「自動運転社会総合研究所」を設立。大学発のベンチャーとしてはSEQSENSEが有名
	東京工業大学	https://www.titech.ac.jp/	1929年	東京都目黒区に本部を置く国立大学。画像認識やニューラルネットワークなどの研究が盛ん。大学発のベンチャーとしてITD Labがある
	大阪大学	https://www.osaka-u.ac.jp/ja	1931年	吹田市に本部を置く国立大学。NEDOはAI分野の人材育成のため、大阪大学を拠点のひとつとしてAIデータフロンティアコースを開講
	埼玉工業大学	https://www.sit.ac.jp/	1976年	深谷市に本部を置く私立大学。2019年に「自動運転技術開発センター」を設置。大学発のベンチャーとしてはフィールドオートが有名
	群馬大学	https://www.gunma-u.ac.jp/	1949年	前橋市に本部を置く国立大学。2016年に「次世代モビリティ社会実装研究センター」を設置。限定地域での完全自動運転実用化が目標
	金沢大学	https://www.kanazawa-u.ac.jp/	1949年	金沢市に本部を置く国立大学。2015年に「新学術創生研究機構」を設立。国立大学では公道走行実験に最も早く着手したことで知られる
	工学院大学	https://www.kogakuin.ac.jp/	1949年	東京都新宿区に本部を置く私立大学。2019年に「自動運転時代の鉄道の可能性」を開講
	東京大学	https://www.u-tokyo.ac.jp/	1877年	東京都文京区に本部を置く国立大学。「モビリティ・イノベーション連携研究機構」を設置。大学発のベンチャーとしては先進モビリティがある
	会津大学	https://www.u-aizu.ac.jp/	1993年	会津若松市に本部を置く公立大学。2019年にTISと配送ロボットの実証実験を構内のラボで実施。大学発のベンチャーとしては会津ラボがある
	産業技術総合研究所	https://www.aist.go.jp/	2001年	経済産業省所管の公的研究機関。2018年に「ラストマイル自動走行の実証評価」をBOLDLYや先進モビリティなどと共同で実施

表3 ファンド系

※ここでは正式名称ではなく通称名を使用しています。

国名	事業者名	URL	設立年	概要
アメリカ	10110 （Uber系）	http://10100fund.com/	2018年	Uberの共同創業者で元CEOのKalanick氏が創設したファンド。投資分野としては不動産、コマース、新興国のイノベーションなど
中国	Apollo Fund （Baidu系）	https://apollo.auto/fund.html	2017年	Baiduが創設した自動運転事業向けファンド。基金総額は1,500億円以上。3年間で100以上のプロジェクトに投資すると表明
ドイツ	Robert Bosch Venture Capital	https://www.rbvc.com/	2007年	ドイツ部品メーカーBoschグループ傘下のベンチャーキャピタル。自動運転ソフトウェア開発のハンガリーAImotiveなどに投資
シンガポール	Grab Ventures	https://ventures.grab.com/	2018年	ソフトバンクが資本参加するライドシェア大手Grabが創設したファンド。東南アジアの次世代技術リーダーの発見と育成が目的
日本	SoftBank Vision Fund	https://visionfund.com/	2017年	ソフトバンクグループが創設した投資ファンド。投資先として、GM CruiseやUberなど自動運転関連の企業が多いことが特徴
	未来創生ファンド	https://mirai.sparx.co.jp/	2015年	トヨタが本格的に参加するベンチャーキャピタル。第1号ファンドではティアフォーに投資。第2号ファンドは2018年から運用開始
	TOYOTA AI Ventures	https://toyota-ai.ventures/	2017年	トヨタの開発子会社TRIが設立したベンチャーキャピタル。自動運転モビリティやロボティクス関連のベンチャー企業に投資

Part 3 分野別ビジネス参入手法

Part3では、自動運転ビジネスと特に親和性が高いと思われる合計10業界・分野を取り上げ、実践的な参入方法を解説しています。

自動運転ビジネスに参入するための考え方

　自動運転ビジネスの主戦場は「サービス」市場です。自動運転ビジネスへの参入を考える際には、第三者の提供する製品やサービスを使う立場になる「活用する側」と、製品やサービスを開発する事業者に要素技術やノウハウを提供する立場になる「活用される側」という視点が重要になります。「活用される側」では、「裾野の裾野」に注目すると意外な技術に大きなビジネスチャンスが見つかる可能性があります。

自動運転×業界　5業界

　自動運転ビジネスによって、大きな恩恵を受けることが期待できる業界として、「小売業」、「物流業」、「不動産業」、「農業」、「BtoG（行政・官公庁向けビジネス）」の5業界を取り上げました。自動運転の実用化に伴い、従来の商習慣や常識が大きく変わる可能性があります。その変化にいち早く対応することで、数々のビジネスチャンスをつかめるでしょう。業界の垣根を越えた事業拡大や提携も盛んになると思われます。

自動運転×サービス　5分野

　自動運転の実用化によって、従来のサービスも大きく変貌することが予想されます。ここでは、自動運転ビジネスによって新たな市場が誕生すると見込まれる「広告」、「金融・決済」、「エンタメ・コンテンツ」、「情報セキュリティ」、「カーシェアリング」の5分野にスポットを当てました。人が運転から解放されることによって、移動時間の楽しみ方や車中での消費活動が大きな市場に成長すると期待されています。

分野別ビジネス参入手法

Chapter **8**

自動運転ビジネスに参入するための考え方

自動運転車や他社が提供するMaaSサービスを「活用する側」だけではなく、自社の持つ要素技術や経営資源をメーカーやサービス事業者に提供する「活用される側」の視点も持つことで、自動運転ビジネス（MaaSなど様々なサービスも含む）に参入できる可能性は大きく広がります。

01 自動運転ビジネスの 主戦場は「サービス」

自動運転ビジネス（MaaSなど様々なサービスも含む）の主戦場は「サービス」市場です。自動運転が実現することで新しく誕生するサービス市場にこそ大きなチャンスがあります。

自動運転の経済効果は2050年に約735兆円、その内訳は？

アメリカのIntelが公表した調査レポート（図1）[1]によると、自動運転車に関連するサービスの経済規模は、2035年には8,000億ドル（約84兆円）、2050年には7兆ドル（約735兆円）にも拡大すると予測されています。その一方で、矢野経済研究所の予測（図2）によると、2030年におけるレベル3の条件付き自動運転車とレベル4以上の自動運転車の世界販売台数は合計で約1,900万台で、仮にレベル3以上の車両の販売価格が平均200万円としても、車両の販売による市場規模は約38兆円にとどまります。

すなわち、自動運転ビジネスでは、自動運転車の製造、販売を行う自動車業界における市場規模より、自動運転車や無人ビークルが自動で走るようになることで誕生するサービスの市場規模の方がはるかに大きいことがわかるでしょう。

自動運転で新しく生まれるサービス市場こそ主戦場

自動運転ビジネスでは、広告・エンタテインメントと小売が2大産業となるでしょう。自動車が完全に自動で動くようになると、ドライバーだった人は運転から解放されることで車内で映画やドラマの鑑賞、ショッピングが可能となり、新たな消費行動が生まれます。自動運転車には移動履歴や目的地、到着時間などが入力されるため、そのデータをもとに個人に合わせたターゲティングが可能になり、広告の効果も高まります。

小売では、無人ビークルの活用によって宅配ビジネスが大幅に増えるでしょう。宅配の比率が高まれば、店舗形態にも変化が生じます。個々の顧客からの注文を束ね、最適な物流システム及びルートを構築するようなAIが開発されると予想されます。これまでには存在しなかったサービスなので、今から参入準備を進めることで誰にでも先行者利益を得られるチャンスがあります。

自動車業界への直接的な参入はハードルが高い

2020年に入って、自動運転車の開発に力を入れている電気自動車メーカーTeslaの株式時価総額が10兆円を突破したことが大きく報じられました。これを見て、自動運転車の開発、製造を魅力的なビジネスと感じた企業も少なくないかもしれません。しかしながら、自動車は人の命を預かるもので、安全性能

*1 Accelerating the Future: The Economic Impact of the Emerging Passenger Economy：
https://newsroom.intel.com/newsroom/wp-content/uploads/sites/11/2017/05/passenger-economy.pdf

や自動運転技術の高い精度が求められます。大企業の製造業でない限り、自動運転車製造への新規参入は非現実的でしょう。

　それに対して、関連するサービス市場であれば、比較的参入の障壁は低く、アイデア次第で様々なビジネスが考えられます。また、新しいサービスを支える技術として、センサー、カメラ、生体認識技術、画像処理技術やセキュリティなど、従来は自動車には直接関係のなかった技術についても、自動運転ビジネスでは重要な役割を担うようになり、高収益を生み出す可能性があります。

- ビジネス向けのMaaS（Mobility as a Service：サービスとしてのモビリティ）市場は3兆ドル（約315兆円）規模となる。それは"Passenger Economy"全体の43%を占める。
- コンシューマー向けのMaaS市場は3.7兆ドル（約389兆円）規模になる。同じく"Passenger Economy"全体の55%を占める。
- 自動運転車に関連するサービスが拡大することで、コンシューマーによる新しい革新的なアプリやサービスの市場も増加する。これらの売上高は2,000億ドル（約21兆円）に達する。
- 2035～2045年の"Passenger Economy"本格化時代においては、少なくとも自動運転車によって58万5,000人の命が救われる。
- 自動運転車は世界的に交通混雑が激しい諸都市において、コンシューマーの通勤時間を年間合計で2億5,000万時間以上減少させる。
- 2035～2045年の"Passenger Economy"本格化時代において、交通事故対策などの公共安全対策コストは、2,340億ドル（約24兆6,000億円）以上削減できる。

図1 Intelの調査レポートの要旨

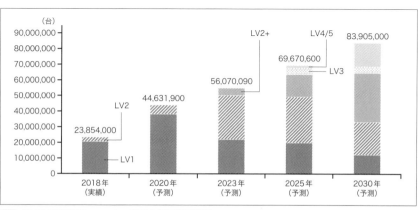

図2 ADAS/自動運転システムの世界市場規模予測グラフ

出典：株式会社矢野経済研究所：『自動運転システムの世界市場に関する調査（2019年）』より作成
注：乗用車および車両重量3.5t以下の商用車の新車に搭載される自動運転システムの搭載台数ベース、2020年以降は予測値（2019年3月現在）

02 「活用する側」と「活用される側」の視点が重要

自動運転ビジネスを考える際には、「活用する側」と「活用される側」という視点が重要になります。「活用される側」として、自動運転ビジネスに参入することも考えてみましょう。

● 意外と盲点となる「活用される側」の視点

自動運転ビジネスへの参入については、自動運転を活用する側と活用される側に分けて考えることができます（図1）。活用する側というのは、自動運転車や無人ビークルを使って新しいサービスを興したり、本業の収益力向上に活かしたりするプレーヤーを指します。一方、活用される側とは、自社の持っている技術やノウハウを、自動運転車や無人ビークルの開発やサービスの運用のために提供する企業のことです。

たとえば、ACCESSという企業は、インフォメーションテクノロジー、配信システムなどを扱っています。このようなシステム技術は、自動運転車向けのコンテンツ配信や広告配信に採用される可能性が大いにあります。同様の技術を保有する企業は、自動運転ビジネスに「活用される側」として参入することで、大きな恩恵を受けることになるでしょう。

● まずは「活用する側」のニーズやメリットを理解する

活用される側として自動運転ビジネスに参入するためには、活用する側の業界、自動運転技術の現状について知り、どのような技術が活用されていくのかを把握することが大切です。そのうえで、自動運転車や無人ビークルに、どのような機能が加われば、どのような新しいサービスが可能になるのかを考えてみましょう（図2）。

自動運転車への広告配信が巨大な市場になることについては、すでに何度も触れました。広告の価値は、成約率など広告の効果に比例します。より大きな広告料収入を得るなら、広告の効果を高めるための表現力や効果測定の技術やノウハウが必要になります。これらのノウハウを持っている企業は、自動車メーカーに対して、広告の効果を最大化するためのシステムや設備を提案できるでしょう。

● 活用の仕方がわかれば活用されるアイデアが湧いてくる

自動運転ビジネスは、ある意味「活用する側」の方が参入しやすく、ビジネスモデルの構築も簡単かもしれません。活用する側は、第三者が製造した車両やサービスを組み合わせて事業化すればいいので、アイデアも浮かびやすいでしょう。新しいサービスを創造するには、既存の技術やサービスだけでは実現

できないことも少なくありません。そこに「活用される側」が持っている技術やノウハウのニーズが生まれます。

　本書では、「活用する側」を基本としつつも、「活用される側」の視点についてもできるだけ多くの事例やヒントを取り上げています。これまで自動車産業とは接点がなかった企業でも、自動運転ビジネスに「活用される側」として参入するチャンスは数多くあります。そういったビジネスチャンスを見出すきっかけにしてもらえれば幸いです。

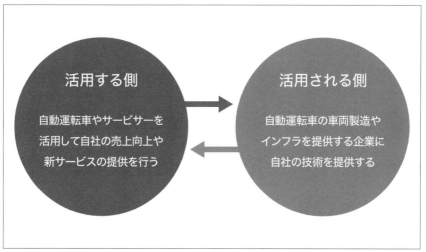

図1 「活用する側」と「活用される側」の関係図

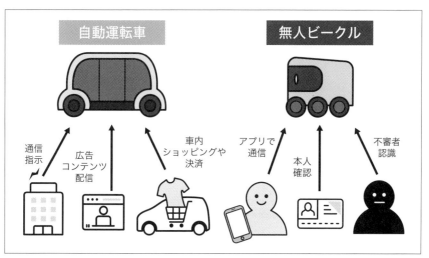

図2 自動運転車と無人ビークルに採用が期待される技術や部品

03 「裾野の裾野」に大きなビジネスチャンス

自動運転市場は2050年には約735兆円規模まで成長するといわれていますが、統計には含まれていない「裾野の裾野」には大きなビジネスチャンスが隠れています。

自動運転ビジネスで生まれる「裾野の裾野」とは

　自動運転車には、従来の自動車には使われていなかったカメラやセンサーなどの電子部品が搭載されます。車両を基準にするなら、センサーや車載カメラ、ディスプレイ、組み込みソフトウェアなどは「裾野」産業と表現できます。さらに、センサーや車載カメラを基準に考えると、それらに対する裾野も存在します。センサーやカメラの裾野は、車両から見ると「裾野の裾野」という位置付けになります（図1）。

　「裾野の裾野」のわかりやすい例としては、センサー用のワイパーがあげられます。自動運転ではセンサーは「目」の役割を果たします。雨の水滴やほこりで視界を遮られてしまうと、致命的な事故につながりかねません。ローテクと思われるかもしれませんが、センサーにワイパーを取り付けることは、すでに一部製品で実用化されています。そのワイパーの需要が「裾野の裾野」に該当します。

中堅中小企業こそ「裾野の裾野」を狙え

　これまで自動車部品メーカーとの取引実績のない企業であっても、「裾野の裾野」であれば、自動運転ビジネスに参入できるチャンスは十分にあります。需要の大きな製品を大量生産している大企業より、むしろニッチな技術を活かして多品種少量生産しているような中堅中小企業の方が向いているともいえるでしょう。

　無人ビークルによる宅配が行われるようになると、利用者とビークルとの通信はスマホアプリを介して行われるようになります。無人ビークルがビルのエレベーターを利用するなら、エレベーターとの間で信号の通信を行う必要が出てきます。スマホアプリを開発している企業が、これまでの経験や実績を活かし、無人ビークル対応のアプリや通信システムを開発すれば、大きなビジネスに発展する可能性があります。

休眠特許など自社ビジネスの強みを再点検しよう

　センサーにワイパーを付けるという発想は、もし自動運転が実用化されなければ生まれなかったかもしれません（図2）。従来、高性能のセンサーは、工場やビルなど空調の効いた室内で使用されることが一般的でした。自動運転車の

開発も、自動運転が実現することで発生するサービスも、これまでには存在しなかった分野です。ほかの用途では見向きもされなかった技術やノウハウに、大きなニーズが生まれる可能性もあります。

　自社の持っている休眠特許やノウハウが、自動運転ビジネスでどのように使われる可能性があるか、という「活用される側」の視点で一度棚卸ししてみてはいかがでしょうか。時代遅れと思い込んで活用していなかった特許の中に、宝が埋もれているかもしれません。

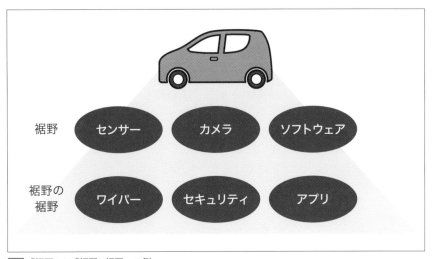

図1 「裾野」と「裾野と裾野」の例

図2 「裾野の裾野」の商品化例

出典：ヴァレオ「ヴァレオSCALA2 レーザースキャナー」

04 マネタイズの鍵を握る 広告やスポンサード

自動運転サービスを広く普及させるには、利用料金を引き下げる必要があります。そのためには、広告やスポンサードでマネタイズする手法が有効です（図1）。

自動運転が広く利用されるためには

自動運転サービスが広く認知され利用されるようになるためには、どうしたら良いでしょうか。最も有効な方法は、圧倒的に安い料金でサービスを提供することです。携帯電話やインターネットなど、今では当たり前になっている便利なサービスも、広く普及するまでにある程度の時間を要しました。利用者が一定数まで増えないと、利用料金を劇的に下げることができなかったためです。

その点、自動運転サービスには有利な条件が揃っています。自動運転によって移動や配送のコストが大幅に下がることに加え、付随する様々なサービスでマネタイズできるため、スタート時点から利用料金を安く設定することもできます。極論をいうなら、車両の利用など移動にかかる費用を利用者に負担してもらわなくても、付随するサービスから得られる収益によって事業化することも可能です。

恩恵を受ける企業からお金を出してもらう仕組み

サービスの利用料金は、本来は利用者が負担すべきものです。人が移動する自動運転サービスの場合、移動先には利用者の目的があり、そこで恩恵を受ける企業が存在します（図2）。恩恵を受ける企業に利用料金の一部を負担してもらえば、利用料金を下げることができます。たとえば、地方都市では、医療機関やスーパーなどがマイクロバスを使った無料送迎サービスを提供していますが、基本的な考え方は同じです。自動運転が実現すれば、移動コストは1/10以下になると予想されていますので、同様のサービスが一気に広がるでしょう。

広告やスポンサードという形であれば、より多くの企業から収益を得ることができるようになります。YouTubeなどインターネット上で提供されている多くの無料サービスも、広告料収入などで成り立っています。

広告を活用すればあらゆるシーンでマネタイズできる

すでにインターネット広告は大きな市場へと成長しています。自動運転の実用化により、自動運転車を媒体とした広告が爆発的に拡大すると見込まれています。自動運転車では、目的地などへの移動データが収集できるため、インターネット広告に比べて格段にパーソナライズの精度が上がることは間違いあ

りません。これまで実現できなかった新しいマーケティング手法の登場が期待されます。

　広告を絡めることで、自動運転サービスのあらゆるシーンでマネタイズが可能になります。一例としては、自動運転タクシーに広告を流し、「この商品を購入すれば、今回の利用料金は無料になります」という形も考えられるでしょう。むしろ、利用者にサービスを無料で提供することを前提として、ビジネスモデルを設計した方が良いかもしれません。

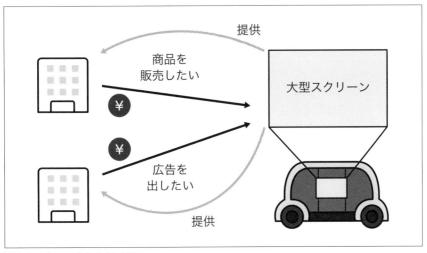

図1 サービスでマネタイズする例

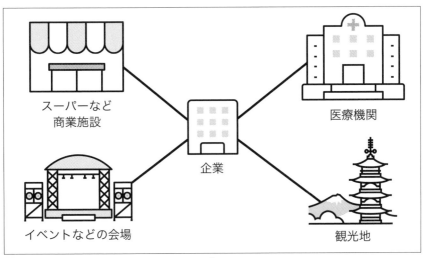

図2 人が移動することで恩恵を受ける企業のイメージ

05 自動運転社会に向けて 今から準備すべきこと（まとめ）

レベル4以上の自動運転車の開発は順調に進行中です。これから実証実験も盛んに行われる予定です。自動運転サービス参入に向けて、今から準備すべきこととは何でしょうか。

自動運転社会の到来でどんなサービスが登場するか

自動運転ビジネス（MaaSなど様々なサービスも含む）の主戦場は、これから新しく誕生するサービス市場であることは、すでに何度も触れた通りです。自動運転が実現することで誕生するサービスですので、現時点では類似のサービスすら存在していないものも少なくありません。自動運転ビジネスへの参入機会を逃さないためには、自動運転社会が到来すると、どんな新しいサービスが登場するかを想像することが重要です（図1）。

自動運転車により、人は完全に運転から解放されます。移動時間を好きなことに使うことができます。自動運転車や無人ビークルが街中を頻繁に行き交うようになります。料理中に足りない食材は無人ビークルがすぐに届けてくれ、無人パトカーが街の安全のために見回りをするようになるでしょう。そのような近未来をイメージし、その時に生まれる新しいニーズは何かを考えてみましょう。

新しく誕生する巨大市場にどのようにかかわれるか

自動運転ビジネスの市場がこれから急成長することは、間違いありません。従来の「自動車産業」の枠組みにとどまらず、関連する「サービス産業」が巨大な市場となります。人やモノの移動は人の暮らしに密接にかかわっているものなので、自動運転の実現によって、あらゆる分野に恩恵が広まります。これまでの交通手段では実現できなかった付加価値の高いサービスも次々に生まれてくるでしょう。

自動運転によって誕生するサービス市場に、自社の経営資源を活用してどのようにかかわれるかを考えてみてください。マネタイズの鍵を握るのが、「自動運転車向けの広告」、「コンテンツなどの有料サービス」、「車内での商品販売」です。このマネタイズ手法を組み合わせれば、自動運転サービスとまったく接点がつくれないという企業は少ないのではないでしょうか。

先行者利益をみすみす見逃してしまわないように

自動車メーカーなど大企業が、自動運転技術を持ったスタートアップ企業に投資する事例が増えています。今後は、様々な切り口によって新しいサービスが登場するでしょう。新しく誕生する自動運転サービスについては、今から準

備を進めることで「先行者」になれるチャンスがあります。先行者利益を狙うためにも、いち早く自動運転ビジネスの調査や検討を開始することをおすすめします（図2）。

Chapter 9からは、自動運転と様々な分野との組み合わせでビジネスの事例やアイデアを紹介しています。柔軟な発想でいろいろな可能性を感じられるように、「活用する側」だけでなく、「活用される側」や「裾野の裾野」の視点でも多くのアイデアを取り上げました。自社の経営資源と照らし合わせて、自動運転ビジネス参入のヒントとしていただければ幸いです。

- 車中で注文した商品を目的地で受け取れるサービス
- リクエストに応じてやってくる移動店舗
- 配送用無人ビークルを全国に派遣するサービサー
- 自動運転で物件価値を高める不動産領域に関連するコンサルティング
- 農地を集約して大規模農業の運営代行
- 車中での様々なサービス利用に対する決済ビジネス
- MaaSデータの収集、分析、活用支援サービス
- 自動車向けコンテンツ配信サービス
- 自動運転車のリモート監視、制御サービス
- 地元の店舗向けエリアマーケティングサービス

図1 レベル4以降で登場する新しいサービス例（再掲）

1　自動運転サービスは小売ビジネスとの相性が良い

2　自動運転車や無人ビークルを新しい販売チャネルと考える

3　客が来るのを待つのではなく、客のところに行くことも

4　店舗や倉庫などの保有する経営資源の活用方法を工夫する

5　IT企業など新しい競合相手が増えることには注意

図2 自動運転ビジネスに参入する際の視点整理

COLUMN アフターコロナに 自動運転化は加速へ

　矢野経済研究所は、新型コロナウイルスが業績に与える影響と収束後の経営環境変化を予測する目的で実施したアンケート調査の結果を公表しました。この調査は、第一線で活躍する企業経営者、ビジネスパーソン810名を対象に、「自社が所属する業界の将来に大きな影響を与えると思われる技術、事業機会、ビジネスモデル、製品、サービス等」について、自由記述方式で2つまで回答してもらう形式で行われました。

　得られた回答からキーワードを抽出して集計したところ、1位は「AI（人工知能）」、2位は「医療」、3位は「DX（デジタルトランスフォーメーション）」、4位は「次世代自動車（xEV）」という順になりました。

　矢野経済研究所は、次世代自動車が4位に入ったことについて、「自動運転やCASE、MaaSに対する注目度も、業種を越えて高い調査結果となった」とコメントしています。直接、自動車業界とは関係のない業界でも、自動運転などの次世代自動車に関する技術やサービスの影響力が大きくなると捉えている経営者やビジネスパーソンが多いことが調査結果から浮き彫りになりました。

　矢野経済研究所では、今回の調査結果について、上位にランクインしているテーマは、以前から注目されていたものも少なくないものの、コロナ禍の影響で一層注目度が高くなった可能性がある、と分析しています。次世代自動車が、5位の「5G」や7位の「環境」よりも高い順位になったことは、コロナ禍で行動が制限される中、人やモノの「移動」は今後どうあるべきか、企業が再検討する大きなきっかけになったものと思われます。

　今回の結果は、アフターコロナ、ウイズコロナにおいて、自動運転やMaaSの注目度がますます高まり、自動運転の実用化に向けた開発やサービス化の流れが加速することを予感させる結果となりました。それを裏付けるかのように、コロナ禍が続いている期間中も、自動運転に関する新技術やサービスの発表が世界で相次いでいます。新型コロナウイルスの収束時期が見通せるようになった時点で、素早く事業化に踏み切れるよう準備を進めている企業が多い証拠といえるでしょう。

矢野経済研究所が公表したプレスリリース
URL https://www.yano.co.jp/press-release/show/press_id/2482

Chapter 9

自動運転×業界「小売業」

自動運転の実用化による経済波及効果が、最も大きくなると注目されるのが小売業です。配送コストの大幅な低下でより多くのものがECを通じて販売されるようになるうえ、街中を行き交う無人ビークルを新しい販売チャネルとして活用できるようになります。

01 小売業の現状と課題

小売業は、人口減少や消費動向の変化によって多くの課題を抱えています。
ネット通販の急速な伸び、キャッシュレスが普及する一方で、小売店や百貨店
の閉店も相次ぎ業界内で大きく変化が起き始めています。

人口の減少や消費動向の変化で伸び悩み

経済産業省の経済解析室ニュース[1]によると、2019年の小売業全体の売上
高は前年比0.1％増の145兆470億円と、ほぼ横ばいにとどまりました（図1）。
人口の減少や、消費者のニーズの多様化などの要因で、ここ数年、小売業は低
成長を続けています。可処分所得の伸び悩みで、生活者の節約志向が定着して
いることも要因のひとつにあげられるでしょう。

高齢者の単身世帯が増加する地域においても、利用者減により公共交通機関
が維持できず鉄道やバスなどの路線が廃止されることもあります。また、報道
で高齢者が引き起こす自動車事故が注目されるようになり、自動車運転免許を
返納する人も増えました。近年の経済産業省の調査[2]では、「買い物難民」が全
国に700万人ほど存在すると推計されており、社会問題として表面化していま
す。

ネット通販専業との競争が激化

ドラッグストアは新規出店攻勢で高い成長率を維持しています。経済産業省
が発表した商業動態統計速報[3]によると、2020年5月のドラッグストアの売
上高は6,069億円（前年同月比6.4％増）となっています。ドラッグストアで
は生鮮食品や食料品が低価格で提供されていること、インバウンド需要によっ
て化粧品や医薬品などが爆買いされるといったことも成長を押し上げる要因と
して考えられます。

ネット通販（EC）が普及したことで、お客様との接点が増え、オムニチャネ
ルとも表現されるように販売チャネルが多様化してきています（図2）。小売店
はECの比率を高めてきていますが、その一方で、アマゾンや楽天市場に代表
されるネット通販専業との競争が激化しています。日本のEC化率は欧米と比
較するとまだ低く、食料品などEC化が遅れているカテゴリーも少なくありま
せんので、今後の成長が見込まれます。

キャッシュレス決済への対応も課題に

政府は、キャッシュレス化推進の方針を打ち出しており、小売業界にとって
は追い風となっています。2019年にはQRコードを使ったスマホ決済サービス
が数多く登場して、「○○ペイ」は流行語大賞の候補にまでなりました。コンビ

* 1 経済解析室ニュース：https://www.meti.go.jp/statistics/toppage/report/archive/kako/20200508_1.html
* 2 買物弱者・フードデザート問題等の現状及び 今後の対策のあり方に関する報告書（抜粋版）：https://www.meti.go.jp/policy/economy/distribution/150427_report_summary_2.pdf
* 3 商業動態統計速報：https://www.meti.go.jp/statistics/tyo/syoudou/result/pdf/202005S.pdf

ニなど多店舗を展開する企業の中には、独自のスマホ決済サービスを展開する事例も出てきています。

　急激なキャッシュレスの普及は、店舗への負担が増えてしまうという面もあります。対応端末の導入や店頭での対応、クレジットカード会社への加盟店手数料の支払いなどは店舗側の負担となってしまうなどです。各社がそれぞれに決済サービスを開発・実現するのではなく、共通して活用できるプラットフォームを求める声が多くあがっています。

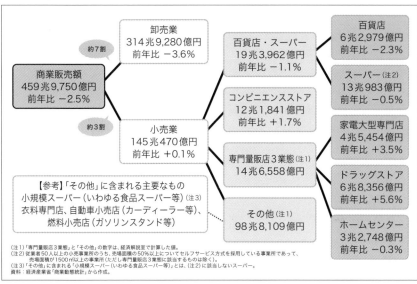

図1 2019年の小売業販売の動向

出典：経済産業省：『2019年小売業販売を振り返る』より作成
https://www.meti.go.jp/statistics/toppage/report/archive/kako/20200508_1.html

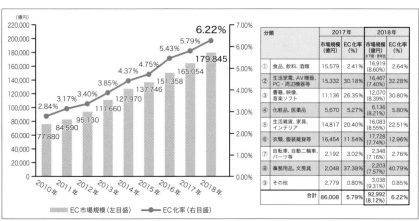

図2 EC化率の推移

出典：経済産業省：『平成30年度　我が国におけるデータ駆動型社会に係る基盤整備（電子商取引に関する市場調査）』より作成
URL：https://www.meti.go.jp/press/2019/05/20190516002/20190516002-1.pdf

02 自動運転で小売業の何が変わるか

自動運転の実用化により、最も恩恵を受けるのが小売業です。宅配コストが劇的に下がるだけでなく、無人ビークルが新しい販売チャネルにもなって販売機会が急増します。

● 配達コストが下がり商品販売機会が激増

「ラストワンマイル」とは、物流の最終拠点からエンドユーザーへの配送サービスのことを指します（図1）。ECの急速な伸びによって物流が小刻みとなり、ラストワンマイルの配送は、配送スタッフやドライバーの人手不足などによって負担が年々大きくなっています。そのためラストワンマイルの配送を無人ビークルに切り替えるための開発が進められています。アメリカでは、すでに一部地域で実証実験も行われています。

アメリカの調査会社 ARK Investment Management が2017年10月に発表したMaaSレポート[*1]によると、人間が移動するコストは、自動運転タクシーの登場によって、1/10になると試算しています。AIを使ったルート最適化技術を活用すれば、さらに移動コストを下げることができるでしょう。宅配コストも1/10以下に引き下げられれば、これまでコストが合わなかった小口注文や生鮮食品の宅配サービスもビジネスとして成り立つようになります。

● 自動運転中の車中で商品を販売することが可能に

レベル4以上の自動運転車になると、人が運転する必要がなくなるため、移動時間はすべて可処分時間となります。これによりECの機会が格段に増えます。顧客の移動データを活用することで、ターゲティングの精度を高めたパーソナルな提案が可能になります。さらに、自動運転車では決済まで一括して行えるようになるため、車内で楽しむあらゆるサービスに付随して商品を販売できるようになります。

自動運転社会になると、街中に様々な目的の無人ビークルが走り回るようになります。ビークルには通信機能が搭載されていますので、何か頼みたいことや買いたいものがあれば、近くを走る無人ビークルに商品を注文して、指定の場所まで運んできてもらえるようになるでしょう（図2）。無人ビークルを新しい販売チャネルとして活用することで、販売機会は飛躍的に増えます。

● 将来的には店に買いに「行く」から「来る」へ

自動運転は、地方で深刻化する「買い物難民」の解決にも貢献します。無人ビークルで配送コストが下がれば、地方でもネットスーパーのような業態で採算が合うようになります。スーパーや商業施設のスポンサードによって、自動

*1 MOBILITY-AS-A-SERVICE（サービスとしてのモビリティ）：なぜ自動運転車は全てを変えうるのか：
https://research.ark-invest.com/hubfs/1_Nikko_JPN_Content/ARK_MaaS_JP.pdf

運転タクシーの利用料金が無料化できれば、高齢者でも離れたスーパーに気軽に買い物に行けるようになるでしょう。

　将来的には、大型の無人ビークルを活用した移動型の無人店舗も登場すると予想されています。その日に買い物をしたいという人の多い地域を効率よく順番に移動して営業すれば、収益性の高い移動販売ビジネスになる可能性があります。自動運転の実用化によって、日用品はお店に買いに「行く」から、商品だけでなく、お店そのものが「来る」時代になります。

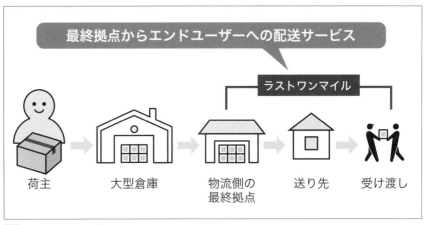

図1 ラストワンマイルとは

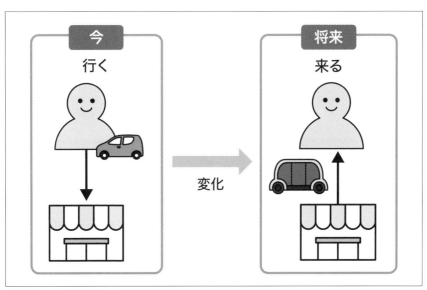

図2 「行く」から「来る」への進化

03 参考事例（国内外企業の取り組み事例）

国内外ではすでに小売業界の中で、自動運転技術を取り入れた実例や実証実験が始まりつつあります。

● セブン＆アイ・ホールディングス（「MOV」のクーポン配布）

イトーヨーカドーで買い物をすると、タクシー配車アプリ「MOV」のクーポンをプレゼントするという実証実験が2019年10～11月に実施されました。セブン＆アイ・ホールディングスとMOVを提供するDeNAによる共同の取り組みです。東京都と神奈川県の合計5店舗で実施され、これらの店舗で食料品を4,000円以上買い物すると、店舗によって500円引きあるいは700円引きのクーポン券が配られました。

単身世帯や共働きの増加、高齢化、交通網の弱体化で、食料品の購入に不便さなどを感じる人が都市部でも過疎地でも増えています。このような取り組みによって「食料品アクセス問題」の解消につなげていきたいということです。

● ZMP（宅配ロボ「CarriRo Deli」を使ってコンビニで実証実験）

2019年1月、自動運転車ベンチャーのZMPは、ローソンと共同で宅配ロボット「CarriRo Deli」（その後、DeliRoに名称を変更）を活用したコンビニ無人配送の実証実験を大学構内で実施しました（図1）。実験参加者がコンビニ内のお弁当や飲み物などをスマホアプリで注文すると、合計8カ所に設置された配達場所まで仮設店舗からロボットが商品を配達するというものです。

CarriRo Deliは前後左右に搭載したカメラで周囲を360度認識しながら、最大時速6キロで自律走行できる性能があります。カメラの映像を遠隔地からモニタリングし、緊急時には遠隔操作も可能です。最大で合計50kgの商品を積載できます。今後の導入先については、まずは私有地内での配送ニーズに応えていきたいとしています。

● トヨタ（「e-Palette Concept」で無人コンビニ構想）

トヨタは2018年6月、自動運転車両を使ったサービスを、ヤマトホールディングスやセブンイレブンジャパンと共同開発するための協議を開始したことが報じられました。トヨタとセブンイレブンジャパンは、CO_2排出削減を目指した次世代コンビニの共同プロジェクトを開始することをすでに発表しています。

移動型コンビニには、移動や物流、物販など多様な用途に対応して暮らしを支えるトヨタのモビリティサービス「e-Palette Concept」が導入されるとみられています（図2）。利用者が移動コンビニを呼び止める「タクシー型」での

運用や、決まった場所まで移動をして販売する構想も練られているようです。その一方で、トヨタはアメリカのコーヒーチェーン大手Starbucksと移動カフェを共同開発するための提携交渉をしていると報じられています[1]。

図1 無人配送の実証実験　　　　　　　　　　　　　　　　　出典：株式会社ZMP

図2 e-Palette Concept
出典：トヨタ自動車株式会社：『トヨタ自動車、モビリティサービス専用EV "e-Palette Concept"をCESで発表』より引用
URL：https://global.toyota/jp/newsroom/corporate/20508200.html

[1] トヨタ　セブン、ヤマトなどと提携交渉　EV新サービスで：https://mainichi.jp/articles/20180609/k00/00m/020/097000c

03
参考事例（国内外企業の取り組み事例）

04 自動運転で誕生する新しいサービス、新しい市場

無人ビークルの活用によって、モノを運ぶ新しいサービスが数多く誕生しつつあります。これらのサービスが、販売機会の拡大に貢献します。

● 生鮮食料品など単価の低い商品の宅配

アマゾンや楽天市場などの大手ECサイトでは、ありとあらゆるものが販売されていて、たいていのものはネット経由で購入できます。しかし、食材などの生鮮食料品はEC化が遅れています。生鮮食品は単価が安く、しかもこれから使いたい少量の食材を今すぐ届けて欲しいという場合、ユーザーの配送コストの負担が極端に高くなってしまうためです。

小型の無人ビークルで配達が可能になれば、配送業務をほぼ無人化できますので、配送コストは劇的に下がります。極端な話、ネギ1本だけの注文を100円で受けたとしても採算が合うような時代も来るかもしれません。生鮮食料品だけではなく、たとえば、工務店向けに少量のネジや釘の注文に対応できるなど、従来はニーズがあっても扱うことができなかった低価格商品の販売が一気にEC化されます（図1）。

● 「買い物難民」を支援するためのサービス

自動運転タクシーを低コストで利用できるようになり、離れた都市のスーパーから無人ビークルで商品を宅配してもらえるようになれば、「買い物難民」はある程度、減少することが期待できます。しかしながら、買い物難民の問題が深刻な過疎地ほど、それらのサービスが個人で自由に利用できるようになるのは、都市部に比べてかなり後回しになってしまうでしょう。

地域の商店が自動運転タクシーを使って送迎を行うにしても、ひとつの商店が単独で実施するのは大変です。地方自治体の協力を得ながら、複数の商店やスーパー、医療機関などと提携し、買い物難民に移動手段を廉価で提供するサービスが求められます。サービスをビジネスとして採算ベースに乗せるためには、送迎用の自動運転タクシーを効率よく運用するシステムなどの技術の開発が必要になります。

● 移動型店舗による商圏拡大

移動型店舗を活用することで、従来の商圏を大きく拡大することも可能になります（図2）。移動型店舗は、現在は生協などがトラックを使って移動販売している業態を、無人ビークルで完全無人化・自動化することです。たとえば町民会館のような公共スペースを自動配送ロボットを活用して販売拠点として活用するといったことも考えられそうです。

移動型店舗を多店舗展開するには、冷凍・冷蔵設備が整った配送拠点が必要になります。必要な設備が整った店舗を配送拠点にすることも可能ですが、この部分はサービサーやオペレーターと呼ばれる別の業態の企業が担う範囲になります。そのため物流専業の会社や、店舗網を持つコンビニエンスストア、Uberのような配車プラットフォームを運営している会社などが参入してくる可能性は十分にあるでしょう。

- ネットスーパーのような日用品宅配
- 無人ビークルによる御用聞き
- 自動運転バスやタクシーによる送迎サービス、移動店舗の巡回

何か欲しいものはありますか？

自動運転車によるスーパーへの送迎

図1 新しく誕生すると考えられるサービス

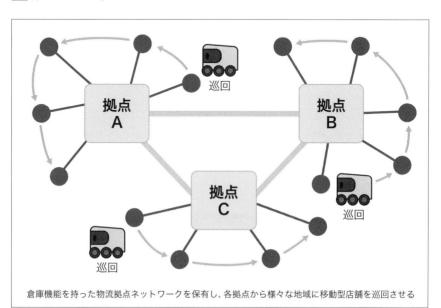

拠点A

拠点B

拠点C

巡回

巡回

巡回

倉庫機能を持った物流拠点ネットワークを保有し、各拠点から様々な地域に移動型店舗を巡回させる

図2 移動型店舗サービサーのイメージ

ビジネス参入の具体的アイデア（活用する側）

店舗を構える既存の小売業者にとっても、自動運転サービスや無人ビークルを活用して新規顧客の開拓や商圏の拡大を狙えます。

● 自動運転車を使った店舗への送客

完全に宅配が自動化するまでのつなぎビジネスとして、日用品や食料品を買いに行くことが難しくなった顧客に対して、自動運転タクシーによる送迎サービスを無料で提供することが考えられます。アメリカの小売大手Walmartが Google系のWaymoと提携し、自社のネットスーパーで注文した商品の店舗受け取りを希望した顧客に対して、自動運転車を用いた送迎サービスを提供すると2018年に発表しています[1]。

自動運転タクシーを利用する際に、提携しているスーパーや商業施設を目的地として選択すると、タクシー利用料金が無料になったり、目的地に指定した商業施設で使えるクーポン券がもらえたりするサービスも登場しています。実店舗への送客を行うマーケティング手法として、かなり一般的なサービスにまで普及するかもしれません。

● 必要な食材をネギ1本からすぐに宅配

無人ビークルによってあらゆる商品の宅配ビジネスが成り立つようになります。無人ビークルを宅配ロボットとして開発している例としては、Hakobotの自律走行ロボット「Hakobot」[2]があります。全長730mm、全幅569mm、高さ703mmのコンパクトな車体が特徴です。このような宅配ロボットにより最低限必要な少量の食材でも人件費をかけずにすぐに宅配できるようになるでしょう（図1）。

無人ビークルを活用すれば、ビルの中でオフィス向けの文具やコーヒーのデリバリーもできるようになります。ビル内で到着した荷物の運搬を担うことも予想されます。目的に合わせて、無人ビークルには保温・保冷機能や衝撃吸収機能が必要になりますので、開発する側の立場になると、多品種少量生産の技術が欠かせません。

● リクエストに応じてやってくる移動店舗

店舗そのものが顧客のもとに移動してくる移動型無人店舗の開発も進められています。一例としては、2017年に設立されたアメリカのRobomartが開発した店舗型の自動運転無人車両「Robomart」があります（図2）。自動運転技術や温度制御を含む技術で設計され、2018年に試験運用が始まったとすでに

* 1 Meet Waymo, Your New Self-Driving Grocery Chauffeur：
https://corporate.walmart.com/newsroom/innovation/20180725/meet-waymo-your-new-self-driving-grocery-chauffeur
* 2 株式会社Hakobot：https://hakobot.com/

報じられています。

　利用者は専用のスマホアプリを使ってRobomartを呼び出し、最も近い場所にいる車両が自動運転で駆けつけます。利用者はアプリを通じてドアを開け、欲しい商品を取り出せば自動的に買い物は終了します。商品の代金は登録した口座から自動引き落としされる仕組みです。商品を陳列する必要がなくなった店舗は、無人ビークルの拠点となる配送ステーションとして活用されるようになるでしょう。

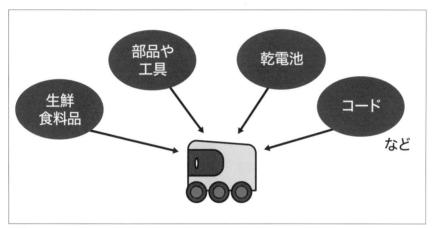

図1 無人ビークルによって単品配送が可能になる商品例

図2 Robomart

出典：Robomart公式サイト
https://robomart.co/product.html

06 ビジネス参入の具体的アイデア（活用される側）

宅配される商品のバリエーションが一気に増えることから、宅配用のビークルには多様化した商品に適した機能や素材が求められます。また、マーケティングに活用できるデータ収集や分析の機能も期待されるようになるでしょう。

人を介さないコンタクトレス配送技術

　新型コロナウイルスをきっかけに、人を介さないコンタクトレス配送に注目が集まっています。アメリカでは、自動運転タクシーの車両を使ってコンタクトレス配送を行う実証実験が開始されています。ECサイトに注文が入ると、自動運転車が指定倉庫に商品を受け取りに走り、商品を載せて注文者のもとへ向かいます。配達先に到着すると、注文者に連絡が入り、車両から商品を取り出す流れです。

　コンタクトレス配送を実現するためには、注文者を正確に認識する仕組みが欠かせません。実証実験が進められている宅配ロボットでは、スマホアプリで本人を認証したり、ロボットに搭載されたカメラを使って顔認証をしたりする技術が導入されています。また、自宅まで届けるのではなく、最寄りの宅配ロッカーまで届けて、注文者がロッカーで本人認証をして受け取る形式も実証が行われています。

宅配ロボットに求められる技術や素材

　国内ロボットベンチャーのZMPが開発した小型の宅配ロボット「DeliRo（デリロ）」は、「自動運転の目」と呼ばれるLiDARとカメラを併用して周囲環境を認識できます。注文者は、スマホの注文画面でQRコードを読み取ってロッカーの鍵を解除します。保温が必要なものや冷凍された食材などを一緒に運ぶには、お互いの温度が伝わらないような特殊な素材が必要になります。もちろん、配送中の衝撃で商品が壊れないような工夫も欠かせません。

　目的に応じて多品種少量の宅配ロボットを生産する技術が求められます（図1）。金型をつくって工場のラインで組み立てるという従来の製造工程ではなく、デジタル化してスピーディーにつくれる技術を持った企業に参入のチャンスがあります。高精度の3Dプリンティング技術を持っている会社もそのひとつとして考えられます。

車中で注文した商品を目的地で受け取れるサービス

　運転が必要なくなる自動運転車では、車中で楽しめるショッピングなどのコンテンツや広告の配信が盛んになると予想されます。興味のある商品に関する提案があれば、自動運転車に搭載された検索機能を使って調べて、車中で注文

から決済までするということが一般的になります。新たなる「プラットフォーム内決済」が誕生します。

　自動運転車は、利用者の移動データを常に取得しながら動いています。ECサイトでの購入歴だけでなく、出発地、目的地、経由地などを分析し、その人にあったきめ細かいレコメンデーションをできるのが大きな利点です。目的地や到着予定時間もわかりますので、車中で注文したものを目的地に着いたタイミングで渡すというサービスも可能になります（図2）。

```
┌─────────────────────────┬─────────────────────────┐
│  受取人を正しく認識する機能  │   商品を安全に運ぶ機能    │
│                          │                          │
│  ・受取人の本人認証        │   ・耐衝撃性              │
│                          │                          │
│  ・受け渡しの証明          │   ・保温機能              │
│                          │                          │
│  ・代引きなどの決済機能     │   ・匂いや水分が          │
│                          │     ほかの荷物に付かない   │
│                          │                          │
│                    等     │                    等     │
└─────────────────────────┴─────────────────────────┘
```

図1 宅配ロボットに求められる機能

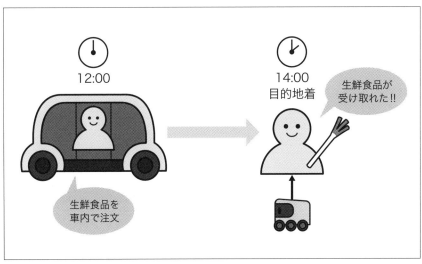

図2 車内で注文した商品を目的地で受け取るサービス

07 新しい小売市場参入のポイント（まとめ）

自動運転の実用化によって、最も恩恵を受けるのが小売業です。新しく誕生する巨大なサービス市場に参入するには発想の転換も必要です。

● 自動運転の恩恵を最も受ける小売業

　自動運転の実用化によって幅広い業界に経済効果が波及しますが、その中でも特に小売業が最も恩恵を受けるとみられています。無人ビークルを宅配ロボットに活用して配送コストが1/10以下になれば、スーパーの生鮮食料品など、従来は宅配に対応できなかった低単価の商品もEC化できるようになります。受注から宅配まで、ほぼ自動化して販売できる商品が飛躍的に増えるのです。

　自動運転社会では、自動運転車や無人ビークルが新しい販売チャネルになります。運転をする必要がなくなった人が車内でスマホなど使って商品を購入できるようになり、街中を走り回る無人ビークルに御用聞き機能を搭載すれば、いたるところに顧客との接点をつくり出すことができます。店舗には最低限の陳列スペースだけを残して、配送用の無人ビークルの拠点として活用されるようになるでしょう。

● あらゆるサービスに付随して商品を販売できる

　新しく誕生する自動運転サービスの中には、サービス料を極力低く設定して、商品販売で収益化するビジネスモデルが数多く採用される見込みです。たとえば、自動運転タクシーでは、乗車中に提携先の商品を購入すれば、利用料が無料になるような仕組みが考えられます。商品販売でマネタイズをする自動運転サービスは、サービスであると同時に、小売ビジネスともいえます。

　ただし、既存の小売企業にとって、新たな競争相手が数多く誕生することはほぼ確実です。今では小売の売上額で上位に並ぶ大手のECサイトの多くは、もともとはIT企業が新事業として構築したプラットフォームです。インターネットが登場した時と同様、自動運転車や無人ビークルを商品販売のプラットフォームとして活用する企業が、ITなどほかの業界から数多く参入してくると思われます（図1）。

● 「行く」から「来る」の発想転換がポイント

　これから大きく変貌を遂げる小売業で、自動運転を活用して業績を伸ばすには、店舗へ「行く」から店舗が「来る」へ発想転換をしていくことが大きなポイントです。小売におけるこれまでの常識にとらわれていては、大きなビジネスチャンスを逃すことになってしまいます。

　無人ビークルによる商品の宅配が普及したとしても、これまでの店舗の価値がなくなるわけではありません。むしろ、店舗網を持つ企業は、その店舗網を無人ビークルの配送拠点にできることは大きなアドバンテージです。

　既存の小売企業は、店舗や倉庫など今保有している経営資源を自動運転サービスにどう活用できるか、これから自動運転サービスに新規参入を検討している企業は、既存の小売業者との協業でどんなことができるかを検討すると、様々な可能性が見えてくるのではないでしょうか（図2）。

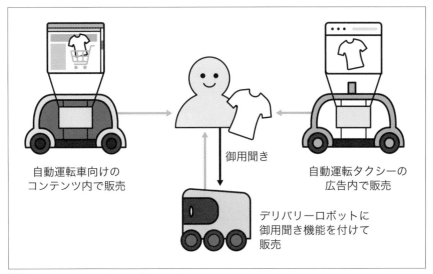

自動運転車向けの
コンテンツ内で販売

御用聞き

自動運転タクシーの
広告内で販売

デリバリーロボットに
御用聞き機能を付けて
販売

図1 あらゆるサービスに付随して商品を販売する

1	自動運転サービスは小売ビジネスとの相性が良い
2	自動運転車や無人ビークルを新しい販売チャネルと考える
3	客が来るのを待つのではなく、客のところに行くことも
4	店舗や倉庫などの保有する経営資源の活用方法を工夫する
5	IT企業など新しい競合相手が増えることには注意

図2 自動運転×小売業に参入する際の視点整理

COLUMN ドローンを使った無人配送の最新動向

陸上で無人ビークルや宅配ロボットを使った無人配送の実用化が進められているのに対して、空でもドローンを使った無人配送の実証実験が行われています。ちなみに、ドローンとは、遠隔操作や自動操縦によって飛行でき、人を乗せる構造になっていない無人航空機の総称です。人を乗せる構造になっているものは、一般的に「空飛ぶクルマ」と表現されることが多いようです。

ドローンや「空飛ぶクルマ」についても、実用化に向けたレベルが設定されています。内閣官房内閣審議官が議長を務める「小型無人機に係る環境整備に向けた官民協議会」が2019年6月に公表した「空の産業革命に向けたロードマップ2019」では、「レベル1」は目視内での操縦、「レベル2」は目視内での自動・自律飛行、「レベル3」では山、海水域、河川、森林などの無人地帯における補助者なしでの目視外飛行と定められています。

ロードマップによると、2020年から2021年にかけては「離島や山間部等における荷物配送ビジネスのサービス拡大」を目標としています。有人地帯での目視外飛行である「レベル4」については、実用化は2022年度以降になる見込みです。

2020年2月に、地図大手のゼンリンや楽天が中心になって、岩手県の道の駅いわいずみ」をスタート地点としたドローン自律飛行の実証実験を行いました。実証実験では、住民にドローンが配送物を届ける様子もメディアに公開されました。この実証実験は、日常の買い物が困難な「買い物弱者」や物流生産性向上などの課題解決に向け、岩手県が公募した「いわてドローン物流実証実験委託業務」として実施されたもので、前述のロードマップのレベル3に相当します。

レベル4の物流ドローン実用化を目指す動きも出ています。2020年5月、ANAホールディングスと次世代ドローンを手掛けるエアロネクストは、レベル4に対応した物流ドローンを共同開発していくことを発表しました。ANAは過去にドローンオペレーターとして、レベル3の実証実験を行った実績があります。エアロネクストは、重心制御技術「4D GRAVITY」を搭載した物流用ドローン「Next DELIVERY」の開発を進めています。

都市部における個人向けの宅配にドローンを活用できるようになるのは少し先になるかもしれませんが、たとえば工場に必要な原材料やパーツなどを配送するビジネス用途では、2022年度以降に案外早く実用化される可能性もあります。

Chapter **10**

自動運転×業界「物流業」

長距離トラックや「ラストワンマイル」の配送が無人化されることで、物流業は大きな変革を迎えるでしょう。変革に伴う新たな投資が必要になりますが、小売業への影響力が強まり、直接小売ビジネスに進出するチャンスも出てきます。

01 物流業の現状と課題

ネット通販の普及によって、宅配便の取り扱い個数は急増しています。不在時の再配達や時間指定などサービス要求も高いうえに、構造上の多くの課題を抱えており解決が急がれています。

● ネット通販の普及で宅配の個数は伸びる

ネット通販の利用が増えるに伴い、宅配便の取り扱い個数は大きく伸びています。国土交通省が毎年公表している統計によると、2018年の宅配便取り扱い個数は約43億700万個と過去最多となりました（図1）。2014年は約36億1,400万個でしたので、その後の4年間で約7億個も増加しています。

ただし、2017〜2018年の伸び率は大きく鈍化しています。その最大の理由は、2017年頃からドライバー不足などの理由で配達できる個数の限界値に近づいてきたためです。すでに都市部では、従来よりも配達に時間がかかってしまうケースが目立つようになっています。宅配は、再配達や時間指定などのニーズにこまめに対応することで支持を得てきましたが、そのことが収益を圧迫しているという現状があります。配送遅れや配達員の長時間労働など様々な問題が表面化しており、「宅配クライシス」とも表現されるようになっています。

● ドライバー不足が深刻な問題に

物流業において、深刻な問題のひとつがドライバー不足です。宅配便などトラック輸送が増えるのに伴い、ドライバーの仕事への負担が大きくなったことで、ドライバーや配送スタッフの確保が難しくなり、採用費や人件費が上昇しています。

宅配サービスについては、ドライバーの負担を減らしつつ、業務を効率化するために、荷物を玄関などに置いて届ける「置き配」の導入などが進められています。2020年に入って、新型コロナウイルスの感染拡大により、「置き配」を希望する利用者も増えていることから、今後はさらに浸透するかもしれません。また、一部のECサイトでは、貨物軽自動車運送事業の届け出をしている軽貨物車を持つ20歳以上の個人に、商品の配達を委託する試みをスタートさせています。

● ITを駆使したシステム導入など効率化が課題

大手物流企業は、国内での収益性低下をカバーするため、物流拠点の用地やドライバーなどの人材を確保しやすく、今後の市場拡大が期待できる新興国に進出するなど、海外展開を強化する動きがあります。

物流企業は、これまでにも物流センターの集約など効率化に取り組んできた

経緯がありますが、国内での収益性を改善するには、最新のIT技術を使ったシステムを導入するなど、さらなる効率化を迫られています。

　自動運転は、高速道路を決まったルートで運行するトラックなどの物流車両に真っ先に適用されると予想されています。そういう意味では、自動運転の恩恵を早い段階で期待できる業界といえるかもしれません。

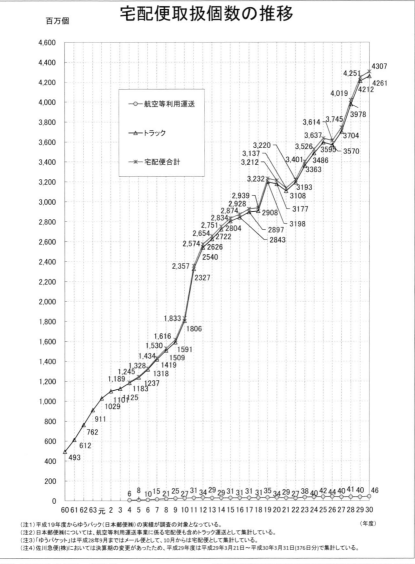

（注1）平成19年度からゆうパック（日本郵便㈱）の実績が調査の対象となっている。
（注2）日本郵便㈱については、航空等利用運送事業に係る宅配便も含めトラック運送として集計している。
（注3）「ゆうパケット」は平成28年9月まではメール便として、10月からは宅配便として集計している。
（注4）佐川急便㈱においては決算期の変更があったため、平成29年度は平成29年3月21日～平成30年3月31日（376日分）で集計している。

図1 宅配便取扱個数の推移グラフ

出典：国土交通省：『平成30年度 宅配便等取扱個数の調査及び集計方法』より引用
URL：https://www.mlit.go.jp/report/press/content/001310399.pdf

02 自動運転で物流業の何が変わるか

小売業界が変革することによって、物流業界も自動化が求められています。ラストワンマイルを担う小型の無人ビークル、開発が進むドローンなどと連携した物流システムの構築が急がれています。

無人のラストワンマイル物流が実現

「ラストワンマイル」の課題解決には多くの企業が注目しています。現在、急ピッチで開発が進められているのが、無人ビークルを使った宅配ロボットです（図1）。宅配ロボットによってラストワンマイルにおける配送サービスが実現すれば、ドライバー不足も解決するものと期待されています。自動運転の実用化によって最も恩恵を受けるのは小売業かもしれませんが、それを支えるのは物流業です。

ラストワンマイルにおける配送手段として、以前からドローンの開発も進められてきました。ドローンの実用化については、まだ具体的な目途は立っていませんが、将来的には無人ビークルとドローンを組み合わせて、さらに効率的な配送方法が登場するような流れが予想されます。

人工知能などを活用した新たな競争へ

自動運転が実用化されて、自動運転トラックが物流拠点間の運送を行い、無人ビークルがラストワンマイル配送を担うようになると、物流企業の管理システムは全面的に刷新されるでしょう（図2）。自動運転トラックには、現在の走行位置を把握するだけではなく、緊急時には遠隔操作を行える管制塔のような管理システムが必要になります。また、多数の無人ビークルを使って効率よく配達するには、自動運転タクシーを管理するようなシステムが導入されるでしょう。いずれにしても、自動運転を管理、制御するにはAI（人工知能）の導入が欠かせません。

これまでは、どこに物流拠点を構えるか、トラックを何台確保できるか、などが差別化要因になっていましたが、自動運転社会では、いかに優秀な人工知能の配車管理システムを導入できるかで、物流企業の収益は大きく左右されるようになると思われます。

物流拠点を持っている強みを活かした新事業も

無人ビークルで配送を行うためには、車庫として物流拠点、集配拠点の整備が必要です。その点では、すでに物流拠点を持っている物流業者が有利ともいえます。ただ、ラストワンマイル配送を想定すれば、小規模の集配拠点を分散して設置するのが理想的です。拠点ネットワークとして注目されるのが、全国

にある郵便局やコンビニ、ガソリンスタンドなどです。そのような拠点網を保有する企業との提携も考えられます。

　物流は小売ビジネスの要ですので、特に無人ビークルの配車網の構築に成功した企業は、そのネットワークを活用して小売ビジネスに参入することが比較的容易になります。物流企業としては、独自のネットワークを構築して新規に小売ビジネスに参入したり、小売企業との協業で物流と小売を一体化させたビジネスを展開したりなど、様々なアプローチ方法が考えられます。

ラストワンマイル物流における自動走行ロボットの具体的活用イメージ

1. 営業所 ⇒ 自宅

①営業所からのラストワンマイル配送をロボットで代替。
②到着予定時刻や到着時の通知はアプリなどを用いて直接消費者に通知。(開封用のパスワード等も合わせて通知)

2. 営業所 ⇒ 指定地点

・消費者が地点・時間を指定し、オンデマンドで受け取る。(帰宅途中等)
・移動する宅配ボックスとしての利用も可能。

3. 自動走行ロボットのインフラ化

・集荷⇔配達を1台で行い、異なる事業者の荷物を同一のロボットで配送。(RaaS)

図1 無人ビークルの物流分野における活用イメージ

出典：経済産業省：『自動走行ロボットの社会実装に向けて』より作成
URL：https://www.meti.go.jp/shingikai/mono_info_service/jidosoko_robot/pdf/pre_001_04.pdf

---

● **人手不足解消**

「宅配クライシス」とも揶揄される物流現場における人手不足を自動走行ロボットによるラストワンマイル物流の代替で解消できるのではないか。

● **交通環境の向上**

配達用車両や配達用バイクの削減を通じ、渋滞緩和など、交通環境の向上に資するのではないか。

● **生産性向上**

極めて労働集約的な作業となっている台車等による配達をロボットで代替することによって、生産性の向上が実現するのではないか。

● **消費者利得の向上**

オンデマンド配送(場所・時間を消費者が自由に選べる配送サービス)等が実現しやすくなることにより、消費者利得の向上も実現するのではないか。

図2 無人ビークルの実装による効果

出典：経済産業省：『自動走行ロボットの社会実装に向けて』より作成
URL：https://www.meti.go.jp/shingikai/mono_info_service/jidosoko_robot/pdf/pre_001_04.pdf

03 参考事例（国内外企業の取り組み事例）

国内外企業でも、流通に活かせる技術やロボットやドローン配達などの試験運用が広がり始め、各社で開発競争が繰り広げられています。

● システナ（流通事業者の食品衛生管理向けアプリ）

システナは自動運転・車載システムなどのほか、社会インフラシステム、IoT関連システム、ロボット・AIなどの開発・導入などを手掛けています。同社は2019年7月に、食品管理の国際基準「危険度分析による衛生管理（HACCP）」の対応を視野に入れたMaaSアプリを提供すると発表[*1]しました（図1）。自動車IoTデバイスを提供する台湾のKiwi Technologyと提携し、システナの持つ自動運転技術とKiwi Technologyの技術を組み合わせたMaaSアプリを開発していく計画です。

このアプリは、流通事業者の食品衛生管理に役立ちます。日本では改正食品衛生法が2018年6月に施行され、流通事業者の食品衛生管理が課題となっています。

● TIS（自動運転配送ロボと在庫管理システムを連携）

TISと会津大学は、「在庫管理システムと自律移動配送ロボットを連携させた搬送業務の自動化」に関する実証実験を2019年11月に実施[*2]しました（図2）。

ソフトウェアFIWARE[*3]を活用し、TISが開発を進めるプラットフォームRoboticBase[*4]と自律移動ロボットを連携させ、ラストワンマイル配送の自動化の可能性を検討するというものです。将来的には、様々な業務システムとサービスロボットを活用した業務サービスを構築し、人の労働力に代わる技術として、福島県会津若松市や南相馬市での実装を目指しています。

● 楽天（無人島の観光客へドローン配達）

楽天は国内初の取り組みとして、大手スーパーの西友と共同で離島の一般利用者を対象にドローンを用いた商品配送サービスを2019年7月から9月までの3カ月間実施[*5]しました。東京湾の無人島・猿島を訪れる観光客向けに、対岸の「西友リヴィンよこすか店」から生鮮食品、飲料などを届けるというものです。観光客が専用アプリで注文すると、ドローンが猿島内の着陸ポートまで商品を配送します。

この取り組みは、空のラストワンマイルとして注目されています。楽天は、今回のサービスについて「主に海上を飛行するため、より安全性を保ったうえでドローン配送を実施することができる」と説明しています。今後も「楽天西

*1 システナの「MaaS×HACCP」コールドチェーン向けサービスの提供について：https://www.systena.co.jp/pdf/irnews/20190716.pdf
*2 TISと会津大学が自律移動するロボットを活用した搬送業務自動化の実証実験を実施：https://www.tis.co.jp/news/2019/tis_news/20191113_1.html
*3 FIWARE：https://www.fiware.org/

友ネットスーパー」などで新たな利便性の提供、ショッピング環境の向上を図る考えです。

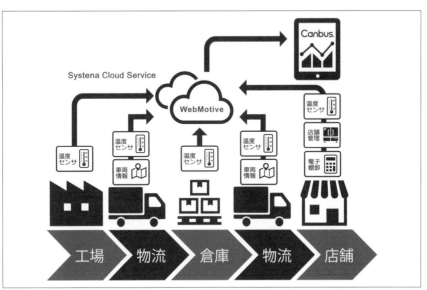

図1 システナの「MaaS×HACCP」

出典：株式会社システナ：「「MaaS×HACCP」コールドチェーン向けサービスの提供について」より引用
URL：https://www.systena.co.jp/pdf/irnews/20190716.pdf

① 倉庫管理者は、在庫管理システムで倉庫1から出荷先2へ荷物の引当と出荷指示を実施
② 在庫管理システムで出荷指示が出ると、搬送ロボットは待機場所から倉庫1へ移動
③ 倉庫1の担当者は、搬送ロボットが到着すると在庫管理システムの指示通り荷物を搭載
④ 搬送ロボットは、搭載完了の通知が来ると出荷先2へ移動
⑤ 出荷先2の担当者は、搬送ロボットが到着すると在庫管理システムの指示通り荷物を受け取り
⑥ 搬送ロボットは、受取完了の通知が来ると待機場所へ移動

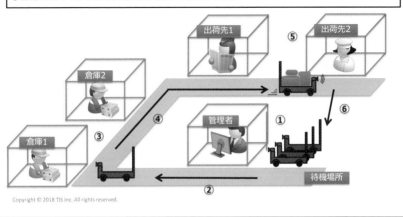

図2 自動運転配送ロボと在庫管理システムの連携

出典：TIS株式会社：公式サイトより引用
URL：https://www.tis.co.jp/news/2019/tis_news/20191113_1.html

＊4 RoboticBase：https://www.tis.co.jp/news/2018/tis_news/20181016_1.html
＊5 楽天と西友、国内初となる離島の一般利用者へのドローン商用配送サービスを今夏提供：https://corp.rakuten.co.jp/news/press/2019/0617_01.html

04 自動運転で誕生する 新しいサービス、新しい市場

自動運転が実用化されると、物流企業はモノの移動にかかわるあらゆるサービスやシステムの提供など新しい収益源が期待できるようになります。

ラストワンマイルの無人配送を実現するロボット

無人で配送する無人ビークルは、物流ロボットや配送ロボットとも呼ばれます。Amazon.comが2019年1月から実証実験を開始した「Amazon Scout」や、自動運転ベンチャーのZMPが開発した「DeliRo（図1）」など、国内外の企業がラストワンマイルの無人配送を実現するロボットの開発に注力しています。これらの物流ロボットが普及することで、特にラストワンマイルの配送コストが大きく下がることが期待されます。

インドの市場調査会社The Insight Partnersの予測によると、2018年時点で43億5,620万ドル（約4,570億円）だった物流ロボット市場が、2027年には292億9,340万ドル（約3兆800億円）と約6.7倍まで拡大する見込みです。物流ロボットを製造・販売する市場の拡大につれて、それらのロボットを小売企業や店舗などにリースやレンタルするサービスも普及すると思われます。

物流を自動化するスマート倉庫

日本の物流企業は、物流業務を自動化・省力化し、労働負荷や環境負荷を軽減しながら作業効率を上げていく取り組みをすでに開始しています。たとえば、物流拠点内で無人フォークリフトを使った荷物の積み替え作業の無人化や、自動格納ラックを導入してラック内の荷揃えを自動化する動きが出ています。自動運転トラックや物流ロボットの実用化により、さらに効率化された「スマート倉庫」に進化していくことが予想されます。

物流ロボットや無人ビークルを使った物流網を構築するには、倉庫を兼ねた拠点を各地に設置する必要があります。そういったサービサー業務に参入できるのは、物流企業のほかに、コンビニや郵便局、ガソリンスタンドなどが候補としてあげられます。現実的には、物流企業が中心となって、コンビニやガソリンスタンドと提携して、ロボットや無人ビークル配車サービスを展開する可能性が高いと思われます。

空陸一貫輸送を実現する物流MaaS

ネット通販の利用者が多い都市部では配達の遅れが表面化しており、その解決策として無人ビークルを活用したラストワンマイル配送に注目が集まっていますが、過疎地では、ラストワンマイルの範囲に拠点を確保するのが難しいという課題が依然として残ります。そのような過疎地への配送手段としては、ド

＊1 JALと兵庫県養父市が連携協定を締結、ドローンを用いた地域課題解決を目指す：https://press.jal.co.jp/ja/release/202001/005461.html

ローンと無人ビークルを組み合わせて空陸一貫輸送を行う物流MaaSの実現が期待されます（図2）。

　JALと兵庫県養父市は、業務用ドローン開発を手掛けるテラドローンの技術協力の下、養父市で小型固定翼ドローンを使った物資輸送の実証実験を行うと発表[1]しました。実証実験では、ドローンで災害応急支援物資を病院から約25キロ離れた診療所付近まで運搬します。ドローンで目的地の近くまで大量の荷物を運び、そこを臨時拠点にして無人ビークルで配送できれば、一気に配送できる範囲も広がるでしょう。

<small>04 自動運転で誕生する新しいサービス、新しい市場</small>

図1 DeliRo（デリロ）　　　　　　　　　　　　　　　　　　出典：株式会社ZMP

ドローン・自動走行車との棲み分け、協調イメージ

● 集配所からセンターへの輸送や、幹線輸送には自動走行車、自動走行トラックを活用。
● ラストワンマイルにおいては、需要の集中の程度や、周辺環境（島嶼、道路状況等）を踏まえ、ドローンと自動走行ロボットを使い分け。
● 島嶼部や山岳はドローンで、ある程度需要が集中している地点はロボットで。
● また、自動走行ロボットはディスプレイの活用や、配送のみならず集荷も可能となるなど、多様なコミュニケーション・サービスが可能。

※加えて、それらのモビリティを最大限活用していくためには、物流現場のロボティクスや物流情報・消費情報・取引情報などのデジタル化が必要不可欠

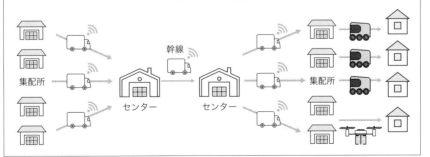

図2 無人ビークルとドローンの組み合わせ　　　　出典：経済産業省：『自動走行ロボットの社会実装に向けて』より作成
URL：https://www.meti.go.jp/shingikai/mono_info_service/jidosoko_robot/pdf/pre_001_04.pdf

05 ビジネス参入の具体的アイデア（活用する側）

> 物流業が自動運転技術を導入すると、様々な新しいサービスが提供されるようになります。それらのサービスを利用することで、小売ビジネスのチャンスが広がるでしょう。

あらゆるニーズに対応できるフルフィルメントセンター

　フルフィルメントとは、注文から注文者に商品が届くまでの業務全体を指します。受注処理、商品の梱包、発送、代金の決済、在庫管理、入金処理、さらに問い合わせや返品業務などのカスタマーサポートも含まれます。Amazonの「フルフィルメント by Amazon（FBA）」は、フルフィルメントの業務を代行するサービスで、多くのECサイトに利用されています。

　それをさらに進化させたサービスとして、シンガポールのGreyOrangeが開発した物流ロボットシステム「Butler」があります。配送センターを自動化するシステムで、オーダー内容や出荷頻度をAIがリアルタイムに解析、ピッキング作業を高効率・最短時間で完了させるほか、出荷頻度に応じて可搬式棚を調整することも可能です。新たなビジネスとして、このようなシステムを独自開発、あるいはライセンスを受けて提供するサービスに今後発展していくことが考えられます（図1）。

無人ビークルや物流拠点を小売業者にレンタル

　ラストワンマイルを担う無人ビークルは、細かい配送ニーズに対応するために、かなりの数を配備する必要があります。小売企業が独自に大量の無人ビークルを運用するのは先行投資も膨らみますので、各地に設置された拠点から配送用無人ビークルを派遣するサービサーを利用するのが現実的な選択となるでしょう。

　今でも、大手コンビニチェーンや飲料メーカーでは関連会社として物流専門の別会社を組織しています。しかしながら、無人ビークルを使った宅配サービスを行うには、サービサーのような役割を担う組織が必要になります。物流専門の企業、あるいは単発で仕事を請け負うギグワーカーたちを束ねるUberのような企業がサービサーになる可能性があります。どういった企業が進出して、オペレーション業務を請け負うのかが注目されます。

無在庫で販売を行う実店舗や移動店舗（図2）

　Amazon.comは、もともと在庫を一切持たないオンライン書店というコンセプトでスタートしました。注文が入ると外部の業者に発送を依頼する、今でいえばドロップシッピングのような業態でした。物流企業が、ドロップシッピ

ングの手配を含めたフルフィルメントサービスを提供するようになれば、無在庫のECサイトが簡単に運営できるようになるでしょう。

　アメリカのRobomartは、無人コンビニに自動運転技術を組み合わせて移動式店舗の試験運用を開始しています。移動式の店舗では、詰め込める在庫の量が制限されるという弱点もあるため、見本だけを陳列して、注文を受けると最寄りの物流拠点から配送ロボットが商品を届ける業態が考えられます。AR技術を使って試着ができたり、QRコードを読み取るだけで注文ができたりするなら、キオスクタイプの端末で十分かもしれません。

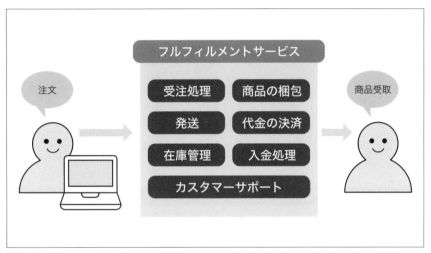

図1 フルフィルメントサービスの例

- 在庫を持ち運ばないので小型ビークルでも多品種を販売できる
- 御用聞きの音声対応やタッチパネル、アプリ経由で簡単に注文できる
- VRやAR技術を駆使して、試着や使用感などが体験できる
- 注文すると無人ビークルが商品を配送する

図2 無在庫の移動店舗（無在庫移動店舗の特徴）

写真出典：Robomart

06 ビジネス参入の具体的アイデア（活用される側）

配送状況をリアルタイムでトレースする機能や、荷物の集荷も無人で行う機能が搭載されれば、宅配ロボットの利便性は大きく向上するでしょう。

商品の配送状況を正確にトレースできるシステム

宅配便や郵便局のゆうパックなどは、配達状況をトレースできるサービスを提供しています。しかし、配達の順番まではわからないため、実際の配達予想時間を正確に知ることはできません。その点、無人ビークルでの配達になると、現在位置や配送先への到着時間がほぼ正確に把握できるようになります。そのような情報を受取人に提供できるサービスは、当然ながら実用化されるものと思われます。

ロボットベンチャーのZMPが開発した宅配ロボット「DeliRo（デリロ）」では、遠隔管理システム（図1）によって配達ロボットの場所や周囲の様子を監視することができます。注文完了、積み込み完了、配送完了、受け取り完了という配達サービスの過程を逐次ブロックチェーンに記録する機能を実証しています。

荷物を混載する技術と本人認証技術

宅配ロボットが効率よく配達するには、複数の荷物を混載して、最適なルートで順番に配達することが重要になります。それを実現するには、注文者であることを確認する本人認証に加え、注文者が自分の荷物だけをロボットから取り出せる構造や仕組みが必要になります。

Amazon.comが実証実験を進める配送ロボット「Amazon Scout」では、注文した人が商品を受け取る際にはアプリを使って認証を行い、注文者以外の人が商品を受け取ることができないよう工夫されています。将来は、顔認証のような技術が採用されるかもしれません。

宅配ロボットが、性質の異なる荷物を混載できるようにするためには、商品や食品の温度がほかに伝わりにくく漏れないという業務用の冷蔵庫、冷凍庫を活用した技術、さらにモノによっては分厚い仕切りの壁も必要になるでしょう。

単身者への無人宅配を効率化する宅配ロッカー

配送ロボットによる配送モデルとしては、「玄関まで」、「前の道路まで」、「近くの場所まで」の3種類に大別できます（図2）。玄関まで配送できれば理想的かもしれませんが、集合住宅の多い日本の都市部では、オートロックなど様々な障壁があります。アメリカでは、配送先の前の道路に到着すると、配送ロボットが受取人のアプリに通知を送り、前の道路まで荷物を取りきてもらう

形式も少なくありません。

　不在による再配達をできるだけ減らすためには、近くの場所に設置されている宅配ロッカーに荷物を配達する形が合理的と思われます。注文者があらかじめ荷物を受け取るスポットや宅配ロッカーを指定すれば、配送ロボットを効率よく回転させることができます。集合住宅や公共施設に宅配ロッカーを設置できない場合は、移動式の宅配ロッカーをサービスとして提供することも考えられます。

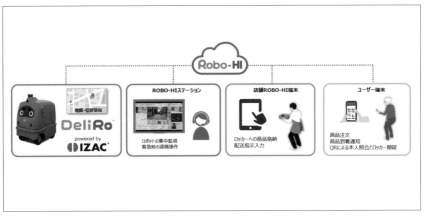

図1 宅配ロボット「DeliRo（デリロ）」の遠隔操作システム「ROBO-HI Station（ロボハイステーション）」

出典：株式会社ZMP

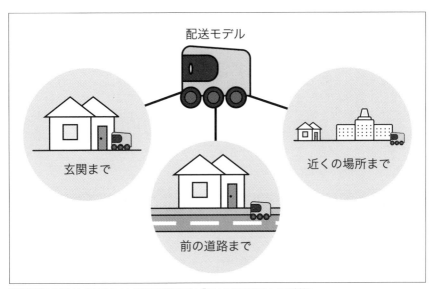

図2 配送モデルは「玄関まで」「前の道路まで」「近くの場所まで」の3種類

07 新しい物流市場参入のポイント（まとめ）

自動運転トラックや宅配ロボットの活用で一貫した物流システムを確立できた企業は、小売ビジネスのみならず、自動運転ビジネス全般において、非常に有利なポジションを得ることができます。

● 自動運転が多くの課題を解決する

自動運転の実用化によって、流通業が抱えている多くの課題が解決する可能性があります。国土交通省が2020年6月に公開した道路政策ビジョン「2040年、道路の景色が変わる」では、自動運転トラックによる幹線輸送や、ラストワンマイルにおけるロボット配送などで、自動化・省力化した物流が持続可能なシステムとして機能することを掲げています（図1）。

ラストワンマイルを担う宅配では、実証実験で先行しているドローンを組み合わせることも考えられます。空中配送によって、現状では多くの日数がかかっている離島や地方にも迅速な配達が可能になることに加え、大型のドローンであれば重量がある荷物でも配送できるというメリットがあります。目的地や輸送する荷物の種類によって、使い分けが行われるようになると予想されます。

● 既存の施設やノウハウをどう活かすか

物流企業は、すでに各地に物流拠点を構え、トラックやドライバーの管理に関するノウハウを持っていることがアドバンテージです。ただ、自動運転トラックや無人ビークルを管理するシステムについては、新たに導入する必要があるでしょう。既存の経営資源を活かしつつ、自動運転時代に合ったシステムや体制に素早く刷新できるかどうかが重要な鍵となります。

今後は、自動運転トラックや無人ビークルの拠点にすることも想定して、より地価の安い地方に物流拠点を移す動きも予想されます。地方の小売業者を対象にしたサービスを提供するためにも、地方における拠点の重要性は増すでしょう。企業を誘致したい地方自治体と上手に連携することで、地域振興のサービスを展開することも視野に入ってきます。

● ビークルのサービサーとして覇権を握る可能性も

ラストワンマイルを含めた物流を制した企業は、小売ビジネスにおいて非常に有利なポジションを得ることになります。AIを活用して最適な配送ルートを決める機能など、無人ビークルの配車システムは、様々な自動運転サービスに応用できます。あらゆる業種の企業に自動運転トラックや無人ビークルを提供できるサービサーが登場すれば、一連の産業の覇権を握る可能性もあります。

　無人ビークルのサービサーとしては、物流拠点と物流に関するノウハウを持った物流企業が有力候補であることは間違いありませんが、サービス市場を虎視眈々と狙っている自動車メーカー、自動運転タクシーやライドシェアを展開している企業、コンビニチェーンなど小売店舗網を持つ流通企業、GAFA（Google、Amazon、Facebook、Apple）を筆頭に人工知能のシステム開発に強いIT企業などがサービサーとして参入してくることも考えられます（図2）。

自動運転トラックによる幹線輸送、ラストマイルにおけるロボット配送等により
自動化・省力化された物流が、平時や災害時を含め
持続可能なシステムとして機能

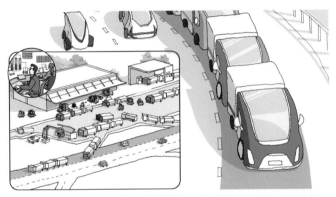

自動運転トラックや隊列走行の専用道路とそれに直結する連結・解除拠点

ロボット配送によりラストマイル輸送を自動化・省力化

図1　持続可能な物流システム

出典：国土交通省：『2040年、道路の景色が変わる』より引用
URL：https://www.mlit.go.jp/road/vision/pdf/01.pdf

1　自動運転で物流システムが大きく変わる

2　ラストワンマイルにおける宅配コストが激減

3　小売ビジネスへの参入機会が増える

4　既存の拠点や倉庫を活用する手段を考える

5　サービサーとしてのポジションが狙い目

図2 自動運転×物流業に参入する際の視点整理

Chapter 11

自動運転×業界「不動産業」

自動運転の実用化により、不動産の価値が大きく変わります。自動運転サービスを組み合わせることで遊休地の価値を高められるようになり、過疎化に悩む地方の経済活性化にも貢献することが期待されます。

01 不動産業の現状と課題

東京都心を中心にオフィス需要が続き、地価も上昇しています。その一方で、少子高齢化により住宅市場は縮小し、大手ハウスメーカーは「非住宅分野」へ力を入れ始めています。

● 東京都心部のオフィスビルは好調を維持

東京都心部のオフィスビル賃貸料は、2012年を起点にして2019年まで上昇を続けてきました[1]。空室率が過去最低の水準を記録するなど、需給関係が良好なためです。都心部のオフィスビルに人気が集中しているのは、企業が事業の拡大や優秀な人材の確保のために、より効率的に利用できる環境の良いオフィスやより交通利便性の高い立地や高級感のあるビルを求めているからです（図1）。

「国家戦略特区」の容積率緩和も追い風になっています。国家戦略特区とは、「世界で一番ビジネスをしやすい環境」をつくることを目的に、日本政府が地域や分野を限定して限定的に規制や制度の緩和をする地域を定める政策のことを指します。都市計画で定められていた住宅の容積率を緩和することで、都心に近接した住宅の整備を促進しています。

● 好条件の用地取得が困難になり価格も高騰

都市部では、立地条件のよい用地の取得が困難になり、一等地であるほど地価の上昇が顕著です。新築マンションの販売価格は高止まりし、2019年の後半頃から新築マンションの契約率も好調の目安となる7割を下回ることが多くなりました。

土地の高度利用の方法として20階以上のタワーマンションの人気が高まりましたが、タワーマンションも一気に供給が増えたことから、人気に陰りも出てきています。しかし、タワーマンションは好立地で設備も充実していることから、2020年上期には目立った値崩れは起きていません。

マンションの価格が高止まりしていることを背景に、相対的に割安感も出ている戸建てに需要が流れつつあると予測する向きもあります。ただ、戸建てについても、好立地、人気エリアにおける物件価格が高止まりしていることは共通しています。

● 少子高齢化による人口減少で住宅市場は縮小へ

大手住宅メーカーでは、新築着工数の減少を見越して、新築戸建て住宅や賃貸住宅の建築のほかに、医療や福祉施設などの「非住宅分野」に力を入れています。さらに物流施設やホテル事業、ゼネコンとの連携などにも事業を広げています。

*1「東京都心部Aクラスビル市場」の現況と見通し（2020年）: https://www.nli-research.co.jp/report/detail/id=63707&pno=3?site=nli
*2 平成27年国勢調査人口等基本集計結果: https://www.stat.go.jp/data/kokusei/2015/kekka/kihon1/pdf/youyaku.pdf

　日本では、出生率の低下や人口減少が進み、少子高齢化が加速しています。2015年度の国勢調査（総務省統計局）*2のデータによると、日本の人口は1億2,709万人となり、初めて減少に転じました。人口が減少したのは1,419市町村で、全体の8割以上に及びます。

　高齢化や人口減少に伴う過疎化が進み、いわゆる空き家が急増しています。総務省の集計では、2013年時点で空き家の総数は約820万戸でしたが、野村総合研究所は2033年に空き家の総数は2166万戸にまで増えると予測しています（図2）。空き家の有効活用は、国全体の課題になりつつあります。

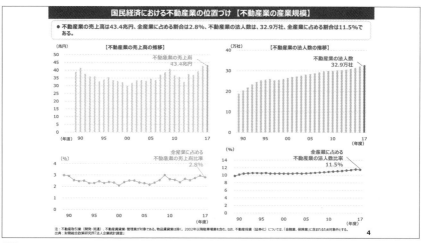

図1 不動産業の売上と法人数の推移

出典：国土交通省：『不動産ビジョン2030参考資料集』より引用
URL：https://www.mlit.go.jp/common/001287963.pdf

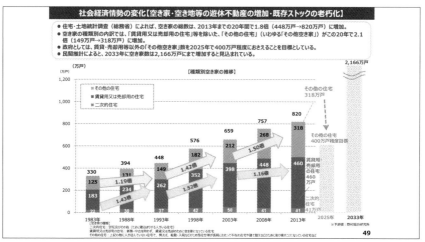

図2 空き家など遊休不動産の現状

出典：国土交通省：『不動産ビジョン2030参考資料集』より引用
URL：https://www.mlit.go.jp/common/001287963.pdf

02 自動運転で不動産業の何が変わるか

都心の一等地は、交通の利便性や、商業的な資産価値も高く、非常に人気があります。しかし、自動運転社会になると、土地の価値を決める基準が一変する可能性があります。

● オーナーの工夫で不動産の価値が高まる

不動産の価値を決める要因は数多くありますが、その中で大きなウェイトを占めるのが、最寄り駅からの距離です。自動運転社会になると、駅からの距離はさほど重視されなくなり、従来の基準が大きく変わる可能性があります。ビルのオーナーが、テナントの従業員向けに自動運転バスを運行することで、従来の「駅から徒歩〇分」という基準が意味を持たなくなってしまうためです（図1）。

自動運転タクシーやカーシェアリングの利用が当たり前になると、ビルやマンションに併設される駐車場の位置付けも変わってくるでしょう。駐車場スペースをほかの用途で活用できるので、土地購入時にかかる費用を安く抑えることもできそうです。一方で、駐車場の代わりに、ホテルにあるような「乗降スペース」がマンション設計で求められる時代になるでしょう。

● テナントや居住者向けに付加価値を提供できる

ビルやマンションのオーナーは、自動運転車を活用した送迎サービス以外にも、自動運転技術を使ってテナントや居住者向けに様々な付加価値を提供できるようになります。オフィスビルであれば、無人ビークルを使って飲み物や消耗品を机まで届けるデリバリーサービスが考えられます。従業員の利便性が向上するため、賃料を高く維持でき、ひいては物件の価値を高めることができるでしょう（図2）。

警備や掃除などのメンテナンスでも自動運転技術が役立ちます。自動で見回りを行う警備ロボットは、国内でも開発や実証実験が進められていて、近いうちに空港や商業ビルで活躍することが期待されています。低速走行のため事故のリスクも小さく、自動運転技術としては実用化しやすいジャンルです。ビルのメンテナンス作業を自動化できれば人手不足問題の解消や人件費の削減にもつながります。

● 活用しにくかった地方の土地が見直される可能性

自動運転の実用化をきっかけに、交通の便が悪いという理由で安価に放置されている地方の土地が見直される可能性が高いでしょう。従来の移動や距離というネックを解消し、都市部から離れた場所においても利便性を享受できるよ

うになるからです。その一方で、都心の一等地の地価上昇は抑制されて、物件の流動性が高まり、不動産業界は活況を呈するようになると期待されます。

　小売ビジネスにおいて、自動運転技術を活用した移動店舗の開発が進められていますが、その考え方を不動産に応用すれば、滞在空間としてデザインされた大型自動運転車両を、必要な時に必要な場所に配置する「移動型不動産」も考えられます。様々な形で地方の土地活用が進めば、経済活性化を望む地方自治体の要請を受けて、地方都市再生プロジェクトに発展するケースも増えてくるものと予想されます。

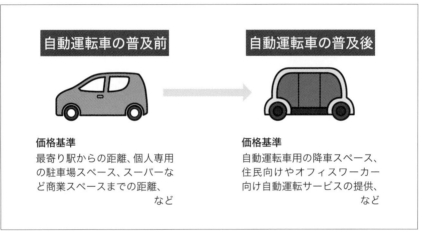

図1 不動産の価値基準の変化

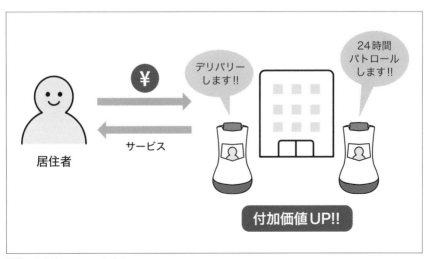

図2 入居者向けのサービス例

03 参考事例（国内外企業の取り組み事例）

既存のオフィスビルに付加価値を付ける取り組みとしてデリバリーロボットを用いた配送、さらに不動産から動産にする工夫などを紹介します。

● 森トラスト（オフィスビル内ドリンクデリバリー実証実験）

森トラストは2019年1月、搬送ロボット「Relay（リレイ）」を活用したカフェ商品のデリバリー実証実験[*1]を、虎ノ門の「城山トラストタワー」のオフィスビル内で開始しました（図1）。Relayは、アメリカSaviokeが開発した自律走行型搬送ロボットです。センサーマッピングによって最適ルートを選択して自動走行し、障害物の自動回避やエレベーターを使った階移動をする機能が搭載されています。

店舗内及びビル内から、1階にある「Cafe & Deli GGCo.」のメニューをモバイルオーダーアプリ「O:der」によって注文・事前決済することが可能です。注文が完了すると商品を載せたRelayが自走し、注文者のもとに届けるという仕組みです。到着通知を受け取った注文者は、待機しているRelayの画面上でパスワードを入力することで商品を受け取ることができます。

● 三井不動産（MaaS Globalに出資して街づくりを目指す）

三井不動産は2019年4月、MaaSプラットフォーム「Whim」をフィンランドなどで展開するMaaS Globalと、街づくりにおけるMaaS実用化に向けて協業することを発表[*2]しました。これに伴い、MaaS Globalへの出資を行ったことも明らかにしました。Whimは様々な交通サービスと連携し、ヘルシンキの交通問題を緩和したことで世界的な注目を集めています。

Whimは、複数の交通手段と連携してスムーズな移動を提供するMaaSプラットフォームで、フィンランドのほか、ベルギーやイギリスなどの都市で現地企業と提携しサービスを拡大しています。両社は交通サービスと連携しながら、MaaS Globalのノウハウを活かして日本での本格的なサービス実用化に向けて取り組みを加速させていく方針です。

● ファイアープレイス（「トラベリングホテル」を展開）

ファイアープレイスは2019年9月、「トラベリングホテル」の事業を開始すると発表しました（図2）。MaaS時代に自動車などの動く空間が会社や自宅、宿泊施設などに使われ、「不動産」が「可動産」になると説明しています。同社は、キャンピングカー型のオリジナルの移動空間を「トラベリングホテル」と名付け、顧客の要望に応じて設計や内外装を施して納品します。この事業は、レンタルキャンピングカーの運営などを手掛ける「旅する車 キャンピング

*1 プレスリリース：https://www.mori-trust.co.jp/pressrelease/2018/20181211.pdf
*2 三井不動産、世界初の本格的なMaaSプラットフォーム「Whim」と街づくりにおけるMaaSの実用化へ向けた協業で契約締結：
　　https://www.mitsuifudosan.co.jp/corporate/news/2019/0424/

カーどっとジェーピー」などと協働で取り組む予定です。

　顧客がトラベリングホテルを使わない期間があれば、同社が預かってレンタカーとして展開することも可能です。レンタルをした売上の一部は顧客にキャッシュバックされますので、預けることが資産運用にもなるというシステムです。

図1 搬送ロボット「Relay（リレイ）」

出典：森トラスト株式会社：プレスリリースより引用
URL：https://www.mori-trust.co.jp/pressrelease/2018/20181211.pdf

完全オーダーメイド
移動するホテル空間

図2 トラベリングホテル

出典：株式会社ファイアープレイス：トラベリングホテル公式サイトより引用
URL：https://travelinghotel.net/

自動運転で誕生する
新しいサービス、新しい市場

オフィスビルやマンションの内部は私有地なので、自律走行ロボットの導入
ハードルも低くなります。自動運転サービスのマネタイズは、まず建物の中か
ら始まるという見方が有力です。

オフィスワーカー向けデリバリーサービス

　最寄り駅への送迎を行う完全自動運転バスや自動運転タクシーの運行は、レ
ベル5の実用化を待つ必要がありますが、無人ビークルを活用した従業員向け
のデリバリーサービスであれば、すぐにでも導入することが可能です（表1、
図1）。私有地であるオフィスビルの内部なら、道路交通法や道路運送車両法の
適用外となるからです。ビルに入居するコンビニやカフェなどと連携すれば、
店舗の売上増と同時に、ビル内のオフィスワーカーの利便性も向上しますの
で、この種のサービス導入は歓迎されるでしょう。

　ビル内の店舗売上増や利便性の向上によって、賃料アップや稼働率アップを
図ることができます。賃料を維持しつつ、稼働率も高いビルということで、不
動産価値も高まります。

住民や利用者向け送迎サービス

　将来、多くのオフィスビルの所有企業が、主にテナントの従業員向けに最寄
り駅との間で自動運転バスを運行することになるでしょう。移動中は車内でイ
ンターネットに接続して、オフィスとほぼ同じ環境で仕事をすることも可能に
なります。従業員は通勤のためにほとんど歩く必要がなくなり、時間も有効活
用できるようになります。

　自動運転バスを自前で運用するには初期投資がかさみますが、ほかの自動運
転サービスと同様に、移動中の車内空間を通じた情報サービスの提供などのマ
ネタイズポイントを見出すことによって、自動運転バスの運営費の一部をまか
なうことも可能です。また、オフィスビル向けに、自動運転バスやタクシーを
配車するサービサーも登場するでしょう。そうなればビルオーナーは、月額費
用だけで自動運転バスによる送迎サービスを提供できます。

遊休地や不人気物件の有効活用

　これまでは需要が少なく安値で取引されていた郊外の土地や建物でも、最寄
り駅などの拠点から自動運転バスを運行するなど利便性を高めれば、一等地と
変わらない利便性を持つ不動産に生まれ変わる可能性があります。

　都市圏から離れた地方では、交通の便が悪いという理由で放置されている遊
休地や遊休施設も少なくありません。これらの遊休物件に自動運転サービスと

いう付加価値を加えることで再生させる動きが盛んになると予想されます。遊休地を活用したいオーナーに対して、どのような自動運転サービスを導入すると土地や建物の価値が上がるかを指南するコンサルティングサービスの市場も拡大するでしょう。

表1 日本で試験導入が進むデリバリーロボット

森トラスト株式会社	自律走行型搬送ロボット「Relay」実証、スタートアップへの出資にも意欲
森ビル株式会社	六本木ヒルズ内で荷物の運搬実証、CarriRo Deli が活躍
三菱地所株式会社	横浜ランドマークタワーで運搬・警備・清掃ロボットの実証実験実施

駅

自動運転

オフィスビル

- ● オフィスビルと最寄り駅を結ぶ完全自動運転バス
- ● 自動運転タクシーによるハイヤー
- ● 病院への送迎サービス
- ● 荷物の自宅配送
　　など

図1 オフィスワーカー向け自動運転サービス

05 ビジネス参入の具体的アイデア（活用する側）

オフィスビル、商業施設には様々な自動運転サービスを取り込むことができるでしょう。通勤を快適にする自動運転シャトルバスや施設内の無人店舗の運営などがあげられます。

● 送迎サービス付きの郊外商業施設

完全自動運転バスや自動運転タクシーを使った送迎サービスは、ショッピングモールやシネマコンプレックスなどの商業施設にも応用できます。特に、郊外にある商業施設は、自動運転サービスを上手に活用することで、集客力を大きくアップできるでしょう。家族連れの来店を増やすために、自宅まで自動運転タクシーを無料で配車することも考えられます。家族水入らずで移動する途中に、様々なコンテンツの配信でマネタイズできるからです。

ソフトバンクやトヨタなどが出資するMONET Technologiesは、次世代モビリティサービスで地域課題を解決することを目指し、自治体との連携協定を続々と結んでいます。オンデマンドバスの実証実験も各地で行いました。MONET Technologiesの配車プラットフォームを活用し、乗合バスなどで商業施設や病院、公民館などの間を住民がスムーズに移動できるように取り組んでいます。

● ビル内でのレジなし店舗の運営

自動運転技術と無人化技術を組み合わせた、移動型の無人コンビニなどが注目されています。客の入退店、商品管理、決済などをIoT技術によりレジなしにする仕組みで、中国やアメリカを中心に開発が進んでいます。

レジなし店舗としては、Amazon.comが2018年1月にシアトルに開店した「Amazon Go」（図1）が有名ですが、レジなし店舗とはいえ商品の補充は人が行っていますし、購入品の配達サービスにも対応していません。しかし、このような店舗に自動運転技術を組み合わせれば、さらに洗練されたレジなし店舗の運営が可能になるでしょう。

自動運転技術を組み合わせたレジなし店舗の運営についても、公道に面した路上店より、私有地であるビル内に設置された店舗の方が何かと好都合です。たとえば、オフィスを巡回する清掃ロボットに御用聞き機能を搭載すれば、気軽にデリバリーを依頼する人も多いのではないでしょうか。

● 地元企業や自治体と共同で高齢者にやさしい街づくり（図2）

過疎地では自動車に代わる移動手段が少なく、歩行が困難な高齢者も多いことが地方自治体の大きな悩みになっています。徒歩圏内の外出など、ちょっと

した移動などに役立つのが超小型モビリティです。車椅子タイプなどが現在開発されており、低速であれば重大事故は発生しにくいでしょう。外出が容易になれば、高齢者の健康増進にもつながります。

　そういったモビリティを企業と自治体が連携して導入し、地元住民とシェアリングする取り組みも考えられます。たとえば、鳥取県では2015年にトヨタ車体製の超小型モビリティ「COMS（コムス）」を公用車として導入[1]し、県民とシェアリングするという全国初の取り組みを始めました。将来、自動運転の超小型モビリティがシェアリングされれば、地方在住者が受ける恩恵はもっと増えることは間違いありません。

図1 レジなし店舗の例（Amazon Go）

出典：Amazon.com
URL：https://images-na.ssl-images-amazon.com/images/I/F1+oVK+cVNS.mp4

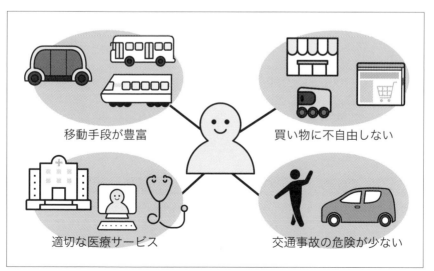

移動手段が豊富

買い物に不自由しない

適切な医療サービス

交通事故の危険が少ない

図2 高齢者にやさしい街のイメージ

*1 鳥取県コムスシェア実証プロジェクト：
http://db.pref.tottori.jp/movement_2015.nsf/webview_forNewCms/9A7E166E0F288FA049257F31002B9CA1?OpenDocument

06 ビジネス参入の具体的アイデア（活用される側）

ビル内で利用されるロボットにはデリバリー機能のほか、清掃、警備、消毒のためのスプレー散布など様々な機能を搭載することが考えられますので、「活用される側」のチャンスは広がります。

ビル内で活躍する多機能ロボット

　ビル内で活用されるデリバリーロボットには、清掃や消毒、警備など様々な付加機能を搭載することが考えられます（図1）。すでに実用化されているルンバのような掃除ロボットには、カメラやフロアトラッキングセンサーなどの多彩なセンサーが搭載されています。このような技術を活用できるので、掃除ロボットを開発している企業にとって、デリバリーロボット用の新機能を開発することは、比較的容易ではないでしょうか。

　すでに実用化されている技術であっても、自動運転車や無人ビークルに付け加えることで、新しいサービスに対応できるという付加価値を生み出すことができます。自動運転は最新のテクノロジーが集結されて実現するものですが、自動運転から派生する新しいサービス市場は、最先端の技術よりも、むしろ柔軟な発想やアイデアによってビジネスチャンスはいくらでも広がります。

デリバリーロボットに注文ができるスマホアプリ

　ビル内でデリバリーの注文や本人確認、決済を行うデバイスとしては、現状ではスマホを利用するのが最も現実的です。たとえば、30階のオフィスから1階のカフェに対して、コーヒーにミルクだけ付けて、といったように細かく注文できるシステムが必要です。スマホアプリやアプリからのオーダー処理システムを開発できる企業には、新たなビジネスチャンスが生まれるでしょう（図2）。

　現在、掃除ロボットなど国内で実用化されているロボットの通信形式は、大きく3種類に分類できます。すべてのロボットに対応するなら、ロボットとの通信形式を統一するのが理想的ですが、メーカーの事情もあり一筋縄ではいかない面もあります。すべての通信形式に対応できるアプリが開発できれば、複数のメーカーのロボットを運用するサービサーに採用される可能性が高まります。

移動するオフィスやホテルなどの「可動産」

　自動運転がもたらす大きな変化として、小売業の項で『「行く」から「来る」へ』という表現を使いました。この変化は、不動産業界にも一部あてはまります。取り組み事例で紹介したファイアープレイスの「トラベリングホテル」は、まさにその一例です。ホテルやオフィス、店舗などは動かない「不動産」であるというのがこれまでの常識でしたが、車を自動運転化させれば、必要に応じ

て好きな場所に移動できる「可動産」として運用することもできます。

　これまで利用者が出向いて利用していた施設や場所を、利用者の希望する場所に移動することはできないかと考えると、可動産サービスにはまだまだ多くのビジネスチャンスがあるのではないでしょうか。当然ながら、サービスを提供するにあたって許認可などの制限が生じます。それらの規制をクリアするための技術やノウハウを持った企業にとっては、可動産サービスは大きな可能性を秘めています。

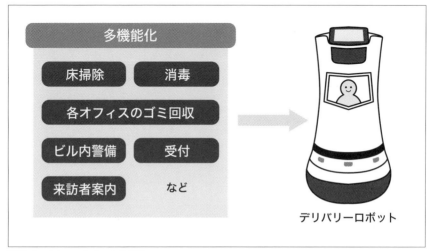

図1 デリバリーロボットの多機能化

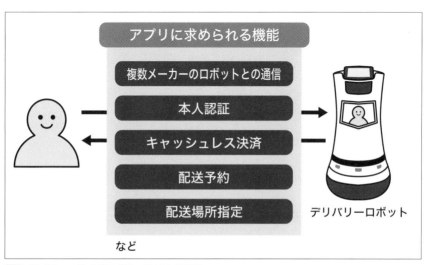

図2 デリバリーロボット用アプリに求められる機能

07 新しい不動産市場参入のポイント（まとめ）

これまで不動産の価格は、主に立地によって決められていました。しかし、自動運転社会になると、不動産の価値基準は変わっていくでしょう。自動運転技術は街づくりにも寄与することが考えられます。

● 不動産の価値を決める基準が大きく変わる

　自動運転が実用化されると、不動産の価格を決める基準が大きく変わるでしょう。自動運転タクシーやバスを利用することで、最寄り駅からの距離や徒歩時間といった、従来の基準があまり意味を持たなくなるためです。不動産のオーナーは、自動運転サービスを活用することで、物件の価値を戦略的に引き上げることも可能になります。

　投資家向けの情報などを扱うMetLife Investment Managementが発表した調査レポート[*1]によると、Uberなどシェアサービスが普及したサンフランシスコでは、駅など交通機関の拠点からの距離別によるアパートの賃料差が20%前後から15%前後に縮まりました。このことから、将来自動運転サービスが普及すると、賃料を算出する基準はさらに変わる可能性が高いと予想できます。

● 居住者など利用者にどれだけ利便性を提供できるか

　不動産の価値を上げるためには、自動運転サービスを活用して、居住者などの利用者に利便性を提供することが鍵になります。将来の自動運転実用化を見越して、様々な交通機関をシームレスで利用できるMaaSサービスを提供する試みはすでに始まっています。

　たとえば、日鉄興和不動産が2020年2月から実験運用を開始したマンション向けMaaS「FRECRU」[*2]では、マンション居住者はアプリで事前予約すると、エリア内の指定スポット11カ所でマンション専用のオンデマンドモビリティ（シャトルバス）に乗降可能です。MONET Technologiesのシステムを活用し、常に更新される予約状況により最適なルートを設定しています。バスのロケーションもリアルタイムで追跡することができ、子どもの利用でも安心です。自動運転社会になると、このような居住者限定のサービスによって、マンションの人気や賃料、分譲価格が大きく左右されるようになるでしょう。

● 不動産投資から街づくりプロジェクトへ発展も

　自動運転技術が不動産の価値を高めることが知られるようになると、交通の便が悪くて安値で放置されている物件を購入し、自動運転サービスで価値を高めようとする動きが盛んになるでしょう。物件のリニューアル費用や自動運転

*1 On the Road Again：https://investments.metlife.com/content/dam/metlifecom/us/investments/insights/research-topics/real-estate/pdf/MIM-Real-Estate-On-the-Road-Again-White-Paper-MLIA_FINAL.pdf
*2 マンション向けMaaS（マンション専用オンデマンドモビリティ）：https://www.nskre.co.jp/company/news/2020/02/20200220.pdf

サービスに対する初期投資を広く投資家から募るファンドのような不動産投資が人気となるかもしれません。不動産投資の選択肢が広がることは間違いありません。

　トヨタは、2021年から静岡県裾野市の工場跡地にCASE実証都市「Woven City」を建設する構想を進めています（図1）。リアルな環境で、自動運転やMaaS、パーソナルモビリティ、ロボット、AI技術などを導入して、実際に約2,000人が生活をする街をつくるという壮大な計画です。このように、自動運転技術を核にして、街づくりを行うことも視野に入りつつあります（図2）。

図1 CASE実証都市「Woven City」

出典：トヨタ自動車株式会社：ニュースリリースより引用
URL：https://global.toyota/jp/newsroom/corporate/31170943.html

1	これまでの不動産の価値基準が大きく変わる
2	自動運転サービスで物件の価値を高められる
3	サービスは私有地である建物内から普及する
4	オフィスワーカー向けサービスは有望市場
5	将来は自動運転技術を核に街づくりに発展も

図2 自動運転×不動産業に参入する際の視点整理

COLUMN トヨタの実験都市「Woven City」

　トヨタは、2020年1月にラスベガスで開催された「CES 2020」において、人々の暮らしを支えるあらゆるモノやサービスがつながる実証都市「コネクティッド・シティ」のプロジェクト概要を発表しました。2020年末に閉鎖予定の東富士工場（静岡県裾野市）の跡地を利用して、人々が生活を送るリアルな環境のもと、自動運転、MaaS、パーソナルモビリティ、ロボット、スマートホーム、AI（人工知能）など14分野の技術を導入・検証できる実証都市を新たに建設します。

　検証予定の分野はモビリティ関連が中心ですが、富士山の麓に水素燃料電池に接続されたエコシステムがつくられるなど、社会システム全般の壮大な実験が行われる予定です。2021年当初に着工して、初期はトヨタの従業員など約2,000名が実際に街で暮らすことを想定しています。将来的には、175エーカー（約70.8万㎡）に及ぶ街を建設する壮大な計画になっています。

　トヨタは、網の目のように道が織り込まれ合う街の姿から、この街を「Woven City」（ウーブン・シティ）と名付けました。wovenは、「織る、織り交ぜてつくり上げる」という意味のweaveの過去分詞です。街の名前の由来になったように、Woven Cityの特徴は「道」にあります。プレスリリースによると、道は大きく3つに分類されます。

①スピードが速い車両専用の道として、「e-Palette」など、完全自動運転かつゼロエミッションのモビリティのみが走行する道
②歩行者とスピードが遅いパーソナルモビリティが共存するプロムナードのような道
③歩行者専用の公園内歩道のような道

　なお、都市設計は、デンマーク出身の著名な建築家でビャルケ・インゲルス・グループ（BIG）の創業者であるビャルケ・インゲルス氏が担当することが発表されています。インゲルス氏は、ニューヨークの第2ワールドトレードセンターやGoogleの新社屋などを手掛けたことで知られます。

　トヨタは、Woven City構想の発表に合わせて、2分弱のイメージビデオを公開しました。Woven Cityが完成した時の人々の暮らしぶりをCGで映像化したものですが、上空には「空飛ぶクルマ」が行き交うなど、近未来の街の様子を表現したインパクトのあるビデオになっています。現実の街の中で最新技術の実験が行われることで、自動運転の実用化が一層加速することが期待されます。

Woven Cityイメージビデオ（long ver）
URL https://www.youtube.com/watch?v=jh7FHx8M3G0

Chapter 12

自動運転×業界「農業」

私有地で行われる農業は、自動運転技術を最も導入し
やすい業種です。単に農作業の負担軽減だけでなく、
自動運転で使われるAIや画像解析技術などを応用す
ることで、農業そのものを高収益のビジネスに変える
可能性を秘めています。

01 農業の現状と課題

農業は国民の食を支える重要な産業ですが、近年は就業者の減少や高齢化が進んでいるほか、農地規模の小ささや、異常気象による収益の不安定化など数多くの問題を抱えています。

● 農家の高齢化や後継者不足が深刻

　農業は重要な産業ですが、農地が十分にあるのにもかかわらず、高齢者が体力的に働けなくなってしまったり、後継者が見つけられなかったりして、放置される農地が増えています（図1）。こうしたことは長い目で見ると、国内における農業生産量の減少、食料自給率の低下につながります。さらに、管理されなくなった農地にゴミが不法投棄されたり、害虫が大量発生したりと周辺地域に悪影響を与えてしまいます。

　農地法で権利移動の制限を規定していることも、放置される農地が増えている要因のひとつです。「農地法第3条」では、農地として利用する目的で土地の売却や贈与をする場合には、農業委員会の許可が必要と定めています。一定の要件を満たす場合には特例措置が設けられていますが、一般の人が農地を購入して農業を始めることは難しいのが現実です。

● 異常気象の常態化で収入が不安定に

　近年は集中豪雨、台風の襲来、猛暑日、暖冬による積雪量の減少など異常気象が立て続けに起きています。そのような気象現象が世界各地で常態化し始め、農業にも大きなダメージを与えています。野菜の生育不良、着色不良を招いたり、集中豪雨によって畑が水没してしまったりして、安定した生産・供給が難しい状況になっています。それに伴い、農家の収入も不安定になりがちです。

　農家の後継者が見つからないという問題の背景には、日本では1生産者あたりの農耕地が狭く、計画通りに収穫できても期待できる収入がそれほど高くないことに加え、異常気象の影響で収穫量に波があり、毎年の収入が安定しないことがあげられるでしょう。ビジネスとして見た場合、農家には不確定要素が多いということにほかなりません（図2）。

● 農地をまとめて法人経営する動きも

　1生産者あたりの農耕地が狭いということは、その分、農業機械（農機）の導入コストなどの負担が相対的に大きくなり、こうしたコストの回収の見込みがないという理由で農業をやめてしまう人も少なくありません。一方で農地を宅地に転換するのは条件が厳しく、耕作放棄地、あるいは遊休農地が増えています。

　遊休農地を集約して、規模の大きな農場として経営できるように考えられた仕組みが農業法人です。法人化することで、経営面や制度面で補助を受けることができ、税制上の優遇措置を受けやすくなります。農林水産省は、2023年までに法人経営数を5万法人にするという目標[*1]を掲げて農業の法人化を推進しています。

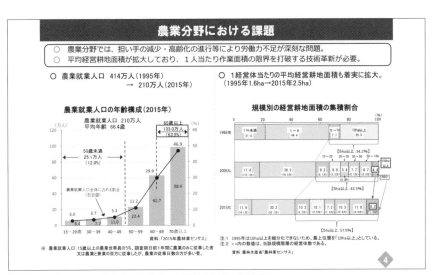

図1 農業就業人口の年齢構成、規模別の経営耕地面積の集積割合

出典：農林水産省：『スマート農業の展開について』より引用
URL：https://www.maff.go.jp/j/kanbo/smart/attach/pdf/index-94.pdf

図2 農業分野における課題

出典：農林水産省：『スマート農業の展開について』より引用
URL：https://www.maff.go.jp/j/kanbo/smart/attach/pdf/index-94.pdf

*1（1）農業経営体の動向　ア 農業経営体の経営状況：https://www.maff.go.jp/j/wpaper/w_maff/h28/h28_h/trend/part1/chap0/c0_2_01_1.html

02 自動運転で農業の何が変わるか

農地は、限られた範囲の私有地で歩行者もいないため、法律的にもリスク面からも自動運転技術の導入がしやすい環境です。農作業の自動化により、農業従事者への負担も軽減できるなどメリットが大きいでしょう。

● 私有地である農地では自動運転が簡単に実現

　私有地である農地は、自動運転の技術導入には適した環境です。自動運転では安全性の担保が最優先で求められますが、他人が運転する自動車や歩行者がいない農地では、人身事故が起きる可能性は公道と比べかなり低くなります。

　すでに農薬散布用のドローンや酪農業における搾乳ロボット、ICT技術を活用した大型捕獲檻によるイノシシ捕獲の実証実験など、新しい技術が農業分野に進出しつつあります。これまで人間が行ってきた作業を自動化、効率化するという点では、ノウハウが先行して蓄積しつつある分野といえるでしょう。農業用トラックや農機機械の自動運転化が実現すれば、農林水産省が目指す「スマート農業」に一気に近づきます（図1、図2）。

● 自動運転が遊休農地の活性化を促進

　自動運転の普及は、現在放置されている遊休農地の活性化を促すと予想されています。農作業の多くを自動運転農機の活用で自動化できるのであれば、仮に耕作する農地が2倍の面積になっても、手間やコストはほとんど増えません。耕作する農地がある一定の広さに達し、いわゆる損益分岐点を超えると、農地が広くなるにつれて利益が拡大するイメージになります。

　そのため、農業法人を設立して農業をビジネスとして行う場合は、あるエリア内で隣接する農地をいかに多く確保できるかが最大の課題となります。農地のオーナーから遊休農地を多く確保できそうなエリアを探すことになりますが、遊休農地の管理に手を焼いていた農家にとっても、農業委員会の許可がいるにしても、農地を必要とする人に譲渡して、農地をお金に換えるいい機会となります。

● 事業として新規に農業を始める人も増える

　農業は、デジタル化やデータ化が進んでいない業界といわれています。いつ苗を植えたらいいか、どのタイミングで収穫すると利益を最大化できるかなどのノウハウは、農業をする人の頭の中に暗黙知として存在するだけで、後継者に正しく引き継がれていないケースも少なくないためです。このことが、農業経験のない人が新規に参入しにくい障壁にもなっていました。

　自動運転の普及は、この暗黙知をデジタル化・データ化して、形式知に変換

してくれるかもしれません。自動運転に使われるAIでビッグデータを分析して、収穫を最大化してくれる数値やタイミングをレコメンドしてくれるサービスが登場すれば、農業経験の少ない人でも農業で成功できるようになるでしょう。そうなれば、さらに事業として農業を始める人が増えるという好循環になります。

スマート農業について

「農業」×「先端技術」＝「スマート農業」

「スマート農業」とは、「ロボット、AI、IoTなど先端技術を活用する農業」のこと。

➡️「生産現場の課題を先端技術で解決する！農業分野におけるSociety5.0※の実現」
※Society5.0：政府が提唱する、テクノロジーが進化した未来社会の姿

スマート農業の効果

① **作業の自動化**
ロボットトラクタ、スマホで操作する水田の水管理システムなどの活用により、作業を自動化し人手を省くことが可能に

② **情報共有の簡易化**
位置情報と連動した経営管理アプリの活用により、作業の記録をデジタル化・自動化し、熟練者でなくても生産活動の主体になることが可能に

③ **データの活用**
ドローン・衛星によるセンシングデータや気象データのAI解析により、農作物の生育や病虫害を予測し、高度な農業経営が可能に

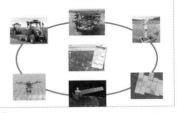

農業データ連携基盤（WAGRI）
スマート農業をデータ面から支えるプラットフォーム。生産から加工・流通・消費・輸出※に至るデータを連携。
※内閣府 戦略的イノベーション創造プログラム（SIP）「スマートバイオ産業・農業基盤技術」において、WAGRIの機能を拡張したスマートフードチェーンシステムを開発中

図1 「スマート農業」の概念図

出典：農林水産省：『スマート農業の展開について』より引用
URL：https://www.maff.go.jp/j/kanbo/smart/attach/pdf/index-110.pdf

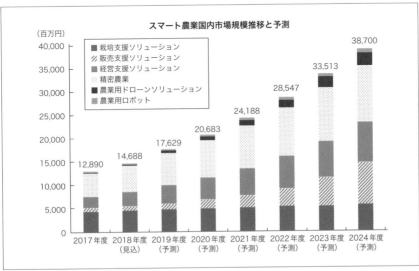

図2 国内におけるスマート農業市場

出典：株式会社矢野経済研究所：『スマート農業に関する調査（2018年）』より作成
URL：https://www.yano.co.jp/press-release/show/press_id/2026
注：事業者売上高ベース、農業向けPOSシステム・農機・ドローンなどのハードウェアは含まない、2018年度は見込値、2019年度以降は予測値（2018年9月現在）

03 参考事例（国内外企業の取り組み事例）

国内メーカーでは開発が進み、直進自動操舵機能が搭載されたトラクターや田植機が開発されているほか、既存の農機に後から追加できるシステムも販売されています。

● ヤンマーアグリ（自動直進可能な田植機）

ヤンマーアグリは、乗用田植機に自動直進機能を搭載した直進アシスト田植機「YR6D／8D」を2020年1月に発売しました（図1）。ロボットトラクター、オートトラクター、オート田植機に続く自動運転技術「SMARTPILOT」シリーズの第3弾として開発されました。初年度に1,500台の販売をすることが目標です。

YR6D／8Dは、直進専用の自動操舵システムを採用しています。3つのボタンを操作するだけで自動直進ができるので、誰でもまっすぐに正確な植え付けが可能になります。旋回時の一連の作業も自動化されていて、運転する人はハンドル操作のみに集中できます。同社は、「弊社独自の技術を使った密苗では、慣行栽培とほぼ同じ管理方法で、規模や地域、品種にかかわらず、収量も慣行と同等を確保することが可能」とコメントしています。

● レグミン（自律走行ロボを農業向けに開発）

自律型走行ロボットを開発して農業の効率化を目指しているレグミンは2019年12月に、約1億3,000万円の第三者割当増資を実施[*1]しました。今回調達した資金によって自社農場を拡大し、農業ロボットの試験運転を拡充させていく方針です。

同社は、アメリカNVIDIAのAI（人工知能）スタートアップ支援プログラム「NVIDIA Inception Program」のパートナー企業にも認定されていて、農作業を自動化するロボットの開発を進めています（図2）。LiDARによる正確な農地のマッピングとGPS（全地球測位システム）による高精度な測位を組み合わせて自動運転用のマップを作成し、地磁気センサーやステレオカメラなどで障害物を避けながら走行するのが特徴です。種まきから農薬・肥料の散布、収穫作業をすべて1台のロボットで担うことができます。

● グローバル測位サービス（センチメーター級の測位が可能）

2017年6月に設立されたグローバル測位サービスは、2019年10月に日本政策投資銀行から出資を受けて、グローバル高精度測位補強サービスの事業化を進めています。

同社では、世界中いつでも高精度に測位できる環境の提供を目指して、2017

*1 約1.3億円の追加調達を実施：https://legmin.co.jp/news_pt/news_if_20191220_01/
*2 準天頂衛星のL6E信号からの技術実証用補正配信：https://www.gpas.co.jp/service.php

年12月から準天頂衛星による高精度測位補正技術「MADOCA」の技術実証を開始[*2]しています。

　世界中に設置した基準局から測位衛星の観測データを収集し、衛星軌道と衛星時計の誤差を精密に計算します。地上のユーザーは、配信される補正データを用いて測位演算を行うことで、センチメートルの単位で位置を把握できるようになります。

　この技術を運転を自動化する農機に応用できれば、播種や植え付けの精度を高めることが期待できます。

図1 自動直進機能を搭載した直進アシスト田植機

出典：ヤンマーホールディングス株式会社：公式サイトより引用
URL：https://www.yanmar.com/jp/agri/news/2019/11/20/64489.html

図2 農業ロボット

出典：株式会社レグミン：公式サイトより引用
URL：https://legmin.co.jp/technology/

04 自動運転で誕生する 新しいサービス、新しい市場

自動運転技術によって農地内の作業軽減だけではなく、農業のあり方や農作物の販売方法も変化していくことが予想されます。農家を支援する新しいサービスも生まれるでしょう。

● 自動運転技術で実現するスマート農業

農林水産省は、「異業種連携による他業種に蓄積された技術・知見の活用、ロボット技術やICTを活用したスマート農業の推進、新たな品種や技術の開発・普及、知的財産の総合的な活用、生産・流通システムの高度化等により、農業にイノベーションを起こす」という目標を掲げています。そのスマート農業の実現に大きく貢献すると期待されているのが、自動運転技術です（表1）。スマート農業の一例として、AI搭載ロボットの活用があげられますが、人工知能を活用して機械の操作を自動化することは、まさに自動運転技術の応用にあたります（図1）。

自動運転技術を生産の効率化や農作物の高付加価値化に応用する技術やサービスが、大きな市場に成長すると期待されています。矢野経済研究所の調査[*1]によると、2018年度のスマート農業の国内市場規模は約141億円でしたが、2025年度には約442億円まで拡大する見込みです。

● 自動運転農機のリースやシェアリング

今後、農地の集約化が進展して大規模農場を運営する農業法人が増えるにしても、大半が小規模の農家として存続し続けることには変わりはありません。一般的に生産性の高くないといわれる小規模農家を支援していくことも、農家が多い地域の社会課題になります。そのような小規模農家に対して、自動運転の農機や効率化に必要な設備をシェアリングするサービスが社会的にも求められるようになるでしょう。

また、最新の機械やサービスを使いこなすことができなければ、導入したとしてもそれを役立てることはできません。最新の機械やサービスの使い方を教えたり、エラーが出た時にすぐに駆けつけたりといったようなアドバイザリーサービスのニーズが高まります。これらのサービスは、地方自治体との提携により、利用する農家に補助金が支給されるケースも多くなると予想されます。

● 収穫を最大化するためのビッグデータ分析

自動運転技術には、高度なAIが活用されています。自動運転が農業にもたらすインパクトは、農作業用のトラックや農機が自動で動くようになることよりも、AIを使った農業のビッグデータ解析によって、これまで暗黙知としてデジ

*1 スマート農業の本格的な普及へ：https://www.yano.co.jp/press-release/show/press_id/2304

タル化・データ化されていなかった農業経営のノウハウが形式知として共有できるようになることの方がはるかに大きいといえます。

　プロ農家の長年蓄積された経験に基づいた勘をデータ化できれば、農業経験が浅い人でもデータに基づいて適切な農地運営を行うことができるようになります。たとえば、過去の天気、収穫結果、天気に合わせた苗を植える時期、収穫の時期、糖度の数値などが考えられます。それらの情報をビッグデータとして解析することによって、最適なタイミングや方法をAIがレコメンドできるようになるでしょう。

表1 農林水産省が定める農機の自動化レベル

レベル0 手動操作	走行・作業、非常時の緊急操作など、操作のすべてを使用者が手動で実施
レベル1 使用者が搭乗した状態での自動化	使用者は農機に搭乗
	直進走行部分などハンドル操作の一部等を自動化
	自動化されていない部分の操作は、すべて使用者が実施
レベル2 圃場内や圃場周辺からの監視下での無人状態での自動走行	農機は、ロボット技術によって、無人状態で自動走行（ハンドル操作、発進・停止、作業制御を自動化）
	使用者は、自動走行する農機を圃場内や圃場周辺から常時監視し、危険の判断、非常時の操作を実施
	基本的に、接近検知による自動停止装置の装備等によってリスクを低減
レベル3 遠隔監視下での無人状態での自動走行	農機は、ロボット技術によって、無人状態で、常時すべての操作を実施
	基本的に農機が周囲を監視して、非常時の停止操作を実施（使用者はモニター等で遠隔監視）

出典：農林水産省：『農業機械の自動走行に関する安全性確保ガイドラインについて』より作成
URL：https://www.maff.go.jp/j/kanbo/kihyo03/gityo/g_smart_nougyo/attach/pdf/index-5.pdf

AI技術を活用した施設野菜収穫ロボットの開発

図1 画期的なAI、IoT、ロボット技術の活用による生産性向上

出典：農林水産省：『第2章 強い農業の創造に向けた取組』より作成
URL：https://www.maff.go.jp/j/wpaper/w_maff/h28/attach/pdf/zenbun-6.pdf

05 ビジネス参入の具体的アイデア（活用する側）

> 農業では、農機の自動化を軸とした「スマート農業」へのシフトが進みつつあります。自動運転の技術により、この動きは一気に加速するものと期待されます。

● 遠隔操作による農場の無人運営

農機の自動運転技術は、オペレーターが乗ったうえで運転の一部をアシスト・自動化する機能や、圃場内もしくは周辺からの監視のもと無人状態で走行する機能として、すでに実用化されています。自動運転技術により、無人状態での完全自律走行が可能になれば、すべての農作業を遠隔操作で行うことも可能になります。究極的には、AIがすべての遠隔操作を行う農場の無人運営が実現する可能性もあります（図1、図2）。

遠隔操作による農場運営は、産官学の複数団体での取り組みも始まっています。北海道では「次世代地域ネットワーク」*1 というテーマの中で、農機が自動運転するにあたり求められる最適なネットワークについて検証が進められています。将来的には、遠隔地にある無人走行監視センターとつなぎ、緊急時には停止指示などを送れるようなシステムが実用化されるでしょう。

● 農地を集約して大規模農業の運営代行

収益性の高い農業経営を実現するには、農地を集約して大規模化することが欠かせません。遊休農地を農家から買収、または借り受けて大規模農業を運営する農業法人が多く誕生するものと思われます。自動運転技術により、これまでの農業経営のノウハウが形式知として継承できるようになれば、異業種からの参入も増えるでしょう。

自動運転を応用した新しいビジネスモデルとしては、農場に出資して、収益の一部を農地を提供してくれた農家に配当するようなビジネスも考えられます。

● 農作物のネット直売、出荷作業の効率化

農作物の出荷作業では、すでに実証実験が行われている宅配ロボットの技術が応用できそうです。出荷ロボットが農作物をトラックに詰め込み、そのまま自動運転で集荷場に運ばれるようになるでしょう。これからは、インターネットを使った農作物の直売が広がっていくことが予想されます。インターネットで農作物や商品の有益な情報をきめ細かく提供すれば、消費者にとっては購入の判断材料が増えることになります。

収穫した農作物を全国の消費者に直接販売するサービスとしては、農家と卸売市場やバイヤーをつなぐ「アグリーチ」、農家と消費者をつなぐ「FARMFES

*1 最先端の農業ロボット技術と情報通信技術の活用による世界トップレベルのスマート農業およびサステイナブルなスマートアグリシティの実現に向けた産官学連携協定を締結：
https://www.ntt.co.jp/news2019/1906/190628a.html

（ファームフェス）」などのマッチングサービスがあります。今後は、近隣の購入者には農作物を無人ビークルで宅配するサービスや、移動型の農作物無人販売所など、自動運転技術を活用した販売方法も登場するでしょう。

　近隣の注文者には、無人ビークルを使って直接宅配することもできます。全国に散らばる注文者への配送を物流企業に委託する場合は、最寄りの物流拠点まで自動運転トラックで出荷するような流れが想定されます。

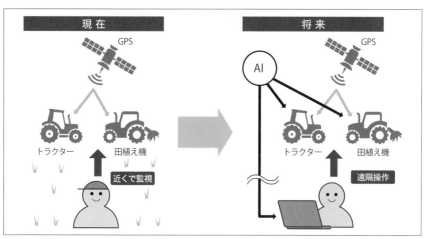

図1 農業無人化への取り組み

図2 農業分野におけるICT、ロボット技術の活用例

出典：農林水産省：『スマート農業の展開について』より引用
URL：https://www.maff.go.jp/j/kanbo/smart/attach/pdf/index-110.pdf

06 ビジネス参入の具体的アイデア（活用される側）

農業では、天候や降水量の予測、日々の農作物の管理も欠かせない作業です。自動運転で使われるセンサーやAIによる画像分析を活用することでこうした作業を代替できるよう、開発が進められています（図1）。

● IoTを活用した営農支援システム

自動運転技術とともに開発が進められているのが、IoTを活用した営農支援システムです。たとえば、クボタの営農支援システム「KSAS（KUBOTA Smart Agri System）」[*1] は、インターネットの地図情報を活用して、圃場管理や作業記録を行う機能、農機とKSASを連動させることで作物の収量・品質を向上させる機能などを搭載しています。

過去の天気予報や気圧の配置状況を蓄積して、降水量が多くなる時期などその時々に合わせて天候を予測できれば、さらに収穫量を増やすことができるでしょう。

将来的には、各農地の育苗や収穫量などあらゆる情報がビッグデータ化され、AIが天候や育成状況などを判断しながら完全自動で営農するシステムが構築されるものと期待されます。

● 農機に後付けできる自動運転制御ユニット

取り組み事例でも紹介したように、すでに自動運転機能を搭載した田植機やトラクターなどが実用化されています。しかし、先行して製品化されたものは、高性能で価格も高くなっているため、小規模農家で導入するにはコスト面でハードルがあります。そのようなニーズに対応する手段として期待されるのは、既存の農機に後から付け加えることで、自動運転機能を実装できる制御ユニットです。

ITソリューションを手掛ける日本システムウェア（NSW）は、農業機械や建設機械、無人搬送車（AGV）などに取り付けることで自動運転機能やADAS（先進運転支援システム）機能が利用できる汎用制御ユニットを提供しています。このユニットを取り付けることで、走行ルートやエリアの指定、障害物検知、物体認識などが可能になります。既存の農機を自動運転に対応させることで、スマート農業の普及に貢献するでしょう。

● 最適な収穫時期を判断してくれるAI

効率化のためには、農作物の日々の管理の自動化も欠かせません。自動運転では、危険を察知するために全方向の画像データを取得して、色や大きさ、動く方向や速度から対象物が何かを特定して、AIが最適な運転を行います。この

*1 KSAS（KUBOTA Smart Agri System）：https://ksas.kubota.co.jp/

画像解析技術に、農業特有の識別機能を加えることができれば、農薬や肥料散布のタイミング、農作物の成長度合い、病気の早期検出などの農作物の無人管理も可能になるでしょう。

　たとえば、農作物の表面の色の変化から害虫の被害や病気の有無を判断したり、温度センサーと組み合わせて果実の糖度を推測して最適な収穫タイミングを決めたり、風で位置や向きが変わっても農作物の成長をミリ単位で測定できたりするような技術が有望でしょう。自動運転のセンサーや画像解析技術をベースにしつつ、農業に応用できる技術を追加することで新しい市場が生まれます。

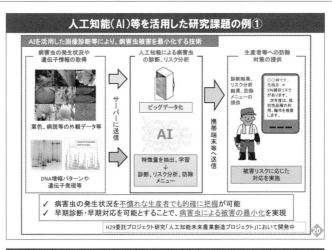

図1 人工知能を活用した研究課題の例

出典：農林水産省：『スマート農業の展開について』より引用
URL：https://www.maff.go.jp/j/kanbo/smart/attach/pdf/index-110.pdf

07 新しい農業市場参入のポイント（まとめ）

> 農業は自動運転との親和性が非常に高い業界です。自動運転で使われるAIや画像解析技術などを応用することで、単に農作業を効率化するだけでなく、農業そのものを変革させる可能性を秘めています。

● 農業の手間とコストが大幅に軽減

　私有地である農地での作業を行う農機には、自動運転機能を導入しやすい条件が揃っています。すでに、直進であれば自動運転が可能な機能を搭載した農機も登場しています。自動運転が実用化されれば、トラクターや田植機など多くの農機が無人化できるようになるでしょう。様々な農機を遠隔操作することで、農場の無人運営も視野に入ってきます。

　今の農業は、新しく就農したい若手世代が少なく、後継者が育たないという大きな問題を抱えています。自動運転ロボットの導入で収益性を改善したり、農作業負担を軽減したりすることは、就農希望者の増加にもつながるでしょう。農作業の効率化や自動化によって、コストを大幅に軽減できることは大きなメリットに違いありません。ただし、コストの軽減は自動運転導入メリットのひとつにすぎません。

● 農業が魅力的な事業に変貌する

　これまで農業は、参入障壁が高い割に、コンスタントに収益を上げるのが難しいビジネスと思われてきました。しかし、自動運転で使われるAIや画像解析の技術を応用して、暗黙知としてデータ化されていなかった農業運営のノウハウが共有されるようになれば、前述のコスト削減メリットも相まって、農業は高い収益を上げられる魅力的なビジネスに変貌する可能性があります。

　従来の農業が「スマート農業」に進化する鍵は、ビッグデータの活用にあります（図1）。具体的には、これまで長年の勘などに頼っていた農業の知識をデータ化し、過去の天気や農作物の生育データなどから、最適な種まきや収穫のタイミングを予測して、収穫量を最大化することです。それには、自動運転実用化の過程で進化した、AIや画像解析技術が威力を発揮するでしょう。

● 農業の復権は地域活性化のきっかけに

　農林水産省の発表[1]では、2018年11月時点で国内には約9万7,800haの遊休農地が存在します。これらの遊休農地の一部が、自動運転農機の普及によって活用されるとしたら、地域における経済波及効果は決して小さくないはずです。大規模農場を経営する農業法人が増えれば、そこで社員として農業をやりたいという若い人も増えるでしょう。過疎化に悩む地方にとっては、地域活性

[1] 平成30年 農地法に基づく遊休農地に関する措置の実施状況について：https://www.maff.go.jp/j/press/keiei/seisaku/191001.html

化の起爆剤になるかもしれません（図2）。

　農業で地域活性化を目指すのであれば、当事者である農家だけではなく、地元企業や地方自治体と連携することで、企画できる施策は大きく広がります。たとえば、地域の特産物をブランド化して商品にする、農家によるレストランやマルシェを開く、一日農業体験イベントを開催するなどが考えられるでしょう。レストランやイベント会場への送客には、もちろん自動運転車が活用できます。

図1 スマート農業の将来像

出典：農林水産省：『「スマート農業の実現に向けた研究会」検討結果の中間とりまとめ』より引用
URL：https://www.maff.go.jp/j/kanbo/kihyo03/gityo/g_smart_nougyo/pdf/cmatome.pdf

1	私有地である農地は自動運転の導入に向いている
2	農機の自動運転によって農業は無人化へ
3	人工知能の活用で農業ノウハウが形式知に
4	遊休農地の集約化で農業は魅力的な事業に変貌
5	農業の復権は地方再生の起爆剤になる

図2 自動運転×農業に参入する際の視点整理

大学から誕生した自動運転ベンチャー企業

COLUMN

　自動運転関連の技術開発において、大学は非常に重要な役割を果たしています。自動運転を実現するために必要な人工知能や画像認識などの先端技術に詳しい研究者が在籍していることに加え、研究開発を進めるのに適した設備やラボなどが国や自治体の支援で設置されているためです。

　たとえば、東京大学には「モビリティ・イノベーション連携研究機構」、群馬大学には「次世代モビリティ社会実装研究センター」、明治大学には「自動運転社会総合研究所」、埼玉工業大学には「自動運転技術開発センター」が設置されていて、メーカーの研究開発部門と比較しても遜色のない開発環境が整っています。

　Part2の企業カタログでは、海外及び国内の自動運転業界のキーとなる企業をピックアップしていますが、その中で海外4校、国内10校の大学も含まれています。これらの大学での研究を事業化するため、研究に携わった教授や技師などが中心となって企業が新たに設立されるケースも増えてきています。

　ティアフォーは、名古屋大学で開発された自動運転OS「Autoware」を事業化する目的で2015年に設立されました。2017年には、国内初となる一般公道における無人の自動運転実験を行うなど、着実に成果をあげています。トヨタが参画する「未来創生ファンド」から出資を受けていることでも知られます。

　自動運転の実証実験をサポートする事業を展開するフィールドオートは、2018年に設立された埼玉工業大学発のベンチャー企業です。前述のティアフォーの傘下で、ティアフォーや埼玉工業大学と連携して自動運転技術の社会実装を進めています。

　2015年設立のオプティマインドは、名古屋大学で開発されたラストワンマイルのルート最適化AIを活用したサービス「Loogia」を展開しています。2019年には、トヨタなどから合計で約10億円の資金調達を行いました。プロダクト開発体制の強化や人材の獲得・育成、マーケティング施策の拡充などを図っていく方針です。

　先進モビリティは、東京大学における自動運転や隊列走行にかかわる研究開発プロジェクトから2014年に誕生したベンチャー企業です。トラックの隊列走行実証のほか、無人運転バス技術の開発と事業化などにも積極的に取り組んでいます。

　これらのほかにも、東京工業大学発のITD Lab、明治大学発のSEQSENSE、会津大学発の会津ラボなど、数多くの大学発ベンチャー企業が誕生しています。

Chapter 13

自動運転×業界「BtoG（行政・官公庁向けビジネス）」

現在の行政サービスには、効率化の余地が大きいという指摘もあります。自動運転技術は、窓口での手続きを効率化・無人化することや、高齢者の移動手段確保や医療サービス提供など地方自治体が抱える課題の解決にも貢献します。

01 行政機関の現状と課題

高齢化・過疎化が進む地方自治体は財政的に厳しくなり、公共交通機関も採算が取れない状況に追い込まれています。暮らしを支える行政サービスのあり方を見直す時期を迎えています。

● 行政機関もオンライン化による効率化が求められる時代

総務省の集計[1]によると、2020年7月時点で国内には市町村が約1,720あります。これらの地方公共団体が、学校教育、福祉、警察、消防など暮らしに欠かせない行政サービスを提供しています。しかし、1990年代後半から財政状況が悪化し、地方財政全体での借入金が増大するなど、危機的な状況です。行政サービスは、合理化や効率化が強く求められる段階に来ています。

効率化の手段のひとつとしてはオンライン化が考えられますが、行政サービスのオンライン化は遅々として進んでいません（表1）。2020年6月18日付の日本経済新聞の記事[2]によると、国内で55,000種類ほどある行政手続きの中で、ネット上で完結できるものは4,000種類強と、全体の約7.5%にすぎないことがわかりました。この数字だけを見ても、行政サービスには効率化の余地が大きいことがわかるでしょう。

● 地方の課題は「過疎化対策」と「高齢者支援」

現在、多くの地方自治体は、都市への人口流出による過疎化により、公共交通機関などの移動手段の維持、高齢者支援など、数多くの課題を抱えています。特に、高齢化は団塊の世代が75歳以上に達する2025年以降に加速すると予想されており、問題は深刻です（図1）。高齢者数の増加に伴い、医療費や福祉費の増大は避けることができません。

高齢者見守り対策としては、地域企業による訪問、センサーやカメラの設置による24時間の見守り、SOSコールなどに伴う駆けつけ対応や、郵便物・食事の宅配時に安否を確認するものなどがあります。地方自治体だけではできる支援に限界があります。一人暮らしの高齢者や高齢夫婦が住みやすい街にするためには、地域における連携が必要です。

● 新手の犯罪対応に警察も苦慮

警察庁が2020年2月に発表した「犯罪統計資料」[3]によると、2019年の刑法犯認知件数総数は748,559件となり戦後最少を更新しました。一方でサイバー犯罪の検挙件数が高い水準で推移しており、国内外で様々なサイバー攻撃が確認されています。サイバー攻撃は、証拠となる痕跡を保存するだけでも高度なIT知識を必要とするため、警察も対応に苦慮しています。

*1 広域行政・市町村合併：https://www.soumu.go.jp/kouiki/kouiki.html
*2 行政手続き、オンライン完結は1割未満 経済の足かせに：https://www.nikkei.com/article/DGXMZO60473710X10C20A6MM8000/

新種の犯罪などに迅速に対応するためにも、IT技術を活用した捜査の高度化や効率化が求められます。近年は防犯カメラの解像度が高くなり、顔認識の技術も飛躍的に進化していますので、駅や商店街などに設置された防犯カメラの映像が決め手になって犯人の検挙につながるケースが増えています。

表1 行政手続きのオンライン完結率

	全手続き数（件数）			オンライン化率（%）	オンライン完結率（%）
		オンライン化実施済			
			オンラインで完結		
内閣官房	17	5	2	29.4	11.8
人事院	729	119	73	16.3	10.0
内閣府	933	121	45	13.0	4.8
公正取引委員会	215	7	5	3.3	2.3
国家公安委員会・警察庁	1,675	109	76	6.5	4.5
個人情報保護委員会	41	8	4	19.5	9.8
金融庁	4,158	346	168	8.3	4.0
消費者庁	283	23	10	8.1	3.5
復興庁	4	1	0	25.0	0.0
総務省	4,858	577	388	11.9	8.0
法務省	1,067	42	34	3.9	3.2
外務省	112	20	20	17.9	17.9
財務省	5,645	1,693	1,358	30.0	24.1
文部科学省	768	27	16	3.5	2.1
厚生労働省	9,240	1,812	1,043	19.6	11.3
農林水産省	4,764	91	60	1.9	1.3
経済産業省	6,666	598	519	9.0	7.8
国土交通省	10,628	669	297	6.3	2.8
環境省	3,234	118	37	3.6	1.1
防衛省	675	1	0	0.1	0.0
会計検査院	51	21	9	41.2	17.6
合計	55,765	6,408	4,164	11.5	7.5

出典：政府CIOポータル「行政手続等の棚卸結果等（2019年3月31日時点）」2020年3月31日公表データ（2020年4月10日アクセス）をもとに日本総合研究所作成
URL：https://www.jri.co.jp/MediaLibrary/file/report/researchfocus/pdf/11786.pdf

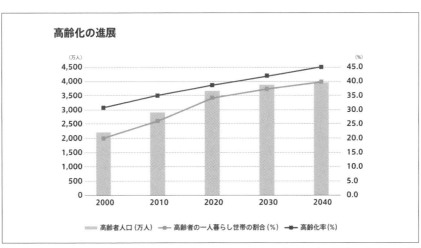

図1 高齢化進行グラフ

出典：農林水産省「2040年、道路の景色が変わる」より引用
URL：https://www.mlit.go.jp/road/vision/pdf/01.pdf

02 自動運転で行政機関の何が変わるか

行政サービスには、自動運転を活用できる分野が多くあります。自動運転で使われる技術を応用することで無人化できる業務も増え、効率化やコストダウンにつながります。

● 治安を守る無人パトカーや移動交番が実現

自動運転技術によって大きく効率化できる行政サービスとしては、警察が代表例としてあげられます。たとえば、防犯カメラを自動運転タクシーに搭載し、被疑者などに似た人物を発見したら直ちに位置情報を警察や関係機関に通報する仕組みであれば、比較的簡単に実現できそうです。車両ナンバーや車体の特徴も共有されれば、逃走車両や盗難車の早期発見にも貢献するでしょう。

海外には、無人パトカーや警備ロボットなどの導入実験が進んでいる国もあります。たとえば、ドバイ警察は2018年に開催された技術系イベントで自動運転による「動く無人交番」を発表するなど、導入に積極的な姿勢を見せています（図1）。無人交番や無人パトカーが実用化されれば、警察官の数を増やさなくても取り締まりの強化が可能になり、交通事故の未然防止にも役立つでしょう。

● 集金や連絡などの行政サービスも無人化

無人パトカーを実現させるには、自動運転の技術だけでは不十分です。顔認証技術を使って被疑者の本人確認を行う仕組みも必要になるでしょう。

市役所などの行政機関でも自動運転技術を活用できます。役場まで足を運ぶのが大変な高齢者が多い地域で行政窓口の機能を搭載した自動運転車を走行させれば高齢者の支援につながる良いサービスになるでしょう。

● 自動運転の技術を過疎化対策に活用

多くの地方自治体は、人口減少による過疎化対策に頭を悩ませています。都市部へ移転する人を抑えつつ、ほかの地域から移住してくる人を増やすことは簡単ではありません。収入が得られるよう働ける場を増やす、買い物に不自由しないよう交通手段を提供する、老後も安心して住めるよう高度な医療サービスを提供するなど、この地域に永住したいと思うような魅力的な街に変えていく必要があります。

政府は、サイバー空間（仮想空間）とフィジカル空間（現実空間）を高度に融合させたシステムにより、経済発展と社会的課題の解決を両立する人間中心の社会を「Society 5.0」[*1]と定義しています（図2）。Society 5.0の将来像を見ると、自動運転やAI、IoTなどの技術を活用して、少子高齢化や過疎化など

*1 Society 5.0：https://www8.cao.go.jp/cstp/society5_0/

社会が抱える問題の解決を目指していることがわかります。

図1 ドバイ警察が発表した「小型自動運転パトカー」

出典：GulfNews.com
URL：https://gulfnews.com/uae/dubai-police-to-deploy-robotic-patrols-1.2049873

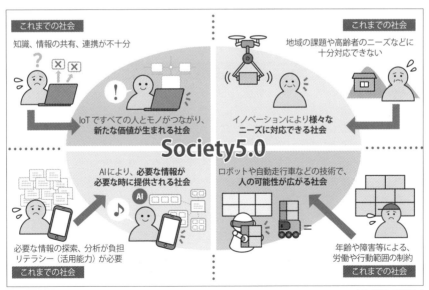

図2 Society5.0で実現する社会

出典：内閣府：HPより作成
URL：https://www8.cao.go.jp/cstp/society5_0/

03 参考事例（国内外企業の取り組み事例）

自治体の多くは、加速する高齢化、医療施設の不足、医療費の肥大化などの課題を抱えています。それらの課題を自動運転技術の応用で解決しようとする動きが盛んになってきています。

● MONET Technologies（地方で医療モビリティを運用）

MONET Technologies は 2019 年 11 月、フィリップス・ジャパンや長野県伊那市との協業で、「医療×MaaS」を実現するための医療機器などを搭載した車両「ヘルスケアモビリティ」が完成したことを発表しました。このヘルスケアモビリティは、心電図モニターや血糖値測定器、血圧測定器、パルスオキシメーターなどの医療機器を車内に搭載しています（図1）。

医師が患者宅を訪問しなくても、テレビ電話を通じて遠隔地からオンライン診療ができ、医師の指示に従って、車両に同乗した看護師が患者の検査や必要な処置を行います。患者のカルテや訪問記録などの情報を医療従事者間で共有するクラウドシステムも搭載されています。

多くの地方自治体では、地域住民のための医療体制をどう充実させるかという課題を抱えています。今回の伊那市における試みは、他の自治体でも採用される可能性があります。

● ジョルダン（MaaS やスマートシティで大阪府と協定）

経路検索大手のジョルダンは、2020 年 7 月に大阪府とスマートシティ推進に関する協定を締結しました*1。協定に基づき、大阪府内自治体との連携による府民の利便性向上を図るための検討や実証実験の実施など、大阪のスマートシティ推進に向けた MaaS 分野における啓発協力を行う予定です。

自治体が MaaS を実現するためには、交通データの標準化やオープンデータ化が鍵となります。1979 年に設立されたジョルダンは、「移動に関する No.1 ICT カンパニー」の地位確立を経営戦略に掲げており、同社の協力において大阪府の MaaS への取り組みがどれだけ進捗するか注目されます。今後、対自治体向け MaaS ビジネスのひな形になることも期待されます。

● ヤマハ発動機（道の駅と集落結ぶ自動運転サービス）

国土交通省は 2019 年 11 月、秋田県北秋田郡上小阿仁村の道の駅「かみこあに」と集落を結ぶ自動運転の商用サービスを開始*2 しました（図2）。内閣府が主導する「戦略的イノベーション創造プログラム（SIP）」における「自動運転移動サービスの実用化並びに横展開に向けた環境整備」の一環として実施されるものです。道の駅と集落を結ぶ自動運転サービスの実証実験は過去にも数カ

*1 プレスリリース：https://www.jorudan.co.jp/company/data/pdf_pr/20200722_smartcity.pdf
*2 プレスリリース：https://www.mlit.go.jp/report/press/content/001317382.pdf

所で実施されましたが、商用サービスでは初めての例となります。

　過疎化が進む地域では、住民の移動手段を提供する目的でコミュニティバスを運行する自治体も少なくありません。自動運転の活用で廉価な運賃でも商用サービスが成り立つのであれば、自治体にとっては従来のコミュニティバスに変わる手段となるでしょう。

図1 ヘルスケアモビリティ

出典：MONET Technologies 株式会社：プレスリリースより引用
URL：https://www.monet-technologies.com/news/press/2019/20191126_01

図2 集落を結ぶ自動運転の商用サービス

出典：国土交通省：『道の駅「かみこあに」で自動運転サービス本格導入へスタート』より引用
URL：https://www.mlit.go.jp/report/press/content/001317382.pdf

04 自動運転で誕生する 新しいサービス、新しい市場

行政サービスにおける窓口業務は、多くのマンパワーを要してきました。自動運転技術を応用して業務の一部を自動化・無人化することにより、業務量を大幅に減らすことができます（表1）。

● 警察や役場など行政サービスの効率化

自動運転の技術を応用することで、窓口での対応や手続きなどの業務を一部自動化できるようになるでしょう。ただし、業務を自動化するソフトウェアやシステムの利用・管理にはITスキルが求められますので、行政機関が自前で設備やソフトウェアを揃えるより、行政サービスの一部を外部企業にアウトソーシングする形の方が現実的と思われます。

警察のサービスを民間企業にアウトソーシングすることには賛否両論あるでしょうが、たとえば無人パトカーの導入直後においては、車両のリースや整備などを含めて、専門スタッフと運営体制を保有する外部企業に任せる方が、業務の効率化という目的には合致します。アウトソーシング先の企業をどう選定するかという課題はありますが、国が主体となって推進する可能性も十分に考えられます。

● MaaSによる地域経済の活性化

地方自治体の多くは、過疎化対策や高齢化支援など数多くの課題を抱えています。これらの課題の根源にあるのは、地域経済の低迷です。地域経済再生の起爆剤となると期待されているのがMaaSです。

MaaSは、大きく「都市型」、「地方型」、「観光型」の3種類に分類することができます。地方型MaaSによって、地域住民の足が確保され、消費目的の移動が活発になり、地域経済の活性化に貢献します。観光型MaaSは、観光客を地域に呼び込むことで、宿泊施設や小売店などの売上増に直結します。

地方自治体がMaaSを上手に導入することで、地域内の移動の利便性が向上して、「住みやすさ」＝「人口増」につなげていくことができるでしょう。また、地域の企業や商店にとっても、MaaSによる経済的恩恵を期待できます。

● 政府が目指す「デジタル・ガバメント」の実現

政府は、行政サービスのデジタル化を「電子政府」という呼称で進めてきましたが、それをさらに一歩進めて、政府・地方・民間すべてを通じたデータの連係、サービスの融合を目指す「デジタル・ガバメント」というコンセプトを打ち出しています（図1）。

デジタル・ガバメントの目的は、単にコストを下げることだけではなく、利

用者中心の行政サービス改革を徹底して「すぐ使えて」、「簡単で」、「便利」な行政サービスを実現することです。

　行政サービスの中には、地域内パトロールや高齢者の見守りサービス、ゴミ収集や除雪作業、地域交通の充実など、デジタル化やオンライン化ができないものも少なくありません。しかし、これらの行政サービスにおいても、これまで人が行ってきた判断や操作を自動化・効率化するという自動運転技術が大いに貢献することは間違いありません。

表1 自動運転技術で効率化できる業務の例

自動運転車を使うもの	自動運転技術を使って業務を自動化するもの
・自動運転車によるゴミ収集や除雪作業 ・無人パトカーや警備ロボット ・高齢者だけが住む家の見守り巡回 ・災害時の緊急物資輸送	・5Gを使った遠隔相談窓口 ・AIによる災害予測やハザードマップ作成 ・画像認識技術を使った道路保守作業

デジタル・ガバメント実行計画（案）具体的な取組（主なもの）

横断的施策による「行政サービス改革」の推進

【デジタルファースト】　(1) 行政サービスの100%デジタル化
- 各種手続のオンライン原則の徹底
- ✓ 手続毎に業務改革（BPR）、システム改革を実施の上、行政サービスのデジタル化を徹底する
- ✓ 押印や対面等の本人確認等手法の在り方を再整理
- ✓ 民－民手続についてもオンライン化に向けた見直しを実施

【ワンスオンリー】
- 行政手続における添付書類の撤廃
- ✓ マイナンバー制度等を活用し、既に行政が保有している情報は、添付書類の提出を一括して撤廃
- ✓ 以下の事項の検討と合わせ、添付書類を一括して撤廃するための法案を可能限り速やかに国会に提出
  - ・登記事項証明書の提出不要化
  - ・住民票の写し・戸籍謄抄本等の提出不要化

【コネクテッド・ワンストップ】
- 主要ライフイベントである以下の3分野を先行分野とし、民間サービスとの連携も含めたワンストップ化を推進
  - ・引越しワンストップサービス
  - ・介護ワンストップサービス
  - ・死亡・相続ワンストップサービス

各府省計画の策定と個別分野のサービス改革

【各府省中長期計画の策定】
- ✓ 各府省のITガバナンスを強化し、上記の各種取組を推進するため、各府省におけるデジタル改革の中長期計画を平成30年上半期を目途に策定

【オープンデータの推進】　(2) 行政保有データの100%オープン化
- オープンデータ・バイ・デザインの推進
- ✓ オープンデータを前提とした業務・システムの設計・運用の推進
- ニーズの把握と迅速な公開
- ✓ 民間事業者等との直接対話を通じた民間ニーズの把握とこれに対応したオープン化の加速
- ✓ 推奨データセットに基づくデータ公開の推進

【行政データ標準の確立】　(3) デジタル改革の基盤整備
- 行政データ連携標準の策定
- ✓ 日付・住所等のコアとなる行政データ形式について、平成29年度末までにデータ連携の標準を策定
- 語彙・コード・文字等の標準化
- ✓ 施設・設備・調達等の社会基盤となる分野について、語彙・コード等の体系を行政データ標準リスト（仮称）として整理

【法人デジタルプラットフォームの構築】
- 複数手続を一つのIDで申請できる認証システムの整備や法人インフォメーションの活用を通じ、データが官民で有効活用される基盤を構築

【政府情報システム改革の着実な推進】
- ✓ これまでの取組により、約1,118億円の運用コストの削減を見込んでいる状況。政府情報システム改革を引き続き推進し、システム数の半減、運用コストの3割削減を確実に達成

【個別分野におけるサービス改革】　「行政手続等の棚卸」等を踏まえ、以下の分野で先行的にサービス改革を推進
- ・金融機関×行政機関の情報連携（預貯金等の照会）
- ・遺失物despatchサービスの利便性向上
- ・自動車安全運転センターによる各種証明書発行サービスの利便性向上
- ・簡易開閉設手続等に係る行政サービスの更なるデジタル化
- ・住民税の特別徴収税額通知の電子化等
- ・電子調達サービスの利便性向上
- ・法人設立手続のオンライン・ワンストップ化、法人登記情報連携の推進
- ・在留資格に関する手続のオンライン化
- ・旅券発給申請方法等のデジタル技術の活用による多様化
- ・相続税申告のオンライン化
- ・社会保険・税の電子申請の利用促進
- ・公的年金関係サービスのデジタル化
- ・ハローワークサービスの充実
- ・特許関係サービスの迅速化
- ・自動車保有関係手続のワンストップサービスの充実

4

図1　「電子政府」から「デジタル・ガバメント」へ

出典：首相官邸：『デジタル・ガバメント実行計画について』より引用
URL：https://www.kantei.go.jp/jp/singi/it2/egov/dai4/siryou1-1.pdf

05 ビジネス参入の具体的アイデア（活用する側）

行政機関が自動運転技術を活用する方法としては、各地域における移動手段の提供や、公共サービスで使う車両を無人化することなどが考えられます（図1、図2）。

● パトロールや防犯のための無人パトカー

日本でも、すでに空港などのビル内で警備を担当するロボットが一部実用化されています。将来的に、街の治安を守る警察の巡回業務を効率化する無人パトカーが実用化されるでしょう。追跡機能を持った「移動型の防犯カメラ」という役割を果たす無人ビークルを巡回させることは、技術的にはそれほど難しいことではありません。

自動運転車には、光技術を使って物体との距離を計測するLiDARや、物体が何かを識別する高精度なセンサーカメラが搭載されています。この技術を応用すれば取り締まり対象の車両を見つけ、ナンバープレートもはっきりと捉えることができます。

● 高齢者の移動手段を提供する自動運転バスの運行

公共交通機関が脆弱な地方では、高齢者の交通手段として、免許返納後にはバスを使うことが多くなります。地方路線のバスの多くは赤字経営が続いており、民間のバス会社に補助金を出して支援していても、結局はバスの路線が廃止される例が増えています。主な医療機関や市役所などを巡回するコミュニティバスを独自に運用する自治体もありますが、コストの関係で本数が少なく使いづらいのが現状です。自動運転バスが実用化されれば、運転手を雇う必要がなくなって運用コストが大幅に減りますので、バスの運行頻度を増やすことができます。

国内では、ソフトバンク子会社のBOLDLYが2020年秋から、日本で初めて自治体による自動運転バスの運行を茨城県境町で開始することが発表されています。今後、自治体が地域住民、特に高齢者の移動手段として、自動運転バスを定期運行させる事例が増えていくものと思われます。

● 移動する役場の出張所が地域を巡回

自動運転技術を活用してスマートシティ化を目指しているドバイでは、動く無人交番の開発を進めています。2018年10月に技術系イベント会場で公開されたプロトタイプでは、交通違反罰金の決済機能など、多彩な機能が搭載されていることで注目を集めました。この無人交番の技術を応用すれば、近くに役場の出張所がない住民のために、移動型の出張所を自動運転で巡回させること

も可能になるでしょう。

　移動型の出張所が街を巡回するようになると、一人暮らしの高齢者の安否確認や下校時の児童見守りなど、従来はボランティアに頼ってきたことも自動化できるようになります。また、役場に出向くほどでもないけど、ちょっと教えて欲しいことがあるという住民には、近くまで巡回してくる移動出張所に行けば、AIが会話での相談を受け付けたり、必要に応じて役場の担当者とビデオ電話ができたりすると便利でしょう。

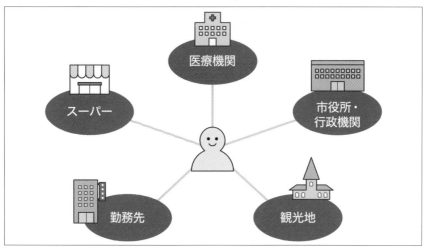

図1　地方における移動手段の提供

図2　サービスカーのイメージ

出典：MONET Technologies株式会社

06 ビジネス参入の具体的アイデア（活用される側）

自動運転技術は、地域の子どもや高齢者の見守り、遠隔医療など様々な分野での応用が期待されています。既存の技術と組み合わせることで、用途はさらに広がるでしょう。

不審者を認識したり、障害物を除去する技術

　自動運転技術を活用すれば、地域の治安を守る「見守りロボット」を実用化することもできるでしょう（図1）。見守りロボットには、子どもや高齢者、女性など見守る対象から離れずに、必要に応じてコミュニケーションを取ったり、不審者などの危険から守る機能が求められます。すでに実用化されている例としては、ZMPが開発した無人警備ロボット「PATORO（パトロ）」などがあります。

　この種のロボットは、歩道や公園などの道路ではない公有地を走行することになります。車両が高速で走行する車道とは違い、進む方向に障害物が存在する可能性も高くなります。動物など多様な障害物が考えられますので、障害物が何なのか、簡単に除去できるのか、除去せずに避けて進む道を探すのか、自動運転のAIとはやや異なるアルゴリズムが必要になります。

公共料金を受け取るための本人確認や決済機能

　行政機関や警察などへ支払う公共料金や罰金などの決済も自動化、キャッシュレス化が主流になるでしょう。ただ、ネット通販の代金決済とは異なり、公共料金の決済には特殊な事情が加わります。たとえば、所得税など国税の納付について、2017年1月からクレジットカード決済が認められるようになりましたが、国税庁長官が指定した納付受託者としてトヨタファイナンスがクレジットカード決済を独占的に扱っています。

　行政機関では、本人確認においてもマイナンバーとの照合を義務化するなど、金融機関などとは異なる認証手順が今後求められる可能性があります。逆にいえば、国や行政機関の意向に沿った本人認証やキャッシュレス決済の仕組みをいち早く開発できれば、前述のトヨタファイナンスのように、指定の納付受託者として独占的な取り扱いが認められる可能性があります。

必要な遠隔医療設備を搭載した医療用モビリティ

　自動運転の技術は、AIやロボット、画像認識など医療分野でも役立てられるものが多くあります。たとえば、日立製作所が研究開発している医療機器搬送カートは、診察時間に合わせて患者宅に自動運転で必要機器を届け、終わったら次の患者のもとへ向かいます。使用済のシーツやオムツ、医療廃棄物の回収

も担うことができます。薬や食事も配送することで、病院に近いサービスを提供できるでしょう。

　また、地方居住者が医療を受けやすくするための施策として、オンライン診療などの「遠隔治療」が注目されています（図2）。厚生労働省は2020年4月から、原則対面としてきた初診についてもオンライン診療を時限的に解禁*1しました。キオスク型の端末が自動運転で自宅まで来てくれるようになれば、担当医とビデオ電話でつなぎ、初期症状の相談などができるようになります。

自律移動機能
カメラやLiDARを活用し、自分の位置や周辺の障害物を認識しながら、環境に合わせて走行します

360度カメラ
前後左右に搭載されるカメラを活用し、全周囲の環境を認識。クラウドシステムと連携し、遠隔からの監視や操作にも対応します

ステレオカメラ
フロント部にはZMPが開発するステレオカメラRoboVisionを搭載、カメラでの深度計測、障害物の検出などが行えます

消毒液散布機能
電動散布器による消毒液散布機能を搭載、適切な場所で屋内や屋外の巡回消毒を無人で行うことができます

パトランプ（青色回転灯）
PATOROの頭部に回転等を搭載し、パトロール中の移動や異常時など周辺に状況を通知しながら運用が可能です

図1 見守りロボットの機能（無人警備ロボット「PATORO（パトロ）」）　　　出典：株式会社ZMP

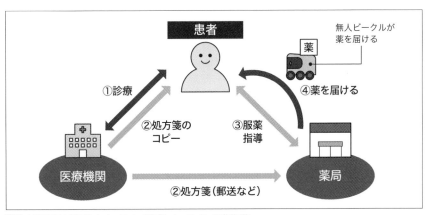

図2 自動運転を活用したオンライン診療とオンライン服薬指導

*1 オンライン診療に関するホームページ：https://www.mhlw.go.jp/stf/seisakunitsuite/bunya/kenkou_iryou/iryou/rinsyo/index_00010.html

07 新しいBtoG市場参入の ポイント（まとめ）

行政サービスでは、自動運転の技術によって効率化できる業務は膨大にあります。これまでの慣習にとらわれずに、柔軟な発想で自動運転の技術やノウハウを取り入れていけるかが鍵になります。

● 警察などの行政機関には膨大な効率化余地

自動運転技術は、将来的に警察など様々な行政機関で活用されることが予想されます。比較的早期に実用化が考えられそうなサービスとしては、移動型の防犯カメラ、特定エリア内での自動運転によるゴミ収集、路上清掃などがあげられます。不審者を認識する警備ロボットについても、事例として紹介したZMPをはじめ、警備サービスや自動運転技術を有する企業によって開発が進められています。

自動運転の活用によって「行く」から「来る」が実現すれば、役場の出張所も不要になるでしょう。無人パトカーや移動型出張所のような、住民とのコミュニケーションや本人確認、決済が伴う業務については、時間をかけて段階的に導入が進むものと予想されます。いずれにしても、地方の高齢者をはじめ多くの人が、これまでよりも行政サービスを受けやすくなることには間違いありません。

● 民間企業と自治体の連携による公共事業

中央官庁に近い機関であれば、政府主導で自動運転技術の導入が優先的に進められるかもしれません。その一方で、地方自治体については、中央からの支援を待つよりも、民間企業との連携によって進展する可能性が高いのではないでしょうか。たとえば、地方自治体が独自に発注する公共事業において、自動運転技術の活用が提案されることが大きなきっかけになるシナリオが考えられます。

2020年5月に成立した、いわゆる「スーパーシティ法案」[*1]も自治体における自動運転技術の導入を強力に後押ししそうです（**図1**）。スーパーシティとは、AIや自動運転、IoTといった第4次産業革命における最先端技術を活用して2030年頃に実現可能と想定される未来都市のことです。域内を走行する車両は自動走行のみと想定するなど、自動運転社会を前提としているのが大きな特徴です。

● 地方自治体には過疎化対策という大きなニーズ

人口減少とともに、地方では過疎化対策が喫緊の課題として迫っています。過疎化問題を解決するには、地域経済の活性化、交通手段の確保、医療サービスの提供など様々な課題をクリアする必要があります。一見すると、多種多様

*1「スーパーシティ」構想について：https://www5.cao.go.jp/keizai-shimon/kaigi/special/reform/wg6/190418/pdf/shiryou3-3.pdf

な要素が入り混じっているように見えますが、これら複数の問題を同時に解決できるポテンシャルを秘めているのが自動運転の技術です。

ここまで紹介してきた業界（小売業、物流業、不動産業、農業）を読み返してみると、いろいろなシーンで地方を舞台とした新しいサービスの可能性に気づくでしょう。自動運転サービスは、地域振興に様々な形で貢献できることがわかります。地方自治体との協力関係を築いて、地域に密着した多くの企業を巻き込み、街づくりとも表現できるようなプロジェクトに発展できれば理想的といえます（図2）。

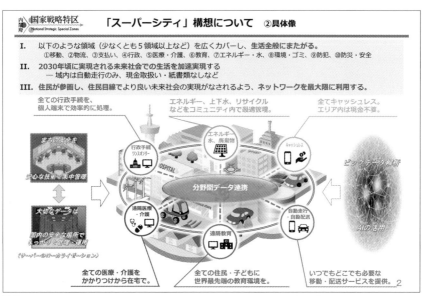

図1 スーパーシティ構想の具体像

出典：内閣府「『スーパーシティ』構想について」より引用
URL：https://www5.cao.go.jp/keizai-shimon/kaigi/special/reform/wg6/190418/pdf/shiryou3-3.pdf

1　行政サービスには効率化の余地が極めて大きい

2　ロボットの応用で業務の自動化が一気に進む

3　民間企業を巻き込んだ協業や連携が盛んに

4　政府が目指すSociety 5.0は自動運転社会が前提

5　自動運転技術が地方自治体の抱える課題解決に貢献

図2 自動運転×BtoG（行政・官公庁向けビジネス）に参入する際の視点整理

5Gを活用した車両の遠隔運転実験に成功

ソフトバンクは、グループ傘下の電気通信事業者であるWireless City Planningなどと共同で、第5世代移動通信システム（5G）を活用した「車両の遠隔運転」の実証実験を実施しました。災害時に救援や復旧の障害となる放置車両を遠隔運転で撤去することを想定したもので、北九州市と北九州産業学術推進機構も協力しました。

実証実験は、北九州学術研究都市（北九州市若松区）に5G実験基地局を設置し、遠隔運転する車両と遠隔操作センターに5G無線端末を取り付けて行われました。実験の結果は、5G回線を通じて車両を遠隔運転することに成功し、5Gの大容量・低遅延という特性の有効性を実証できたとしています。

将来的には、5Gを活用した車両遠隔運転により、災害時においては被災していない遠隔地から被災地の路上に放置されている車両を遠隔運転で撤去して迅速な道路啓開に応用されるでしょう。今後は、自動運転車を遠隔操作できる管制塔のような仕組みが導入されると思われますが、その仕組みを補完するための技術として活用されることが見込まれます。すでにレベル4以上を想定して、ハンドルやペダル類が設置されていない自動運転車のコンセプトカーが公開されています。仮に、ハンドル類がない自動運転車が路上で故障した場合、乗っている人は自動車を運転して移動させることができません。そのため、自動運転社会では、遠隔運転で車両を操作してもらえる管制センターのような仕組みがどうしても必要になります。

さらに、道路交通にかかわる自治体サービスの効率化・社会コストの低減などの効果も期待されます。自動運転車による安全性向上のインフラ整備は自治体の管轄に含まれますが、5Gを活用することで、設置する遠隔操作センターなどの設備が最小化できるのであれば、初期コストや維持費の大幅削減につながります。

大規模な災害発生時には、地域内の遠隔操作センターが停電などで機能しない事態も予想されます。国や国土交通省などが主導して、広範囲のエリアをカバーできる遠隔運転基地局を全国に設置する公共事業が進められる可能性もあるでしょう。

Chapter 14

自動運転×サービス「広告」

自動運転を活用した新しいサービスでは、移動サービス自体は無料で提供して、インターネット広告で収益化を図る形が主流になるかもしれません。広告を収益源として組み込むことで、ビジネスモデルは一気にバリエーションが広がります。

01 広告の現状と課題

2019年、インターネット広告費がテレビ広告費を初めて上回りました。インターネット広告は今後も成長する見込みですが、個人情報保護などにおいては課題も出てきています。

● テレビなど4大マスメディアは低調

電通は、日本国内の総広告費や媒体別広告費を推計した「2019年 日本の広告費」を発表しました。2019年の4大マスメディア広告費は、テレビが1兆8,612億円、新聞が4,547億円、雑誌が1,675億円、ラジオが1,260億円と、いずれも前年割れとなりました（図1）。4大マスメディアの広告費は減少傾向が続いており、広告をメインの収入源にしているこれらのメディアにとっては深刻な状況となっています。

インターネットの影響力が強まるにつれて、広告の掲載先が4大マスメディアからインターネットに徐々にシフトしています。広告料収入が減ることでTV番組などのコンテンツの制作費が削られてしまい、コンテンツの質の低下がテレビ離れや購読者減を加速させるという悪循環に陥っています。マスメディアでは、番組や紙面とアプリを連動させてインターネット広告を一部取り込む動きもあります。

● 好調を維持しているインターネット広告

インターネット広告の市場は年々拡大しています（図2）。4大マスメディアの広告費が減少する中、インターネット広告は2014年から6年連続で2桁成長を続け、2019年には2兆1,048億円（前年比19.7％増）となり、日本では初めてテレビ広告費を上回りました。

スマホの普及によりECサイトやSNSの利用が増えたことは、インターネット広告市場に大きな変革をもたらしました。主なインターネット広告としては、入力した検索ワードに応じて、検索結果を表示する検索連動型広告やディスプレイ広告、サイトやアプリの広告枠に表示するバナー広告、タイアップ広告などがあります。SNSや動画共有サイトで展開されるソーシャル広告も高い比率を占めており、ターゲティング技術の進化とともに成長しています。オンラインサービスを提供するIT企業を中心に、インターネット広告は堅調な伸びが続いています。

● 個人情報保護法はインターネット広告に逆風

2020年6月、個人情報保護法の改正案が国会で可決、成立[*1]しました。ウェブの閲覧履歴などの扱いを整理し、自分の情報の利用停止を個人が企業に求め

*1「個人情報の保護に関する法律等の一部を改正する法律」の公布について：https://www.ppc.go.jp/news/press/2020/200612/

ることができる権利を広げたことが主な改正点です。ウェブの閲覧履歴を管理するデータを第三者に提供するに際して、利用者が特定される可能性がある場合には、利用者の同意を得ることを義務付けています。

　改正個人情報保護法は2年以内に施行される見込みで、インターネット広告業界は新たなモデルへの変革を迫られそうです。これまでのインターネット広告では、複数サイトでの行動履歴を匿名情報として機械的に収集して、そのデータを使ってターゲティングが行われてきました。その情報の取得に毎回同意が必要となると、これまでの仕組みが実質的に使えなくなる可能性も出てきたためです。

媒体 広告費	広告費（億円）			前年比（％）		構成比（％）		
	2017年	2018年	2019年	2018年	2019年	2017年	2018年	2019年
総広告費	63,907	65,300	69,381	102.2	106.2	100.0	100.0	100.0
マスコミ四媒体広告費	27,938	27,026	26,094	96.7	96.6	43.7	41.4	37.6
新聞	5,147	4,784	4,547	92.9	95.0	8.1	7.3	6.6
雑誌	2,023	1,841	1,675	91.0	91.0	3.2	2.8	2.4
ラジオ	1,290	1,278	1,260	99.1	98.6	2.0	2.0	1.8
テレビメディア	19,478	19,123	18,612	98.2	97.3	30.4	29.3	26.8
地上波テレビ	18,178	17,848	17,345	98.2	97.2	28.4	27.3	25.0
衛星メディア関連	1,300	1,275	1,267	98.1	99.4	2.0	2.0	1.8
インターネット広告費	15,094	17,589	21,048	116.5	119.7	23.6	26.9	30.3
マス四媒体由来のデジタル広告費		582	715		122.9		0.9	1.0
新聞デジタル		132	146		110.6		0.2	0.2
雑誌デジタル		337	405		120.2		0.5	0.6
ラジオデジタル		8	10		125.0		0.0	0.0
テレビメディアデジタル		105	154		146.7		0.2	0.2
テレビメディア関連動画広告		101	150		148.5		0.2	0.2
物販系ECプラットフォーム広告費			1,064					1.5
プロモーションメディア広告費	20,875	20,685	22,239	99.1	107.5	32.7	31.7	32.1
屋外	3,208	3,199	3,219	99.7	100.6	5.0	4.9	4.6
交通	2,002	2,025	2,062	101.1	101.8	3.1	3.1	3.0
折込	4,170	3,911	3,559	93.8	91.0	6.5	6.0	5.1
DM（ダイレクト・メール）	3,701	3,678	3,642	99.4	99.0	5.8	5.6	5.3
フリーペーパー・電話帳	2,430	2,287	2,110	94.1	92.3	3.9	3.5	3.1
POP	1,975	2,000	1,970	101.3	98.5	3.1	3.1	2.8
イベント・展示・映像ほか	3,389	3,585	5,677	105.8	158.4	5.3	5.5	8.2

（注）2019年の総広告費は、「日本の広告費」における「物販系ECプラットフォーム広告費」（1,064億円）と「イベント」（1,803億円）を追加推定した。前年同様の推定方法では、6兆6,514億円（前年比101.9%）となる。
（注）インターネット広告費の詳細は、P.5を参照ください。

図1 媒体別広告費（2017年～2019年）

出典：株式会社電通：『2019年 日本の広告費』より作成
URL：https://www.dentsu.co.jp/news/release/pdf-cms/2020014-0311.pdf

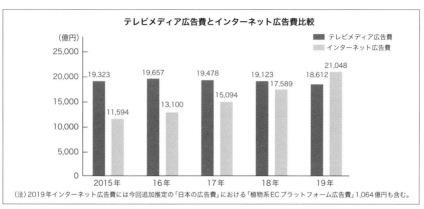

図2 「テレビメディア広告費」と「インターネット広告費」

（注）2019年インターネット広告費には今回追加推定の「日本の広告費」における「植物系ECプラットフォーム広告費」1,064億円も含む。

出典：株式会社電通：『2019年 日本の広告費』より作成
URL：https://www.dentsu.co.jp/news/release/2020/0311-010027.html

自動運転で広告の何が変わるか

完全自動運転車が実用化されると、車の窓や空間に様々な広告やコンテンツを表示できるようになり、自動車そのものがこれまで存在しなかった新しいメディアになると注目されています。

自動車という巨大な広告メディアが誕生

　完全自動運転車が実用化されると、人は運転から完全に解放されます。これまで運転していた人は、目的地までの移動時間は車内というプライベート空間で好きなことをして過ごせる可処分時間となり、車に乗っているすべての人に向けて、様々なコンテンツやサービスが提供できるようになります（図1）。もちろん、コンテンツに付随して広告も配信できるようになります。

　広告に関していえば、完全自動運転車と無人ビークルを分けて考える必要があります（図2）。完全自動運転車は、主に車に乗っている人を対象にした広告メディアとなります。無人ビークルは、動くデジタルサイネージ広告として大きな可能性を秘めています。広告の内容に興味を持ちそうな人が多い場所に自ら移動することもできます。

360度のスクリーンに自由に映像表現できる

　完全自動運転車では、車のすべてのウィンドウをディスプレイ化し、映像を表示することも可能になります。360度スクリーンに囲まれたプライベート空間において、これまでのテレビ広告やインターネット広告では実現できなかった、新しい映像表現も可能になります。おそらく、VR（仮想現実）やAR（拡張現実）を駆使した、幻想的な表現が登場するでしょう。

　完全自動運転車の実現を見越して、いくつかの自動車部品メーカーがフロントウィンドウやサイドウィンドウなどをディスプレイとして使用できる車載インフォテインメントシステムの試作品を発表しています。自動運転タクシーやライドシェアで使用される車両に車外向けディスプレイを設置すれば、街ゆく人に向けて店舗情報、エンタメ情報、広告などを表示することが考えられます。

膨大な移動データを使ったターゲティング

　完全自動運転車が車に乗っている人向けの広告メディアとして魅力的なもうひとつの理由は、目的地などのデータを広告のターゲティングとして活用できることです。単に目的地がわかるだけでも、目的地周辺に関する情報を先回りで配信できますが、過去の移動データを組み合わせて分析することで、移動の目的や車に乗っている人の好みや趣味なども類推することができるようになるでしょう。

　将来的には、自動運転車以外の交通機関を使った移動履歴をMaaSデータとして一元管理できるような仕組みができ、本人の同意があれば、それらのデータをターゲティングに活用できるようになると見込まれます。移動履歴は貴重なパーソナルデータなので取り扱いには注意が必要ですが、利用者にとっては、情報の共有に同意すれば、より役に立つ情報をタイムリーに入手できるというメリットがあります。

図1 完全自動運転車の内装例

出典：HYUNDAI MOBIS
URL：https://www.businesswire.com/news/home/20181218005314/en/Get-a-Feel-for-Future-Mobility-with-Hyundai-MOBIS-at-CES%C2%AE-2019

完全自動運転車

・車に乗っている人向け

・車内のディスプレイに表示

・VRやARを駆使した
　インタラクティブな広告

無人ビークル

・動くデジタルサイネージ

・見込み客が多い場所に
　自動運転で移動

・近くの人とのコミュニケーション

図2 広告メディアとしての完全自動運転車と無人ビークル

03 参考事例（国内外企業の取り組み事例）

自動運転車やほかの交通機関の移動データを収集して、広告のターゲティングに活用する仕組みが開発されつつあります。

● ダイハツ（ローカルMaaSでデータ収集）

ダイハツ工業は2019年12月、「まちなか自動移動サービス事業構想コンソーシアム」におけるローカルMaaSの実証実験に参画すると発表[1]しました。ダイハツ工業は、車内広告や地域交流などに活用できる車載ディスプレイを設置した軽自動車を提供し、車載端末や車載カメラから収集したビッグデータを分析して、データの有効活用の仕組みも検討するとのことです。

まちなか自動移動サービス事業構想コンソーシアムは、自動運転技術を活用して高齢者の移動を支援することを目的に設立されました。官学民が連携し、必要な車両やシステムの仕様、事業化の可能性などの検証を行っています。

● J MaaS（電通より出資を受けデータ活用ビジネス）

経路検索大手ジョルダンの子会社であるJ MaaSは2019年12月、電通と資本業務提携を行うと発表[2]しました。電通が有しているマーケティングや企画に関する知見を活用し、オンラインチケットの販売拡大や人の移動に関するデータ活用ビジネスの展開を目指します（図1）。

ジョルダンが展開するスマホアプリ「乗換案内」の累計ダウンロード数は3,500万を超えており、すでに多くのファンを得ています。「乗換案内」においてMaaSサービス展開するとともに、J MaaSは、そのMaaSサービスを『MaaSサプライヤー』という立場でほかのアプリに対して、機能提供を行っていくことを計画しています。

● 小田急電鉄（旅行客のMaaSデータを連携）

小田急電鉄は2019年10月、同社が開発するオープンな共通データ基盤「MaaS Japan」について、フィンランドのMaaS Global、及びシンガポールのmobilityXとデータ連携を行うと発表[3]しました（図2）。今後、MaaS GlobalとmobilityXが展開しているアプリが「MaaS Japan」と接続され、日本でもサービスが提供されるようになる見込みです。

訪日観光客が使い慣れたMaaSアプリを日本国内でも利用できるようになれば、訪日時に、よりスムーズな移動が促されるでしょう。小田急電鉄は、NTTドコモが展開する「AI運行バス」や未来シェアのオンデマンド・リアルタイム配車システム「SAVS（Smart Access Vehicle Service）」などもMaaS Japanと接続する計画を明らかにしています。

*1 まちなか自動移動サービス事業構想コンソーシアムへの参画について：https://www.daihatsu.com/jp/news/2018/20181214-1.html
*2 プレスリリース：https://www.jorudan.co.jp/company/data/press/2019/20191223_dentsu_teikei.html
*3 共通データ基盤「MaaS Japan」と海外MaaSアプリが連携：https://www.odakyu.jp/news/o5oaa1000001n6ec-att/o5oaa1000001n6ej.pdf

● ONE COMPATH（地方自治体のMaaS実現を支援）

　ナイトレイとONE COMPATHは2019年10月、MaaSやスマートシティの実現を目指す民間企業や地方自治体を支援することで業務提携[*4]をしました。

　ナイトレイは、位置情報の解析技術によって人々の移動や滞在などのデータを集約・解析し、地方自治体や民間事業者向けに観光支援を行っています。ONE COMPATHは、2019年4月から「エリアデータマートTORIMAKU」のサービス提供を開始しています。このサービスは、天候や消費支出などのデータを分析し、地域の事業者や広告事業者対象に最適なアプローチを指南するものです。両社はビッグデータ解析やデータ分析の技術を組み合わせながら、スマートシティ関連やMaaSプロジェクトを積極的に支援していく方針です。

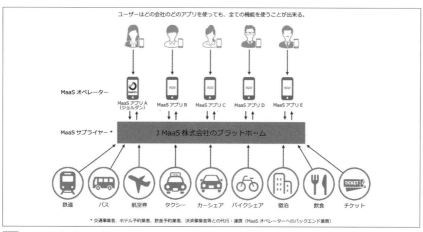

図1 J MaaSが目指す役割

出典：J MaaS 株式会社：公式サイトより引用
URL：https://j-maas.co.jp/

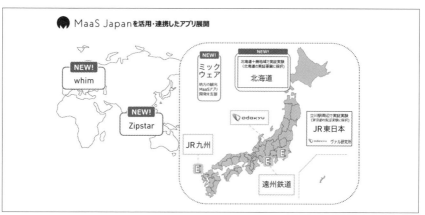

図2 MaaS Japan　　出典：小田急電鉄株式会社：『共通データ基盤「MaaS Japan」と海外 MaaS アプリが連携』（2019年10月30日発表）より引用
URL：https://www.odakyu.jp/news/o5oaa1000001n6ec-att/o5oaa1000001n6ej.pdf

＊4 ONE COMPATHとナイトレイが業務提携：https://onecompath.com/news/release/4458/

04 自動運転で誕生する 新しいサービス、新しい市場

完全自動運転車で配信される広告は、今まで存在しなかった新しいタイプの広告になります。制作から活用の方法まで、すべてが新たなビジネスチャンスになります。

自動運転車向け広告配信プラットフォーム

すでに、タクシーの後部座席に設置されたディスプレイに広告を配信するサービスは展開されています。タクシー配車サービス大手5社のうち、Uberを除く4社がタブレット端末を使った広告事業に参入しています。

ネット広告大手のサイバー・コミュニケーションズでは、タクシー後部座席ディスプレイなどの「交通」デジタルサイネージ広告の市場規模は、2023年には2019年見込みの約1.5倍となる約757億円まで拡大すると予測しています。

自動運転車では、従来の後部座席ディスプレイ向け広告に加えて、ウィンドウや車内空間に表示する新しいタイプの広告が登場すると見込まれますので、自動運転車向けの広告配信プラットフォームの開発及び提供が大きな市場に成長するでしょう（図1）。

完全自動運転車に適した広告の企画・制作

完全自動運転車では、人は運転をする必要がなくなり、ウィンドウから外の様子を確認する必要はありませんので、すべてのウィンドウをディスプレイとして利用できるようになります。すべてのウィンドウがディスプレイ化されれば、360度スクリーンの特徴を活かし、VRやARの技術を取り入れた立体的な映像表現が展開されるようにもなるでしょう。

また、自動運転車には人工知能など高性能のソフトウェアが搭載されますので、一方的に情報を表示するだけでなく、会話やジェスチャーを認識して、インタラクティブ（双方向）な対応ができる広告が主流になると思われます。

MaaSデータの広告ターゲティング活用（図2）

完全自動運転車では移動時間がすべて可処分時間になるとはいえ、その人が関心のない情報ばかりが表示されるのでは意味がありません。過去データに基づいてパーソナライズされた、自分専用の役立つ情報チャネルだと感じてもらえるようになることが広告の成約率を高める鍵になります。

自動運転車はもちろん、自動運転タクシーやほかの公共交通機関の利用履歴は、アプリを通じてクラウド上で保存・管理され、本人の同意があれば共有される仕組みが整備されるでしょう。また、本人の同意を得るためには、MaaS

データの活用によって、どれだけ本人に役立つ情報が提供できるようになるか
を知ってもらう必要があります。

図1 完全自動運転車向けに配信される広告のイメージ

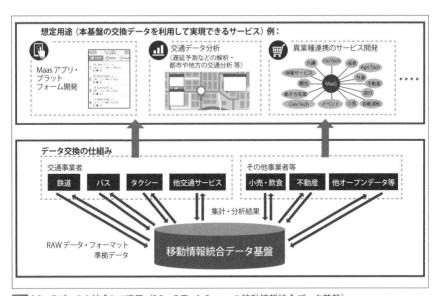

図2 MaaSデータを統合して活用（MaaS Tech Japanの移動情報統合データ基盤）

出典：新エネルギー・産業技術総合開発機構：『MaaSでシームレスなデータ共有を実現する移動情報統合データ基盤の開発を開始（2019年12月発表）』より作成
URL：https://www.nedo.go.jp/news/press/AA5_101244.html

05 ビジネス参入の具体的アイデア（活用する側）

商品を販売する成果報酬型広告でマネタイズできるなら、有料で移動手段を提供する自動運転タクシーなどのビジネスモデルの幅が広がります。広告を制作したり仲介したりするビジネスも盛んになるでしょう。

● 自動運転タクシー利用者向けの広告配信システム

　自動運転タクシーが実用化すれば、移動のためのコストは1/10になるという予測が出ています。わかりやすくたとえるなら、東京都内の初乗り運賃（約1kmまで）410円が、およそ40円に下がるということです。その程度のコストであれば広告料収入で十分ペイできるのでは、と考えるサービス事業者も出てくるでしょう。

　タクシー配車アプリ「MOV（モブ）」を手掛けるディー・エヌ・エーは、2018年12月、プロモーション活動の一環として「0円タクシー」[*1]サービスを実施しました。車体ラッピングや車内のタブレットに流す広告料収入によって、乗車料金を無料にするという試みです。近い将来、自動運転タクシーが実用化された際に、どのくらいの利益が見込めるかを実験するのが狙いと思われます。

● 自動運転車内広告の活用に特化した広告代理店

　すでに紹介したように、スイスの金融大手UBSグループは、完全自動運転車向けの広告・サービス市場はアメリカ国内だけでも2030年に4,720億ドル（約49兆6,000億円）規模に達するというレポートを出しています。当然ながら、広告会社も車内広告の可能性は認識しており、たとえば、国内最大手の広告代理店・電通は、自動運転社会の到来に備えて広告配信手法などの研究を始めています。

　アメリカでは、インターネット広告で大きなシェアを持つGoogleが主導権を握る可能性が高いですが、完全自動運転車向けの広告は従来のインターネット広告とは効果測定の方法などで異なる点も多く、完全自動運転車向けの広告に特化した広告代理店が数多く誕生することも予想されます。新しい市場ですので、新規参入する企業にも十分にチャンスがあるといえます。

● 広告表示デジタルサイネージの無料提供

　カーシェアリングや自動運転タクシーの利用が普及すると、自動車は多くの人に広告を表示できる有力なメディアとなります（表1、図1）。そのメディアにおける広告表示スペースを確保しようとするビジネスも始動しつつあります。たとえば、広告を配信することを条件に、ディスプレイとデジタルサイネージ管理端末を実質負担額0円で提供する企業も登場しています。追加投資

*1 次世代タクシー配車アプリ「MOV」新たな移動体験を実現する取り組み「PROJECT MOV」始動：https://dena.com/jp/press/004417

なしでディスプレイを増設できるので、カーシェアリングなどの配車ビジネス
を展開する企業にとっては魅力的なオファーといえるでしょう。

　車体の屋根に広告表示のデジタルサイネージを設置したり、ラッピング広告
を塗装したりすることで、車体のリースやレンタル料を一部無料にするような
サービスが登場することも考えられます。

表1 主なタクシーの広告の形態

広告形態	説明
車内タブレット（デジタルサイネージ）	車内に設置されたタブレットなど、デジタルサイネージを活用したデジタル広告
車内ステッカー	車内にステッカーを貼る形式のシンプルな広告
アドケース	助手席や運転席後部に設置されたラックにリーフレットなどを入れ、興味を持った乗客が手に取って持ち帰ることができる車内広告
ウィンドウ広告	サイドウィンドウやリアウィンドウに掲示する車体広告
ボディステッカー（ラッピング）	タクシーのボディを利用した広告。遠目でも目立つため訴求力は高いのが特徴
行灯（あんどん）	車両の屋根部分に立体的に取り付ける広告。ボディステッカーと一体的に設置される場合が多い
レシート	精算の際に手渡されるレシートの裏などに印刷する広告
サンプリング	小物や各種ノベルティなど、ドライバーから乗客へ直接サンプル商材を手渡す広告

- エンタメコンテンツなどに挿入される動画広告
- 属性や移動データに基づいたターゲティング広告
- 閲覧履歴や購買履歴などに基づいたレコメンド広告

図1 自動車向け広告の種類

06 ビジネス参入の具体的アイデア（活用される側）

複数の交通機関の利用履歴をまとめるMaaSアプリや、広告にどう反応したかを計測する技術など、広告周辺で様々な技術開発が進められています。

自動運転車向けの新しい広告開発

自動運転が実用化されてカーシェアリングや自動運転タクシーの利用が盛んになると、広告メディアとしての自動車の価値がさらに上がることは間違いありません。既存の広告技術や手法を応用して、自動運転社会の到来を見越した新しい広告を模索する動きも出てきています。

セイコーエプソンは、曲面へのインクジェット印刷を可能にした立体物表面印刷機を発表しました。自動車や電車に広告を表示するラッピング広告では、一般的にフィルムを貼る手法が採用されていましたが、このような印刷機を使うと車体に直接プリントできるようになるかもしれません。

エフエム東京（TOKYO FM）とパイオニアは、TOKYO FMが提供するラジオアプリのログデータから運転手のドライブ行動を解析して、そのトライブ行動の特性に合った音声広告をアプリに配信するサービスを開発しています。

異なるMaaSアプリのデータを結合して分析

日本国内でも、数多くのMaaSアプリがリリースされています。一例をあげると、小田急電鉄による「EMot」、JR西日本による観光型MaaSアプリ「setowa」、トヨタによる「my route」、高速バス大手のWILLERによる「WILLERSアプリ」などがあります。移動時の利便性向上にとどまらず、高齢者の移動手段の確保、医療や教育、行政サービスとの連携も期待されています。

今後、完全自動運転車が実用化されると、このようなMaaSアプリとのデータ連携が視野に入ってきます。完全自動運転車が生み出すデータの形式を統一して、異なるMaaSアプリのデータと簡単に結合できるようになれば、利便性はさらに向上するでしょう。そのためには、シームレスに事業者間のデータ連携ができるフォーマットやデータプラットフォームの開発が必要になります（図1）。

自動運転で生まれる新しいサイネージ広告

無人ビークルは、動く広告メディア、具体的には動くデジタルサイネージとしても大きな可能性を秘めています（図2）。

駅の構内など、人通りの多い場所に設置されているデジタルサイネージは進化を続けていて、たとえば、顔認識技術で前を通る人の性別や年齢層を識別して、それに合わせたメッセージや情報を掲載できるようなものも登場してい

ます。

　無人ビークルであれば、周囲の状況をセンサーカメラで識別して、広告により興味を持ってくれそうな人が集まっている場所を選んで移動することができます。自動運転の実用化によって、広告も「見てもらう」から、「見せに行く」にシフトしていくことになるでしょう。また、画像認証技術やAIを活用することで、広告がどういう人にどれだけ見られたかという視聴データが取得できるようになると期待されています。

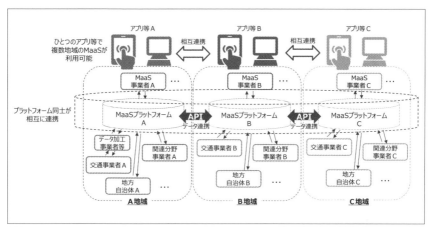

図1 MaaSアプリのデータ連携イメージ　　出典：国土交通省：『MaaS関連データの連携に関するガイドラインver.1.0（素案）概要』より引用
https://www.mlit.go.jp/sogoseisaku/transport/content/001325155.pdf

図2 自動運転で生まれる新しいサイネージ広告　　出典：FireFly公式ブログ

07 新しい広告市場参入のポイント（まとめ）

完全自動運転車に配信される広告は、巨大な市場になることがほぼ確実です。新しい広告手法になりますので、制作、配信システム、効果測定など付随するサービス市場も大きく膨らみます。

● 自動車は接触時間の最も長いデバイスになる

　製品評価技術基盤機構が実施した調査結果[*1]によれば、日本人が自動車を運転している時間は1日平均約80分です。これは現在、ただ自動車を運転しているという時間にすぎません。自動運転社会になると、自動運転タクシーやカーシェアリングの利用コストは大幅に下がりますので、これまで公共の交通機関を使っていた長距離の移動はもちろん、買い物などちょっとした移動にも自動運転車を利用するようになるでしょう。

　そうなると、いずれは自動車が接触時間の長いデバイスのひとつになる可能性が高いとみられています。高性能のデジタルデバイスである自動車が、スマホのようにあらゆる情報を入手するためのツールとして利用されると思われます。自動運転車に配信される広告も、利用者にとっては有益な情報源のひとつとして活用されるようになることが期待できます。

● 急増する運転手の可処分時間を獲得するには

　自動運転車を利用する人に向けては、目的地周辺での買い物情報や、映画やミュージックなどのエンタメコンテンツが盛んに配信されるようになることは間違いありません。目的地に到着するまでの可処分時間を、様々なコンテンツやサービスが奪い合う形になります。従来の動画広告をそのまま配信しても、広告は非表示にされて、ほかのコンテンツを楽しむ時間に使われてしまうことは容易に想像ができます。

　車内での移動時間中に広告を積極的に視聴してもらうためには、360度スクリーンに囲まれた環境を活かしたエンタメ性の高い表現方法に加え、過去の移動履歴などのデータに基づいて広告の内容をパーソナライズすることが鍵になります。見る人にとって、自分のために配信された役立つ情報だと認識してもらうことが、広告の視聴完了率を高め、広告料収入を最大化することにつながります。

● 広告を通じて商品やコンテンツの販売が容易に（図1）

　自動運転車の車内に配信される広告の中には、商品の販売につながれば広告料が課金される成果報酬型広告（アフィリエイト）といったタイプも一定数含まれるようになる可能性があります。自動運転車には、注文だけでなく、その

*1 4.1. 自動車の運転時間：https://www.nite.go.jp/chem/risk/exp_4_1.pdf

場でキャッシュレス決済できる機能が搭載される見込みです。自動車というデバイスが特定できるため、どの広告にどんな反応があったか、どの広告を見た人が注文・決済に至ったかという効果測定も簡単にできます。

　自動運転サービスでは、利用者に商品を販売することでマネタイズを狙うビジネスモデルも増えるでしょう。商品販売の成約率を高める広告の制作や運用ノウハウは、自動運転サービスを展開するあらゆる企業に求められるようになると思われます（図2）。

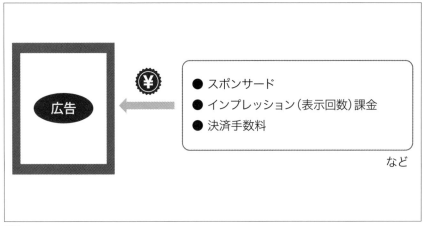

●　スポンサード
●　インプレッション（表示回数）課金
●　決済手数料

など

図1 広告を使ったマネタイズ手法整理

1	完全自動運転車向け広告は新しく誕生する巨大な市場
2	広告制作や効果測定など付随するサービス市場にも注目
3	動くデジタルサイネージとしても大きな可能性
4	車内の消費活動に連動した課金により高い収益が可能
5	車内の可処分時間を勝ち取るための工夫が必要

図2 自動運転×広告に参入する際の視点整理

COLUMN

トヨタが仕掛けるMaaSアプリ「my route」

　MaaSアプリとは、公共交通機関のほか自動車など様々な移動手段を組み合わせて移動ルートを検索し、必要に応じて予約・決済まで可能なスマホ向けサービスのことを指します。海外では、MaaSの発祥地とされるフィンランドで人気のアプリ「Whim（ウィム）」などが有名ですが、日本でも様々なMaaSアプリがリリースされています。

　2020年7月に発表された「MaaS & Innovative Business Model Award（MaaSアワード2020）」のアプリ部門では、トヨタとトヨタファイナンシャルサービスが提供する「my route」が選ばれました（MaaSアワードについてはP.084参照）。

　my routeは、トヨタと西日本鉄道（西鉄）が交通機関や商業施設などサービサー8社と共同で、2018年11月から福岡市で実証実験を開始したマルチモーダルモビリティサービスです。移動の際に、目的地までの最適なルートを公共交通機関やタクシーなど様々な移動手段を組み合わせて検索でき、一部サービスの予約・決済のほか、店舗やイベント情報の検索もできる機能が搭載されています。

　実証実験期間の1年間で約3万件のアプリがダウンロードされ、利用後のアンケートでも約8割のユーザーが「満足」回答するなどの成果が得られたことから、2019年12月からはJR西日本などの新規参画企業を加えて、エリアを北九州市にも拡大しました。さらに、2020年以降、サービスエリアを順次全国に拡大していく予定です。

　my routeの最大の特徴は、自動車メーカーであるトヨタが直接、サービスの構築にかかわっている点です。MaaSアプリといえば、複数の交通機関を便利に乗り換えられる機能が注目されがちですが、my routeは目的地に効率よく到着できるだけではなく、目的地に到着した時に何をするかという移動の目的にも焦点を当てて、店舗やイベント情報などコンテンツ提供にも重きを置いていることで、利用者にとって利便性が高いアプリに仕上がっています。

　トヨタは、my routeのほかにもMaaSへの取り組みを積極的に推進しています。2018年9月には、ソフトバンクと合弁でMONET Technologies（モネ テクノロジーズ）を設立して、2019年3月にはモビリティイノベーションの実現に向けた企業間の連携を推進する「MONETコンソーシアム」を設立しています。

Chapter 15

自動運転×サービス
「金融・決済」

自動運転社会になると、「所有から利用へ」にシフトすることは間違いありません。移動中の車内での消費活動も活発になるでしょう。毎月の利用料や車内での購入など、自動車に関連する決済サービスが大きな市場に成長します。

01 金融・決済の現状と課題

日本は、現金決済比率の高い国として知られていますが、政府がキャッシュレス決済を推進していることもあり、徐々にスマホ決済の利用も増えてきています。

● 低金利で金融機関は決済サービスやローンに注力

日本では、2016年に導入されたマイナス金利政策が長期化しています。マイナス金利政策とは、民間の金融機関が日銀に資金を預ける際の金利をマイナスに設定することを指します。景気を下支えするためにさらなる金融緩和を求める声もありますが、銀行の立場からすると、利ざやを稼ぐのが一層難しくなるため、収益率が下がり経営状況が悪化します。

銀行などの金融機関は、低金利による収益減少を補填するために、口座維持手数料の導入を検討しているほか、経営合理化、収益源の多様化などの改革も急がれています。最近では、個人客から定期預金を集めることよりも、住宅ローンやカードローンなど個人向けの融資に力を注いでいます。また、手数料収入が見込める電子マネーなどの決済サービスを独自に開発する動きも出ています。

● 欧米と比較して現金決済の比率が高い日本

日本は現金信仰が強く、キャッシュレス決済比率が低いことで知られます。ニッセイ基礎研究所が公表した資料[*1]によると、2019年における日本のキャッシュレス決済比率は26.8%にとどまっています（図1）。ただし、ネット通販の普及によってクレジットカード決済が増えていることもあって、過去3年間の推移をみると、2017年が21.4%、2018年が24.2%とキャッシュレス決済比率は増加傾向にあります。

キャッシュレス推進協議会が公開している「キャッシュレス・ロードマップ2020」[*2]に、2017年における主要国のキャッシュレス決済比率の比較が掲載されています。それによると、日本が21.4%なのに対して、韓国97.7%、中国70.2%、イギリス56.1%、アメリカ45.5%となっていて、主要国と比較して日本が低い水準にあることがわかります（図2）。

● スマホ決済はキャッシュレス化の起爆剤になるか

そのような状況の中、日本政府はキャッシュレス化を国策として推進しています。2019年10月からは、キャッシュレス決済を普及させる施策として、キャッシュレス決済をするとポイントを還元するキャンペーンを開始しました。国内のキャッシュレス決済の内訳では、クレジットカードが多く使われていま

*1 ポイント還元策の導入効果と今後のポイント：https://www.nli-research.co.jp/report/detail/id=64090&pno=2?site=nli
*2 キャッシュレス・ロードマップ2020：https://www.paymentsjapan.or.jp/wordpress/wp-content/uploads/2020/06/roadmap2020.pdf

すが、QRコードを使ったスマホ決済が大きく成長することが期待されます。

　コンビニなど多店舗を展開する企業の中には、独自のスマホ決済サービスを展開する事例も出てきています。それに対抗する形で、銀行など金融機関は口座から利用代金を即時引き落としができるメリットを打ち出し、銀行Pay*³、Bank Pay*⁴、ゆうちょPay*⁵などの決済サービスを開始しており、キャッシュレス決済における覇権争いが激しさを増しています。

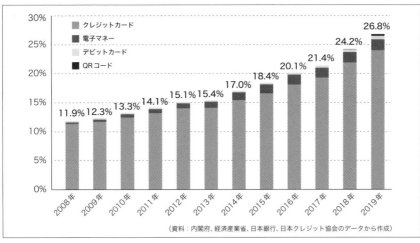

（資料：内閣府、経済産業省、日本銀行、日本クレジット協会のデータから作成）

図1 日本のキャッシュレス決済比率の推移　出典：株式会社ニッセイ基礎研究所『ポイント還元策の導入効果と今後のポイント』を一部改訂し作成
URL：https://www.nli-research.co.jp/report/detail/id=64090&pno=2?site=nli

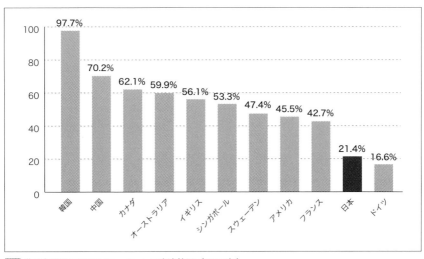

図2 世界主要国におけるキャッシュレス決済状況（2017年）

出典：一般社団法人キャッシュレス推進協議会『キャッシュレス・ロードマップ2020』より作成
URL：https://www.paymentsjapan.or.jp/wordpress/wp-content/uploads/2020/06/roadmap2020.pdf

*3 銀行Pay：https://www.gmo-pg.com/service/ginkopay/
*4 Bank Pay：http://www.jeppo.gr.jp/bankpay/
*5 ゆうちょPay：https://www.jp-bank.japanpost.jp/kojin/sokin/yuchopay/kj_sk_yp_index.html

02 自動運転で金融・決済の何が変わるか

自動運転社会では、金融や決済が大きく変わると予想されます。自動車自体に決済機能が備わり、様々なサービス料金がキャリア決済のように毎月課金されるようになるでしょう。

● 自動車は個人保有からシェアリングが主流に

自動運転社会になると、自分専用の自動車を所有する必要性を感じなくなる人が増えます。自動運転タクシーやシェアリングサービスを利用すれば、乗りたい時に自動車を呼んで好きな場所まで行くことが可能になり、自分の車のように利用することができるからです。利用した距離や時間分だけ、あるいは月額固定のサービス料金を支払うことで、自家用車を保有する場合よりも、大幅に支出を削減できるようになるでしょう。

多くの人が移動関連のサービスを利用するようになると、シェアリング利用料、自動運転タクシー利用料、車内で購入したエンタメコンテンツや商品の代金などを毎月まとめて支払う形に変わっていくことが予想されます。自動車関係で多種多様な支払いが発生することも、スマホのように自動車が「デバイス」として利用されるようになる大きな要因です。

● 車中での商品やコンテンツ購入に伴う決済需要が増大

人が運転から完全に解放される完全自動運転車では、目的地に到着するまでの時間は好きなことをして過ごせます。その自由時間の中で、映画やゲームなどの有料コンテンツに加えて、商品を購入するという消費活動が活発に行われるようになります。到着先ですぐに使いたいものがあれば、車内で注文して、目的地に着いた頃に無人ビークルが届けてくれることも可能になるかもしれません。

消費活動が行われるということは、その代金を決済するというニーズも生まれます。よって、必然的に自動車に決済機能が搭載されて、従来のスマホのような役割を担うようになると考えられます。たとえば、トヨタは自動運転社会の到来を見越して、車内の決済プラットフォームとしても利用できるTOYOTA Wallet*1 を2019年11月から提供しています（図1）。

● キャリア決済は自動車の月額課金に取って代わる

スマホの通信キャリアは、毎月のスマホ利用料金と一緒に公共料金やネット通販の利用代金を口座から引き落とすサービスを提供しています。これを一般的に「キャリア決済」と表現します（図2）。キャリア決済で毎月請求される料金を滞納すると、ライフラインとして情報が集約されているスマホが止められてしまうので、キャリア決済の返済優位性は高い、つまり滞納する人は少ない

　*1 TOYOTA Wallet：https://toyota-wallet.com/

といわれています。

　キャリア決済の普及によって、通信キャリアは影響力の大きな決済代行業者となり、その決済手数料が大きな収益源に育っています。自動運転サービスが普及すると、今のキャリア決済と同様に、自動運転サービスの月額課金の返済優先度が上がることは間違いありません。自動運転サービス関連の決済サービスを提供する企業が、キャリア決済以上に影響力を持つ決済代行業者になる可能性があります。

図1 TOYOTA Walletが対応する決済方法　　出典：トヨタファイナンシャルサービス株式会社：TOYOTA Wallet公式サイトより引用 URL：https://toyota-wallet.com/

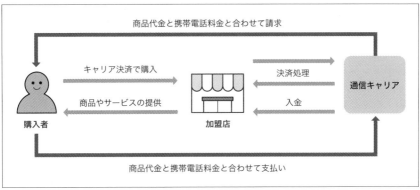

図2 携帯電話料金のキャリア決済の流れ

235

03 参考事例（国内外企業の取り組み事例）

自動車関連の決済サービスについては、すでに覇権争いが始まっています。自動運転社会の到来を見越して、様々なサービスが登場しています。

● トヨタ（「TOYOTA Wallet」を発表）

トヨタは、決済アプリ「TOYOTA Wallet」の提供を2019年11月から開始しました。事前チャージ型（プリペイド）、後払い型（クレジット）、即時引き落とし型（デビット）の決済手段がひとつのWalletの中に収められており、用途に応じて選ぶことができます。いろいろな決済サービスを使用できるため、使用できるお店も多く日本中で使えます。

TOYOTA Walletの強みは、パートナー企業の協力のもと3種の決済機能を持ち合わせることで、コンビニや飲食店など提携・加盟店の裾野を大きく広げやすい点があげられます。

● 国土交通省（MaaS実現に向けキャッシュレス決済導入を支援）

国土交通省は2020年7月、多様な移動手段を一元化するMaaSの普及に向けた基盤整備の一環として、9地域の9事業者に対してキャッシュレス決済の導入を支援すると発表しました（図1）。今回選定された9事業者は、大阪市の近鉄バス、豊中市の大阪空港交通など、各地域に密着した交通機関の事業者です。今後、QRコードや交通系ICカード、コンタクトレス決済などのキャッシュレス決済に対応した設備やシステムの導入を支援していきます。

MaaSの実現にはキャッシュレス決済の導入は欠かせません。今後は決済サービスを提供する事業者の協力によって、地方の交通機関においてもシームレスに決済が行えるようなシステムが整備されていくと思われます。

● Cerence（車内で音声決済が可能なサービスを発表）

音声認識を手掛けるアメリカのCerenceは、2020年8月に車内で音声決済が安全に行える決済サービス「Cerence Pay」を発表しました。車内にいながら音声アシスタンスを使ってコンタクトレス決済を行うニーズの高まりに対応して開発しました。具体的な利用シーンとしては、ガソリンスタンドにおける給油、食事などのドライブスルー、駐車料金、有料道路の通行料金などを例にあげています。

自動運転車が実用化されると、さらに利用シーンが広がることが予想され、今後の展開が注目されます。すでにクレジットカード大手のVisaが中欧地域におけるパートナーとして参画を表明しており、将来的に日本でも展開される可能性があります。

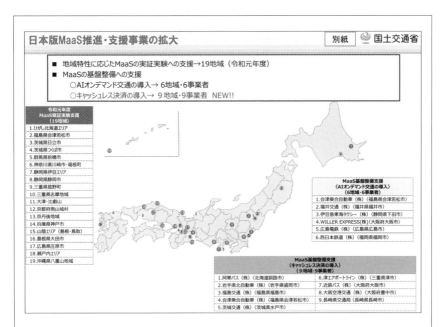

図1 キャッシュレス決済の導入支援

出典：国土交通省：『日本版MaaS推進・支援事業の拡大』『MaaS基盤整備事業（地域交通キャッシュレス導入支援）』より作成
URL：https://www.mlit.go.jp/report/press/content/001351876.pdf

04 自動運転で誕生する
新しいサービス、新しい市場

> 自動運転社会の到来により、車内での課金・決済の頻度が高くなります。決済サービスの市場拡大により、どのような付随するサービスが生まれてくるでしょうか。

● すべての支払いが自動車で行える決済サービス

　完全自動運転車が普及すれば、目的地に到着するまでの間、消費活動が盛んに行われるようになります。車内で行われる消費に即時対応できるよう、自動車に決済機能が搭載されることはほぼ確実です（図1）。カーシェアリングなど自動運転サービスの利用料を決済する際に、移動中のみならず車外での様々な消費活動における決済も併せて処理されるようになるでしょう。従来のキャリア決済に代わる新しい決済プラットフォームの誕生です。

　このように自動車を中心とした決済サービスが普及すると、カーシェアリングや自動運転タクシーなど、毎回乗る自動車が変わっても、過去の購入履歴や移動データなど、あらゆるMaaSデータが紐付けられて利用者本人が管理できるようにもなるでしょう。この情報は、本人の社会的信用を評価するデータとなり得ます。たとえば、自動車に蓄積された移動や決済のデータに基づいて、ローンの与信枠を決めるようなサービスも登場すると予想されます。

● 様々な生活関連サービスを月額固定料金で提供

　自動車メーカー各社は、自動車を月額固定料金で利用できるサブスクリプションサービスに力を入れています。トヨタの「KINTO」やホンダの「Honda Monthly Owner」に続いて、日産自動車も2020年3月から「ClickMobi（クリックモビ）」を開始しました（図2）。自動車メーカー以外にも、中古車販売や損害保険などほかの業界からも参入が相次いでいます。この種のサービスは、自動車の「所有」から「利用」への流れを促進するものですが、将来的にはカーシェアリングや自動運転タクシーなどの普及によって、さらに「保有」から「利用」への流れが強まるものと思われます。

　毎月の自動車利用料と一緒に決済することを条件に、様々な生活サービスを利用者にとって有利な条件で提供する事業者が増えるでしょう。たとえば、自動車の月額利用料金に3,000円プラスすることで、希望する生活関連のサブスクリプションサービスを2つ選べるような方式が考えられます。

● 自動運転車の利用状況を活用した信用スコア

　自動運転車の利用が普及するにつれて、自動運転サービスの料金と一緒に様々な商品やサービスの代金が決済されるようになると思われます。購買履歴

に加え、いつどこに移動したかという行動履歴も蓄積されるため、自動車には
ライフスタイルや趣味・関心、経済状況などあらゆるパーソナルデータが集中
するようになるでしょう。金融機関にとって、これらのパーソナルデータは個
人の信用度を算出する重要な基準になる可能性があります。

　たとえば、銀行やクレジットカード会社であれば、自動運転車の利用状況に
よって融資の与信枠を決定したり、利用頻度の高い人には貸付金利を優遇する
などの活用方法が考えられます。証券会社なら、自動運転車の車内で取引を行
う投資家向けに割安の手数料プランを提示すると顧客の開拓にもつながるで
しょう。自動車の損害保険のみならず、一般の生命保険や医療保険についても、
自動運転車の利用状況が保険料に反映されるようになるかもしれません。

完全自動運転車	無人ビークル	新しく誕生する 自動運転サービス

- 車内の商品販売
- コンテンツ販売の決済
- 損害保険

- 商品代金決済

- 資金調達
- 損害保険

図1　自動運転サービスと金融サービスの相互補完関係

図2　自動運転時代に普及するサブスクリプションサービス例

＊1 損保ジャパン日本興亜、自動運転車の事故・トラブルに対応する見守りサポートサービスの実証実験を実施：
https://prime-as.co.jp/wp/wp-content/uploads/2020/03/mimamori_service.pdf

05 ビジネス参入の具体的アイデア（活用する側）

自動運転サービスの普及に伴い、キャッシュレス決済や資金調達支援など、様々な金融サービスが誕生するでしょう。金融サービスの提供には、免許が必要になる場合もあるので注意が必要です。

● 交通機関や商業施設などで利用できる電子チケット

MaaSを実現するためには、利用者がひとつの決済サービス、ひとつのアプリを使って多様な交通機関や商業施設などの利用料金を決済できるようにすることが理想です。しかし、決済サービス事業者にとっては、多様な事業者の決済システムとリアルタイムに連携させることは簡単ではありません。そこで、切符やクーポン券を電子チケット化して、決済サービスのアプリで利用できるようにする方法が考えられます。

トヨタが提供している「TOYOTA Wallet」には、従来はデジタル化されていなかった乗車券を電子チケット化してアプリで利用できるようにする「MaaSプラットフォームサービス」が搭載されています。公共交通機関や、タクシー、カーシェアリングなどの交通手段をシームレスにつなぐもので、ルート検索や決済代行連携などの機能を集約し、利用者と商業施設なども含めたMaaS事業者の橋渡し的な役割を果たすものと期待されます。

● 移動距離に応じてポイントがたまるクレジットカード

世の中には、商品の購入代金に充当できるポイントサービスが数多く存在します。顧客の囲い込みにも有効なうえ、ポイント利用で自社商品の販売につながる効果が期待できる「金融サービス」の一種ということもできるでしょう。すでにタクシー業界で実用化されている施策の例としては、配車アプリ「DiDi」を展開するDiDiモビリティジャパンの「DiDiポイントプログラム」[1]がありま す（図1）。利用金額に応じて会員ランクがアップする仕組みで、たまったポイントはタクシー料金の支払いに使えるクーポンと交換できます。

今後は、クレジットカード会社や電子マネーを発行する決済サービス会社などが自社の金融サービスの魅力を高める手段として、自動運転サービスを提供する事業者との提携により、たとえば自動運転サービスを利用して移動した距離に応じて会員にポイントが付与されるようなサービスが考えられます。

● 車内トレーディングサービスの提供

自動運転車の実用化によって、これまでの運転時間、移動時間が可処分時間になります。車内での時間の過ごし方としては、映画や音楽の鑑賞、ゲーム、SNS、仕事などとともに、株式取引などのトレーディングを行う人も一定数出

*1 DiDiモビリティジャパン、使えば使うほどお得になるポイントプログラムを提供開始：https://didimobility.co.jp/info/20190813608/

てくると思われます。高速インターネットに常時接続されたプライベート空間ですので、株式取引にはピッタリの環境ともいえます（**図2**）。

　車内に持ち込んだタブレットやスマホで取引するのでは、自動運転車の環境を活かしているとはいえません。ウィンドウに取引画面やチャートを大きく表示して、あたかもディーリングルームで取引しているかのようなサービスを提供する証券会社が登場するかもしれません。車内での株式取引に興味がある顧客層を開拓するために、自動運転サービス事業者と提携する証券会社や金融商品取引会社が増える可能性もあります。

会員ランク

● オレンジ：利用金額100円ごとに1ポイント
　（前月利用金額：0円〜4,999円）

● ゴールド：利用金額100円ごとに2ポイント
　（前月利用金額：5,000円〜19,999円）

● プラチナ：利用金額100円ごとに3ポイント
　（前月利用金額：19,999円〜）

図1 「DiDiポイントプログラム」の仕組み

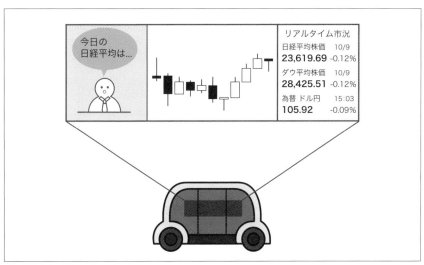

図2 車内トレーディング

06 ビジネス参入の具体的アイデア（活用される側）

自動運転サービスにおいては、本人認証の重要性が増します。顔認証など本人認証の利用機会は増えることが見込まれ、認証技術の開発も進んでいくでしょう。

決済機能が統合されたデジタルキー

自動運転社会になると、車の鍵はすべてデジタルキーに置き換わると予想されています。日本でも、トヨタが開発した「スマートキーボックス（SKB）」などがすでに実用化されています。デジタルキーには決済機能も搭載されるでしょうから、本人認証を受けたデジタルキーがひとつあれば、他社のシェアリングサービスはもちろん、公共の交通機関などにも使えるようになるでしょう。

ただ、本人認証の仕組みとして、どの仕組みが標準になるかは今のところわかりません。自動運転車に搭載されているセンサーカメラを活用した仕組みが有力候補のひとつとしてあげられますが、認証技術の進歩によって、さらに便利でセキュリティ強度が高い認証方法が開発される可能性もあります。また、利用シーンに応じて、複数の認証技術が使い分けられるようになることも十分に考えられます。

自動運転で考えられるリスクを試算

自動運転車も自動車である以上、自動車保険への加入は不可欠です。自動運転レベル1〜2のADAS（先進運転支援システム）が登場した際は、事故の抑止効果や被害軽減効果などを踏まえ、一定の条件を満たせば保険料金が割引されるようになりました。レベル4以上の自動運転になると運転手という概念がなくなるため、自動車保険の適用条件や範囲も大幅に変わってくることが予想されます。

損害保険会社にとって、自動運転によって考えられるリスクをどう評価するかというアルゴリズムの開発が急務になるでしょう。海外のセキュリティ会社と提携して、自動運転に伴うリスクを算出する技術を共同開発する動きも出ています。

リスクの発生確率をシミュレーションできるノウハウを持った企業には、大きなビジネスチャンスになるかもしれません。

車内での決済や行動履歴を情報銀行に預託

完全自動運転車では移動データだけでなく、車内での消費活動や決済に関する行動データが蓄積されます。今後、あらゆるMaaSデータを個人個人がきちんと管理できる仕組みが整備されるでしょう。パーソナルデータを本人の意志

で第三者に提供できるようになれば、関心のある新商品が割引価格で購入できるクーポンなど、その人に合った情報が提供されるサービスが受けられるようになります。そのような仕組みとしては、個人情報を安全に管理してくれる「情報銀行」や自分で情報を管理できる「PDS（パーソナルデータストア）」などが有力候補としてあげられます（**図1**）。

　情報銀行とは、氏名や住所、ECサイトでの購買履歴や閲覧履歴、検索履歴、SNSの情報などのパーソナルデータを個人から預かり、本人の同意を得たうえでデータを第三者に提供する仕組みのことです。将来的には、MaaSデータに特化した情報銀行も登場するかもしれません。

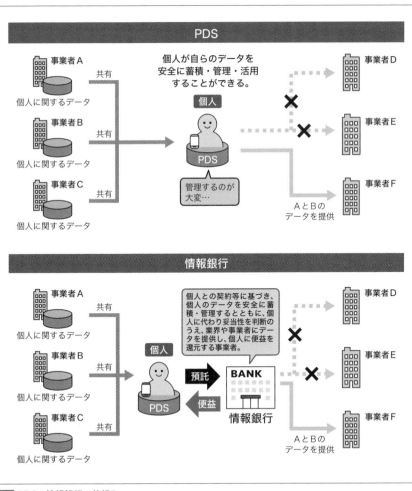

図1 PDSと情報銀行の仕組み

出典：内閣官房IT総合戦略室：『AI、IoT時代におけるデータ活用に向けた検討内容について（案）』より作成
URL：https://www.kantei.go.jp/jp/singi/it2/senmon_bunka/data_ryutsuseibi/detakatsuyo_wg_dai1/siryou4.pdf

07 新しい金融・決済市場参入の ポイント（まとめ）

自動運転の実用化によって、自動車を好きな時に利用するというシェアリングが主流になるでしょう。車内での消費活動が活発になるにつれて、自動車経由で決済される金額も大きく膨らみます。

◉ 自動車利用もサブスクリプションが主流に

　自動車メーカーは、「所有から利用へ」の変化を先取りする形で自動車のサブスクリプションサービスをすでに開始しています。毎月定額を支払うことで、好きな車種に乗り換えることができるという形が徐々に広がりつつあります。自動運転社会になると、毎回乗る自動車は変わっても、車内で利用できるサービスのデータは引き継げるようになるため、実質的に自分専用の自動車に乗っている感覚で利用できるようになります。

　カーシェアリングや自動運転タクシーの利用が浸透すると、自分専用の自動車を維持する場合に比べて、大幅なコストダウンが実現します。その分、車内で有料コンテンツや商品を購入する消費活動に予算を振り分けることができ、車内で決済される金額は拡大するでしょう。車内の決済サービスでシェアを握ることができた企業は、決済手数料という大きな収入源を得ることになります。

◉ 自動車メーカーにとっても魅力的な決済サービス

　従来、新車を購入する顧客は、自動車メーカーが提供する低金利の自動車ローンを利用するのが一般的でした。自動車メーカーにとっては、本業の自動車製造に匹敵するくらいローンの金利が大きな収入源となっていました。車を購入する人が減るとこうした金利収入は少なくなりますが、自動運転車の利用者にサブスクリプションで課金できるようなれば、新たな収益機会が生まれます。様々なサービスや商品の決済を一緒に行う、いわばキャリア決済のような役割を担うことで、決済手数料やリボ払いの金利など様々な金融サービスでの利益発生が期待できます（図1）。

　決済サービスについては、クレジットカードを発行する金融機関など、ほかのプレーヤーも虎視眈々と参入を狙っています。有望なプレーヤーの陣営に協力して、決済サービスの利便性を高める機能や技術を提供することにも、大きなチャンスがあるといえます。

◉ 自動車に購入や決済履歴など貴重なデータが集まる

　自動運転車の車内における消費活動が大きな市場に成長するためには、ひとつの大きな前提があります。それは、あらゆるMaaSデータと車内・車外での

購入履歴などが紐付けられたパーソナルデータが、本人の同意を得たうえでターゲティングに活用できることです。自動車に集約されるこれらの貴重な行動データを活用してこそ、消費活動を促進するアプローチが可能になるからです。

　そのためにも、利用者本人がMaaSデータを含めたすべてのパーソナルデータを管理して、納得したうえでマーケティング利用に同意できる仕組みの確立が急務です。MaaSデータを利用者本人が簡単に管理できるプラットフォームを提供し、利用者の生活を豊かにするデータ活用方法を提案できる企業が、決済・金融サービスの分野における主導権を握る可能性が高いといえるでしょう（図2）。

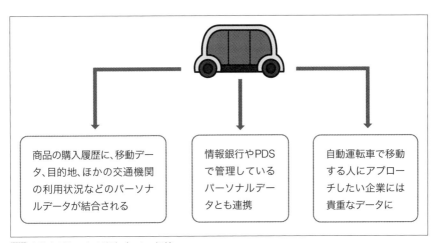

商品の購入履歴に、移動データ、目的地、ほかの交通機関の利用状況などのパーソナルデータが結合される

情報銀行やPDSで管理しているパーソナルデータとも連携

自動運転車で移動する人にアプローチしたい企業には貴重なデータに

図1　自動車が生み出す決済データの価値

1　自動運転社会の到来で自動車の保有形態が大きく変わる

2　新しいサービスの登場で資金調達ニーズも旺盛に

3　自動運転サービスの多くはサブスクリプションで提供

4　キャリア決済のように様々な料金が一緒に請求される

5　車内の消費を盛り上げるにはパーソナルデータの活用が不可欠

図2　自動運転×金融・決済に参入する際の視点整理

人工知能はどこまで進化するのか

　自動運転において、走行中の自動車が取得し続ける膨大なデータをリアルタイムに解析して、どういう運転操作を行うかを判断する「脳」の役割を担うのがAI（人工知能）です。自動車メーカーやIT企業などがこぞって自動運転技術の開発を進めていますが、AI分野こそ安全な自動走行を実現するためのコア技術といえるでしょう。

　ここ数年におけるAIの進化には目を見張るものがあります。交通事故の約9割は人為的な過失によるものとされており、AIが人間の能力を超える判断力を持てば、交通事故を大きく減らすことができると期待されています。その一方で、AIがあまりにも完璧で教科書的な運転をするようになれば、動きが単調になり乗っていても違和感を覚えるのではないかと懸念する声もあります。自動車メーカーでは、移動時間をより楽しいものとするために、人間の好みや個性に寄り添ったAIの開発を目指しています。

　日産自動車は、自動と手動を切り替えられるレベル3の自動運転車を想定して、自動運転時にはAIが学習したドライバーの運転の癖を反映させた運転を行う自動運転車の開発を進めていることを明らかにしました。AIに任せると安全に自動運転してくれるとわかっていても、日常的に感じてきた運転体験とかけ離れていると、安心して運転を任せられないというドライバーの心理を考慮したものです。

　トヨタでは、アメリカに設立したToyota Research Institute（TRI）で、AIなど自動運転に関する先端技術の研究開発を進めています。2017年のCES（世界最大の技術見本市）で発表した未来の愛車体験コンセプト「TOYOTA Concept-愛i」の開発テーマは、「LEARN（理解し）、GROW（ともに成長して）、LOVE（パートナーとなる）」です。一人ひとりの嗜好や状態に合わせた移動体験の提供を通じて、時間とともにより愛着を感じられるモビリティを目指す、という理念が表現されています。

　TRIのCEOで、トヨタのAI開発を統括するギル・プラット氏は、あるメディアのインタビューの中で、「人間の行動を予測するAIシステム」を開発していると語っています。人の行動を予測するとは、単に歩道にいる人がこれから道を渡ろうとしているかどうかを予測するだけではなく、人間がこれからどういうモビリティを欲するようになるかまでを予測できるAIをイメージしているとのことです。

　今後、AIが安全な運転だけでなく、人間に対してどのような付加価値を提供してくれるようになるのか、想像するだけで楽しくなってきます。

Chapter 16

自動運転×サービス
「エンタメ・コンテンツ」

レベル4以上の自動運転では、人は運転から完全に解放され、車内は移動時間を楽しむためのプライベート空間になります。自動運転車という高性能デバイスの特徴を最大に活かした、新しいエンタメ・コンテンツのニーズが高まるでしょう。

01 エンタメ・コンテンツの現状と課題

スマホの普及によって、動画配信やスマホゲームなどデジタルコンテンツの需要が大きく伸び、エンタメ業界の構図も変わりつつあります。

映画業界では次世代シアターが人気

エンタメの代表的存在である映画市場は堅調に拡大しています。日本映画製作者連盟が公表した統計[1]によると、2019年はヒット作品に恵まれたこともあり、映画館入場者数は1億9,491万人（前年比15.2%増）、興行収入は2,611億8,000万円（前年比17.4%増）と、いずれも前年を大きく上回り、興行収入については、2016年（2,355億円）を超える過去最高を記録しました。

映画館のアトラクション化が進み、4Dが導入された次世代シアターも増え、VR映画、高品質な映像・音響を提供できるIMAXなど工夫を凝らした上映スタイルが模索されています。一方で、SNSの影響力が大きくなり、当初限られた映画館のみでの上映だったものが、SNSでのクチコミが拡散したことで全国の映画館で展開される事例も増えています。

スマホゲームの市場規模が急成長

インターネットやスマホの普及によって、市場が大きく拡大しているのがデジタルコンテンツです。経済産業省が2020年2月に公表した統計[2]によると、2018年における動画や出版、ゲームなどコンテンツ産業の国内市場約10兆6,000億円のうち、デジタルコンテンツが約2兆5,600億円を占めました（図1）。デジタルコンテンツの内訳をみると、ゲームが半数以上を占め、出版、映像の順になっています。

ゲーム市場の中で、特に市場規模が大きいのがスマホゲームです。矢野経済研究所の調査報告書[3]によると、国内のスマホゲーム市場規模は2018年度には約1兆850億円にまで拡大しました（図2）。今後も成長を続け、2020年度には約1兆1,920億円に達すると予測しています。スマホゲームだけで、国内の映画興行収入の約4倍に相当します。いかにスマホゲームが日本で定着しているかがわかります。

スマホの普及で若者の「テレビ離れ」が加速

時事通信が行った「テレビに関する世論調査（2019年）」[4]によると、18〜29歳は平日で12.0%、休日で11.1%が「テレビを見ていない」と回答しています。テレビ離れが起きている理由として、「動画サイト、配信サイトの方が魅力的」との回答が60.5%、「スマホやゲームの方が楽しめる」57.4%、「ネットが普及し、テレビを見なくても困らない」56.5%、という回答が上位を占めま

＊1 最新映連発表資料：http://www.eiren.org/toukei/index.html
＊2 コンテンツの世界市場・日本市場の概観：https://www.meti.go.jp/policy/mono_info_service/contents/downloadfiles/202002_contentsmarket.pdf
＊3 スマホゲーム市場に関する調査（2019年）2020年2月17日発表：https://www.yano.co.jp/press-release/show/press_id/2349

した。

　この調査結果から、これまでテレビの視聴に使われていた可処分時間がスマホゲームやネットの動画配信の視聴にシフトしていることがわかります。スマホのメリットは、通勤や通学など移動時間やスキマ時間を有効に使えることです。テレビ離れは決して「エンタメ離れ」ではなく、スマホの利用によって、むしろコンテンツとの接触機会は増えていると考えていいでしょう。

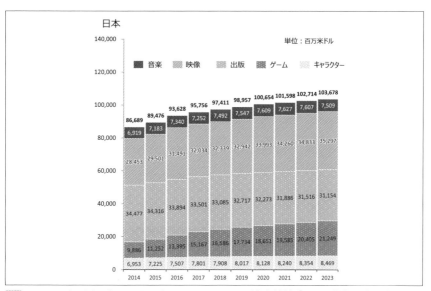

図1 コンテンツ市場規模（100万米ドル）

出典：経済産業省『コンテンツの世界市場・日本市場の概観』より引用
URL：https://www.meti.go.jp/policy/mono_info_service/contents/downloadfiles/
202002_contentsmarket.pdf

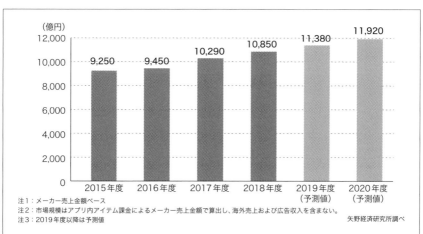

注1：メーカー売上金額ベース
注2：市場規模はアプリ内アイテム課金によるメーカー売上金額で算出し、海外売上および広告収入を含まない。
注3：2019年度以降は予測値

矢野経済研究所調べ

図2 国内スマホゲームの市場規模

出典：株式会社矢野経済研究所『スマホゲーム市場に関する調査（2019年）』より作成
URL：https://www.yano.co.jp/press-release/show/press_id/2349

注：メーカー売上金額ベース、アプリ内アイテム課金によるメーカー売上金額で算出し、海外売上および広告収入を含まない、2019年度は予測値（2019年10月現在）

＊4 若い世代でテレビ離れ進む　約1割「見ていない」一時事世論調査：https://www.jiji.com/jc/article?k=2019112500129&g=soc

02 自動運転でエンタメ・コンテンツの何が変わるか

レベル4以上の自動運転が実現すると人は運転から解放され、目的地に到着するまでの時間を自由に使えるようになります。移動時間を快適に過ごすためのサービスに大きな需要が発生するでしょう。

● 自動運転で可処分時間が増えることの意味

世の中が進化するにつれて人は忙しくなり、可処分時間の減少傾向が続いています。一方、人が自動車の運転から解放されれば、人の可処分時間が増えることになります。

アメリカのIntelは、自動運転車に乗っている間に何をしたいかについて調査しています（図1）。それによると、1位は「Consume entertainment（エンタメ）」（58%）、2位は「Socialize」（57%）、3位は「Work（仕事）」（56%）という順になりました。目的地に到着するまでの自由時間は、映画や音楽、ゲームなどで楽しく過ごしたいという人が多いという結果です。良質なコンテンツは有料でも購入されます。つまり、自動運転車の車内では、活発な消費活動が行われることを意味します。

● 目的地までの時間を快適に過ごすコンテンツ

自動運転車では、ウィンドウから外の状況を視認する必要がなくなりますので、いわば、360度スクリーンに囲まれたシアターと表現できるプライベートな空間になります（図2）。フロントガラスに映画やドラマ、ニュース、ゲーム、カラオケ用の映像などインターネットで配信されるコンテンツを表示することから始まり、徐々にすべてのウィンドウにコンテンツを表示できるようになると思われます。

移動時間も仕事にあてたいという多忙なビジネスマンにとっては、「車内での勤務」という形も考えられます。自動運転車は高速インターネットに常時接続されますので、電話やビデオ会議を行えるシステムを組み込むことは難しくありません。秘書のように口頭で何でも指示ができるようなシステムも開発されるでしょう。

● 車中で商品を紹介する広告も立派なコンテンツに

映画やドラマ、音楽など定番のデジタルコンテンツに加えて、その都度生成されるオンデマンド形式のコンテンツも考えられます。たとえば、位置情報や周囲の景色を反映させた対戦型のゲームや、AR技術を使った観光案内など、移動していることを要素に加えたコンテンツです。

様々なコンテンツに合わせて配信される広告も、利用者の移動履歴や興味に

基づいてパーソナライズできれば、立派なコンテンツになります。商品の成約によって課金される成果報酬型の広告と組み合わせることによって、コンテンツ自体は無料で配信できるなど、様々なマネタイズ方法が可能になります。TVショッピングの番組のように、広告自体をエンタメ性の高いコンテンツとして企画することもできるはずです。

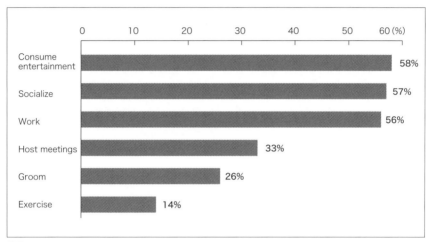

図1 Intel調査結果

出典：Intel」『Latest Intel Study Finds People Expect Self-Driving Cars to Be Common in 50 Years』より作成
URL：https://newsroom.intel.com/news/latest-intel-study-finds-people-expect-self-driving-cars-common-50-years/

図2 自動運転車の内装例（スクリーン）

編集部撮影

02
自動運転でエンタメ・コンテンツの何が変わるか

03 参考事例（国内外企業の取り組み事例）

自動運転車で楽しめるエンタメとしては、車内で楽しむ動画や音楽以外にも、観光関連のコンテンツも大きな可能性を秘めています。

● ソニー（沖縄で自動運転エンタメ車両の実験）

　2019年11月に、ソニーとヤマハが共同開発した自動運転対応のエンタメ専用車両「Sociable Cart」（SC-1）の体験乗車イベントが開催[*1]されました。

　SC-1は自動運転機能を搭載しており、その方式については「電磁誘導＋RFID（無線自動識別）」とされています。電磁誘導とは道路に設置した電磁誘導線と車両の下部に設置した磁気マーカーによって、車両を走行させる仕組みです。SC-1では、窓をなくす代わりに高精度ディスプレイを設置しており、自動運転中にアニメーションや広告に加え、「融合現実映像」を楽しむことができます（P.257参照）。

● デンソーテン（ドラレコ映像から観光ルート動画）

　奈良先端科学技術大学院大学とデンソーテン、気象データを扱うYuMakeは、「観光型MaaS」に関する共同研究契約を2019年9月に締結[*2]しました。通信型ドライブレコーダー映像をリアルタイムに分析することで、「観光ルート動画」の生成システム構築を目指しています。

　3者の保有する技術を活用し、通信機能で観光地の映像をクラウドに蓄積して、都市状況の分析と気象情報の解析を掛け合わせることで、おすすめルートの要約動画を作成するというものです。動画で観光地の周遊ルートをイメージできることから、観光誘致やインバウンドの利便性向上にもつながると見込んでいます。

● 凸版印刷（VRを使って1300年前の平城宮を再現）

　凸版印刷は2019年11月、奈良県の平城宮跡歴史公園で国土交通省の実施する社会実験「パークスマートチャレンジ」に参加[*3]しました。小型の自動運転車「Milee」に乗りながら、VR映像で再現された1300年前の平城宮の姿を体感できるというものです。

　VRコンテンツは平城遷都1300年事業で凸版印刷が製作したものを活用し、自動運転車における「ガイド的」な役割をVRに担わせることが可能かなどを検証しました。自動運転の走行については、NTTドコモとPerceptIn Japanが担当しました（図1）。

---

*1 ソニー、ヤマハ発動機開発のSociable Cart「SC-1」の乗車体験イベント：https://prtimes.jp/main/html/rd/p/000000171.000005344.html
*2 奈良先端科学技術大学院大学、デンソーテン、YuMakeが「観光型MaaS」に向けた共同研究契約を締結：http://www.naist.jp/pressrelease/2019/09/006175.html
*3 凸版印刷、平城宮跡歴史公園における「パークスマートチャレンジ」に参画：https://www.toppan.co.jp/news/2019/11/newsrelease191122_2.html

● ACCESS（IVIプラットフォームでコンテンツ配信）

ACCESSは2019年12月、自社開発の「車載インフォテインメント」（IVI）プラットフォームの最新版である「ACCESS Twine for Car 3.0（Twine4Car 3.0）」の提供を開始しました（**図2**）。

このプラットフォームは、様々なコネクテッドエンタテインメントをまとめて提供できることが特徴です。ACCESSのアプリストアを通して多様なアプリが提供され、テレビ、ゲームや音声などパートナー企業から提供されるコンテンツが楽しめます。さらに、スマホ、タブレットやIVIシステムの相互間コンテンツ共有や動画の同期再生も可能となります。

図1 VR映像で再現された1300年前の平城宮

出典：凸版印刷株式会社：『凸版印刷、平城宮跡歴史公園における「パークスマートチャレンジ」に参画』より引用
URL：https://www.toppan.co.jp/news/2019/11/newsrelease191122_2.html

図2 ACCESS Twine for Car 3.0

出典：株式会社ACCESS：「ACCESS Twine for Car 3.0」イメージ写真
URL：https://www.access-company.com/news_event/archives/2019/1219/

04 自動運転で誕生する 新しいサービス、新しい市場

自動運転車向けのコンテンツは、従来のデジタルコンテンツと比較すると、制作方法、配信システム、ビジネスモデルなど、すべてが新しいものに変わる可能性が高いでしょう。

車内コンテンツを楽しめる内装や設備

自動運転機能のない自動車は、運転席ではコンテンツを楽しめるようには設計されていません。カーナビにテレビやDVDを再生する機能は搭載されていますが、走行中は映像を表示できない仕組みになっています。自動運転車では、人は運転から解放されるため、車内で高品質のコンテンツを体感できるよう、自動運転車の内装も大きく進化する見込みです。

巻頭インタビューでも紹介したソニーの電気自動車「VISION-S」では、フロントシートにはパノラミックススクリーンが搭載されており、目の前いっぱいにスクリーンが広がります（図1）。音響についても、ボーカルや楽器などパートごとの音源データに位置情報を付けて、360度サラウンドサウンドが楽しめるようになっています。

自動運転車向けコンテンツ制作

自動運転車の車内が360度スクリーンに囲まれて、自由にコンテンツを表示できるようになると、自動運転車向けのコンテンツは、制作方法も従来の映画やミュージックビデオなどとは異なるものになるでしょう。一例としては、空間にアバターが表示され、音声で会話ができるような双方向性のコンテンツや、VRやARを駆使して、自動運転車の位置情報を反映させた参加型のゲームなどが考えられます（図2）。

自動運転車の車内で利用することを前提としたコンテンツになりますので、コンテンツ配給などのビジネスモデルも、従来の映画や動画配信サービスをさらに進化させたものになる可能性があります。

自動運転車向けコンテンツ配信サービス

自動運転車向けのコンテンツは、単にデータを一方的に配信するだけでは不十分です。配信されるコンテンツが360度スクリーンに対応したり、VRやARの技術を駆使したものになったりすると、コンテンツを配信するシステムも進化が求められます。たとえば、VRやARを導入した観光案内のコンテンツであれば、位置情報やカメラで取得したリアルな風景を取り入れてコンテンツを自動生成する機能が必要になります。

自動運転車向けコンテンツに求められるのは、利用者からの言葉やジェス

チャーに反応するインタラクティブ機能でしょう。利用者とのコミュニケーションが容易になれば、商品やサービスの購入が促進され、車内での消費活動の活性化が期待できます。

図1 ソニーの電気自動車「VISION-S」　　　　　　　　　　　　　　編集部撮影

対戦型ゲーム
移動や現在位置を
要素にしたゲームなど

コミュニケーション
アバターを使ったSNS、
現地からの生配信など

趣味や教養
仮想キーボードを使った
ピアノレッスンなど

図2 自動運転車を使った参加型コンテンツの例

05 ビジネス参入の具体的アイデア（活用する側）

自動運転車向けには、フルスクリーンの内装を活かした臨場感あるコンテンツを配信するなど新しい市場として、様々なビジネスやサービスが誕生するものと期待されます。

● 360度スクリーン対応コンテンツの配給

自動運転車では、車内でコンテンツを楽しめるよう、映画館よりもリアリティのある360度スクリーンがいずれ実装されるようになるのは確実です。ガラス面をまるごとディスプレイ化するといった技術の開発がすでに進められています。自動運転車を360度スクリーンが装備されたプライベートな映画館と見立てると、自動運転車向けに映画を配信して上映ごとに課金するビジネスが考えられます。

映画ビジネスでは、制作会社、配給会社、興行会社の3つのプレーヤーが役割分担して成立しています。興行会社とは、映画館を運営する会社のことです（図1）。映画館を運営するには多大な投資と維持費がかかるため、映画の興行収入の50%を興行会社が得るのが一般的[1]です。自動運転車へのコンテンツ配信では、コンテンツ配信システムさえ構築できれば、配給会社と興行会社を兼ねた役割を果たすことも可能です。

● 観光案内機能を搭載した自動運転バスツアー

地方自治体や交通事業者、旅行会社などが観光型MaaSの実証実験を盛んに行っていることでもわかるように、観光は自動運転ととても相性のいい分野です。観光関連のコンテンツも、自動運転車向けに有望といえるでしょう。事例で紹介したドラレコ映像から観光ルート動画を作成するサービスや、通常では見ることができない映像をVRを使って再現するサービスなどがすでに実用化されつつあります。

VRやARの技術を駆使した観光案内コンテンツを位置情報と連動させて車内の大型スクリーンに表示させることで、運転手もガイドも同乗しない観光ツアーを開催できるようになるでしょう。ツアー参加者からの質問は、スクリーンに表示されるアバターが受け付けて、必要に応じてサポートスタッフがビデオ会議システムを使って対応するようなシステムが考えられます。

● エンタメ専用の自動運転車のリース、レンタル

自動車には目的に応じて様々な車種が存在するように、自動運転車においても、主な使用目的によって搭載される内装や設備が異なる複数の車種が登場する見込みです。エンタメを楽しみたい場合や、観光地を周遊したい場合などは、

*1 コンテンツ産業の展望 第2章 映画産業：https://www.mizuhobank.co.jp/corporate/bizinfo/industry/sangyou/pdf/1048_03_02.pdf

車内での楽しみ方によって、その都度、最適な車種が手配されるようなイメージです。

　映画や音楽などのコンテンツをフルに楽しみたい人向けに、動く映画館のようなエンタメ専用自動運転車をリクエストに応じて配車するビジネスも登場すると思われます（**図2**）。事前にオプションを申し込めば、さらに機能を強化できる音響設備や録画機材などをレンタルするビジネスも考えられます。いずれにしても、エンタメに関連するサービスや技術は進化を続けていくでしょう。

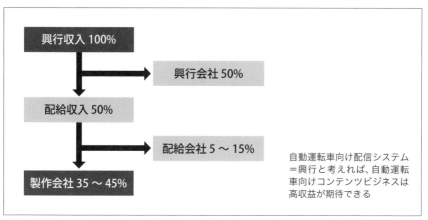

図1 映画業界における製作会社・配給会社・興行会社の収益配分

図2 ソニーとヤマハ発動機が共同で手掛ける自動運転エンタメ車両"SC-1"

出典：ソニー株式会社・ヤマハ発動機株式会社：プレスリリースより引用
URL：https://www.sony.co.jp/SonyInfo/News/Press/201910/19-109/
URL：https://global.yamaha-motor.com/jp/news/2019/0821/sc-1.html

05
ビジネス参入の具体的アイデア（活用する側）

257

06 ビジネス参入の具体的アイデア（活用される側）

自動運転車向けコンテンツは、ウェブやゲームアプリなどの技術を上手に取り入れることで、新しい映像表現やインタラクティブなコミュニケーションなど様々な可能性が広がります。

● コンテンツを最大限に楽しめるディスプレイ

自動運転車の実用化を見据えて、これまでの自動車には搭載されていなかった装置を開発する動きが加速しています。たとえば、パイオニアはドイツの大手自動車部品メーカーContinentalと統合コックピットの開発で提携しました。ナビやテレビ、メーター類はひとつのディスプレイに表示され、自動運転中はすべてのサービスとアプリが統合コックピットを通じてドライバーへ提供されるようになるでしょう。

韓国の大手自動車部品メーカー現代モービスは、車両のウィンドウをディスプレイとして利用できる車載インフォテイメントシステム（IVI）を発表しています。直接ディスプレイにタッチすることなくジェスチャーで操作できるのが特徴で、手動運転にも対応できるようにウィンドウを透明にすることもできます。このように、車内でコンテンツを大画面で楽しめるディスプレイが大きな市場に成長すると期待されます。

● 双方向性コンテンツを操作するアプリの開発

自動運転車向けには、eスポーツのような対戦型ゲームも提供されるようになるでしょう。車内で楽しむゲームは、目的地に到着するまでの時間で完結するものが好まれると思われますので、ゲームの設計やルールもシンプルなものになると思われます。ゲームを操作するコントローラには、スマホゲームに慣れている人も多いため、おそらくスマホアプリが使われるのではないでしょうか。

映画のような鑑賞するだけのコンテンツであっても、360度のスクリーンに映像が展開されるようになれば、見る角度を変えたり、特定の登場人物の視点に移したり、利用者が映像の見え方を操作できる機能が求められるでしょう。

● 現在位置の情報をコンテンツに反映させる仕組み

常に移動する自動運転車では、現在の位置情報をリアルタイムで反映させることで、臨場感のあふれるコンテンツを生成することができます。特に、観光目的で自動運転車を利用する場合は、目の前に見える観光スポットの説明を表示させるなど、応用シーンは広がりそうです（図1）。位置情報を認識するためにはGPSが一般的に使われますが、繁華街を走行中に店の紹介をピンポイン

トで表示させる場合は、ビーコン（電波受発信機）を使った技術の方が向いているかもしれません。

　海外では、車に乗っている人の目線や話した言葉から、見えている景色の中で関心を寄せている対象物を瞬時に解析する技術の開発も進められています。この技術はPOI（Point of Interest）と呼ばれています。将来的には、乗っている人の視線に捉えられた対象物に関連した情報をディスプレイに表示するようなサービスも考えられるでしょう。

目的に近づいたらアバターが観光案内してくれる

水族館で地元の海中を散歩する

図1 VRやARを使った観光用コンテンツの例

新しいエンタメ・コンテンツ市場参入のポイント（まとめ）

人が運転から解放される自動運転車では、車内がエンタメを楽しむための空間に変わります。自動運転車向けエンタメ市場がどこまで拡大するかは、魅力的なコンテンツを生み出せるかどうかにかかっています。

● これまでになかった新しいエンタメの誕生

自動運転の実用化によって、自動運転車の車内で楽しむエンタメというまったく新しい市場が誕生します。従来のようにカーナビの画面や、後部座席に設置された小さなモニターに表示されるのではなく、フロントガラスをはじめ、すべてのウィンドウをスクリーンとしてコンテンツを映し出せるようになります。その特徴を活かすためにも、360度スクリーンに対応したコンテンツが求められるようになるでしょう（図1）。

矢野経済研究所の予測[*1]では、2030年にはレベル4以上の自動運転車が世界で約1,530万台販売されるようになります。すべての自動運転車で何らかのコンテンツが利用されるとすれば、プライベートなシアターとも表現できるエンタメ空間が世界で約1,530万カ所も誕生することになります。このエンタメ空間に対して配信するコンテンツ市場が大きく成長することは間違いないでしょう。

● 車内の可処分時間を獲得するための新たな競争

自動運転車の実用化によって、これまでの運転時間、移動時間が可処分時間になります。これほど可処分時間が増加するのは、人類史上初めてのことといっても過言ではありません。自動運転車の車内では、くつろいだ姿勢で好きなことに時間をつぎ込むことができます。

可処分時間が一気に増えるとはいえ、目的地に到着するまでの時間は限られています。エンタメの中でも、映画、音楽、ゲーム、ショッピングなど数多くのサービスが時間を取り合う激しい競争が勃発するでしょう。時間獲得競争に勝つための鍵は、やはりパーソナライズです。本人の同意を得たうえでパーソナルデータを取得して、車内消費履歴や現在位置、移動目的などと紐付けて、その人が移動時間を楽しむのに最適なコンテンツをレコメンドできれば、自動運転車向けのエンタメ市場という新しい市場で大きなビジネスを展開できるでしょう。

● マネタイズの方法は広告や商品販売など豊富

YouTube動画のように、無料コンテンツに広告を挿入してマネタイズする方法も考えられますが、普通の動画を無料配信しても、支持を得るのは難しいで

*1 ADAS／自動運転システムの世界搭載台数は日米欧中で標準搭載が進み、2030年に8,390万5,000台に成長すると予測：
https://www.yano.co.jp/press-release/show/press_id/2134

しょう。360度スクリーンの設備をフルに活かせる3DやVRを駆使した映画やゲームとなると、コンテンツに課金することも可能になりますが、制作費に大きな資金が必要になります。

　自動運転車専用のコンテンツとして採算を取るには、コンテンツ課金のほかに、広告や商品販売（アフィリエイト）などのマネタイズ手法を複数組み合わせるといいでしょう。コンテンツと連動して自然な形で商品を販売できれば、コンテンツ課金を凌駕する大きな収益源になる可能性があります（図2）。

- 自動運転車内の360度スクリーンで楽しめる映画
- ジオロケーションを活用した観光案内
- VRやARを駆使した対戦型ゲーム
　　など

図1 自動運転社会で新しく誕生するエンタメ

1	自動運転車の車内でのエンタメはまったく新しい市場
2	自動運転車の内装の進化に合わせたコンテンツの開発が必要
3	観光やゲームなど位置情報を反映させるエンタメに大きな可能性
4	広告や商品販売を組み合わせて多様なマネタイズが可能
5	選ばれるための鍵はビッグデータ分析によるパーソナライズ

図2 自動運転×エンタメ・コンテンツに参入する際の視点整理

オンライン開催の「CES 2021」はVRを駆使した展示に期待

COLUMN

　CES（シーイーエス）は、毎年1月にラスベガスで開催される世界最大級のテクノロジー関連見本市です。以前は、「Consumer Electronics Show」と表記され、日本語でも「家電見本市」と表現された時期もありますが、今ではIoTや人工知能など、あらゆるハイテク分野の製品やサービスが発表される場として注目されている見本市です。

　近年では、自動運転関連の新しい技術やサービス、コンセプトカーなどもCESで数多く発表されるようになってきています。2020年1月に開催された「CES 2020」において、ソニーが自動運転車の試作車「Vision-S」を発表したことは記憶に新しいでしょう。

　主催団体の全米民生技術協会（CTA）は、新型コロナウイルスの世界的流行を考慮して、2021年1月の「CES 2021」について、完全にオンラインで開催することを決定しました。期間は2021年1月6日〜9日の4日間となります。オンライン開催は初めての試みとなりますが、基調講演、製品出展、商談や情報交換の機会はオンラインでも提供される予定です。CTAは、「CES 2022」については、新型コロナウイルスの収束を前提に、ラスベガスでの開催に戻す計画であることも公表しています。

　来場者に実物を見てもらう絶好の機会であるため、出展企業はCESの会場でお披露目するためにプロトタイプ（試作品）やコンセプトカーなどを準備してきました。オンライン開催になると、中にはVR（仮想現実）を駆使して、あたかも実物が目の前にあるかのような映像やコンテンツに力を入れてくる出展社もいるかもしれません。自動運転車関連の技術やサービスなら、たとえば、自動運転中の車内にいるかのような仮想体験ができる映像やアプリなどが期待されます。

　レベル4以上の自動運転車では、人は運転から完全に解放されるため、車内では360度スクリーンにコンテンツを表示するなど、非日常的な空間を楽しめるといわれています。しかしながら、そのような車内空間を実際にすでに体験した人はほとんどいません。CES 2021は、自動運転社会が到来した時、私たちの移動がどのように変わるのかを一足早く仮想体験できる場になるかもしれません。

Chapter **17**

自動運転×サービス
「情報セキュリティ」

移動時間を楽しむには、自動運転車が安心・安全に走行できることが大前提になります。外部からの不正アクセスで走行が阻害されたり、貴重な個人情報が盗まれたりしないためにも、完璧な情報セキュリティが求められます。

01 情報セキュリティの現状と課題

> ビッグデータの保管がクラウドにシフトしたことで、セキュリティサービス市場が拡大しています。インターネットに常時接続されるコネクテッドカーも、サイバー攻撃の対象になりつつあります。

● 国内の情報セキュリティ市場は1兆円規模

　NPO日本ネットワークセキュリティ協会（JNSA）が2020年4月に公表した調査報告書によると、2018年度の国内情報セキュリティ市場規模は、前年度比12.5％増の1兆927億円と推計されています（図1）。内訳は、情報セキュリティツールが前年度比13.1％増の6,416億円、情報セキュリティサービスが前年度比11.7％増の4,511億円となっています。情報セキュリティサービス市場は、コンサルティング・診断サービス（1,657億円）、マネージド・運用サービス（1,986億円）、周辺サービス（868億円）で構成されています。

　情報セキュリティ市場は基本的に今後も成長を続け、2019年度は前年度比5.0％増の1兆1,465億円に拡大する見込みです。2020年度については、新型コロナウイルス感染拡大の影響から、前年度比1.0％減の1兆1,357億円になると予測されていますが、今後も大きく成長する市場であることは疑いようがありません。

● サイバー攻撃の手法は年々高度化

　サイバー攻撃の典型例は、デバイスやソフトウェアの脆弱性を狙ってインターネット経由で不正アクセスして、デバイス内部やクラウドに保管されている個人情報や機密情報を盗むことです（図2）。IoT技術の進化で、あらゆるモノがインターネットに接続されるようになり、サイバー攻撃の対象も多様化しつつあります。インターネットに接続されるコネクテッドカーも、当然ながら攻撃対象に含まれます。

　イスラエルのKaramba Securityの調査[1]によると、自動運転機能を搭載した自動車やコネクテッドカーは、月平均30万回のサイバー攻撃を3,500人のハッカーから受けているとのことです。富士経済の予測[2]では、2035年には販売される新車の約96％がコネクテッドカーになり、その販売台数は世界で1億1,000万台を突破する見込みです。自動運転車を含めたコネクテッドカーの早期のセキュリティ強化が求められています。

● 自動車業界で情報セキュリティはますます重要に

　今後、現在よりも一層セキュリティ強化が求められる自動車業界ですが、多くの企業が対策不足などの問題を抱えていることが明らかになりました。半導体やセキュリティソフトウェアの設計などを手掛けるアメリカのSynopsysが

*1 Autonomous and Connected Vehicles Face 300,000 Attacks Per Month, According to Karamba Security：
https://www.businesswire.com/news/home/20190108005204/en/Autonomous-Connected-Vehicles-Face-300000-Attacks-Month

2019年2月に発表した調査報告書*3によると、自動車開発やセキュリティ専門家の84%が、自身が所属する企業の対策が不十分だと懸念しています。調査対象となった企業の約3割は、十分なサイバーセキュリティ対策を行っておらず、半数以上の企業はサイバーセキュリティ対策に必要な予算と人員が確保できていないと回答しています。

　時間が経つにつれて、自動運転車やコネクテッドカーに対するサイバー攻撃の手法も高度化する可能性が高く、それらのサイバー攻撃に対抗する知識やスキルを持ったセキュリティ分野の人材を、一刻も早く育成していく必要があります。

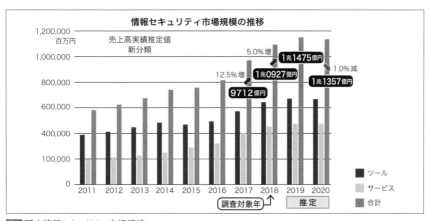

図1 国内情報セキュリティ市場規模

出典：日本ネットワークセキュリティ協会『国内情報セキュリティ市場 2020年6月公開予定 2019年度調査報告』より作成
URL：https://www.jnsa.org/result/surv_mrk/2020/2019_mktreport_new.pdf

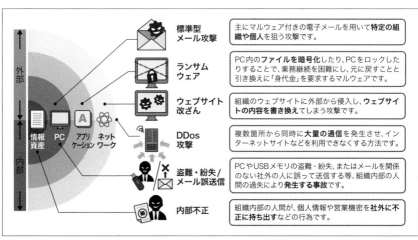

図2 サイバー攻撃の主な手口

出典：東京海上日動火災保険株式会社：『サイバー攻撃とは』より作成
URL：https://www.tokiomarine-nichido.co.jp/hojin/baiseki/cyber/about.html

*2 自動運転技術との融合が進みつつあるコネクテッドカーの世界市場を調査：https://www.fuji-keizai.co.jp/press/detail.html?cid=18018&view_type=1
*3 シノプシスとSAE International、自動車業界に関する最新調査結果を発表　業界が直面している重大なセキュリティ・リスクが明らかに：
https://www.synopsys.com/ja-jp/japan/press-releases/2019-02-20.html

02 自動運転で情報セキュリティの何が変わるか

乗る人のパーソナルデータが蓄積されていく自動運転車では、情報漏洩の対策が必須になります。コネクテッドカーへのサイバー攻撃の事例も報告されており、自動運転車に対応する高度なセキュリティが求められています。

自動運転に必要な安全性管理と情報漏洩対策

インターネットに常時接続されるコネクテッドカーや自動運転車は、不正アクセスのターゲットになり得ます。万が一、走行中の車両がハッキングされると、個人情報の漏洩や車両盗難の可能性があるほか、制御不能に陥ることで重大な交通事故が引き起こされる恐れもあります。

カーシェアリングなどで自動運転車を配車してもらう際には、デジタルキーを使って本人認証を行います。デジタルキーには、解錠する機能のほかにも、車内で利用する様々なサービスのIDやパスワード情報が暗号化されて収納される見込みです。仮に、デジタルキーが何らかの手段で乗っ取られた場合、本人になりすまして様々なアカウントにログインされてしまい、経済的な損害を受ける可能性があります。自動運転社会で便利なサービスを安心して利用するためには、これまで以上に精度の高いセキュリティが求められます。

移動データはこれまで活用できなかった個人情報

インターネットに常時接続された自動運転車では、過去の移動データに加えて、車内で利用したサービスに関連する行動履歴や決済履歴などあらゆるパーソナルデータが紐付けられ、デジタル管理されるようになるでしょう。これらのデータを活用することで、移動時間の過ごし方が一層楽しく便利になることは間違いありませんが、その一方で、情報が漏洩して不正利用された場合の悪影響も危惧されます。

特に、人がどんな交通手段を利用してどこに行ったかを一元化した移動データが本人が意図しない形で外部に流出してしまうと、プライバシーが丸裸にされかねません。自動運転車は貴重なパーソナルデータが大量に蓄積される、とてもデリケートなデバイスなのです。

最高度のセキュリティが求められるデバイスに

自動運転車が安心して利用できるデバイスになるためには、安全が確保されることが大前提です。貴重なパーソナルデータが集まる自動運転車は、ハッカーの標的にされることは確実です。万が一、ハッキングされたことで運転が制御不能になっても、遠隔操作で安全に車両を停止させられる管制センターのような仕組みが必要になるでしょう。

外部からの不正アクセスを防ぐためのルールを確立することも欠かせません。国土交通省が公表している「自動運転車の安全技術ガイドライン」（**図1**）では、自動運転車を製造するメーカーや自動運転サービスのシステム提供者に対して、サイバーセキュリティに関する国連の自動車基準調和世界フォーラム（WP29）等の最新要件を踏まえて、車両を設計・開発することを求めています（**図2**）。

6　サイバーセキュリティ

自動運転車は、3次元デジタル地図情報、交通情報、信号情報等の運行に必要な情報に係る通信のほか、運行管理センターからの遠隔監視のための通信、ECUの制御プログラムや自動運転ソフトを無線通信によりアップデートするOTA（Over The Air）など、最新のデータやプログラムを無線通信で取得することを前提として自動運転システムが安全に機能することとなると考えられる。このため、ネットワークに接続したコネクテッドカーである自動運転車の安全確保の観点から、サイバー攻撃に対するセキュリティ対策を講じることが不可欠である。

【要件】

自動車製作者等又は自動運転車を用いた移動サービスのシステム提供者は、サイバーセキュリティに関する国連（WP29）等の最新の要件を踏まえ、自動運転車のハッキング対策等のサイバーセキュリティを考慮した車両の設計・開発を行うこと。

図1 自動運転車に求められるサイバーセキュリティガイドライン　出典：国土交通省：『自動運転車の安全技術ガイドライン』より作成
URL：https://www.mlit.go.jp/common/001253665.pdf

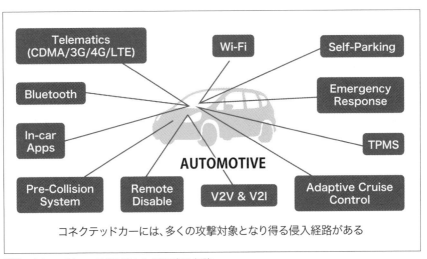

図2 コネクテッドカーの攻撃対象となり得る侵入経路

出典：PwCコンサルティング合同会社：『コネクテッドカー・サイバーセキュリティ』より引用
URL：https://www.pwc.com/jp/ja/industries/auto/connected-car.html

03 参考事例（国内外企業の取り組み事例）

世界で自動車のコネクテッド化が加速しています。自動運転社会の到来を見据えて、自動運転車を安心・安全に利用するためのセキュリティ技術の開発が進められています。

● Cybellum（日産連合と車両セキュリティで業務提携）

イスラエルのセキュリティ企業Cybellum（図1、図2）は、2020年7月にテルアビブにあるルノー・日産・三菱の3社連合開発研究施設と戦略的業務提携を締結しました。3社連合開発研究施設は、モビリティの「電動化」「コネクテッド化」「自動運転化」「新たなモビリティサービス」の開発に取り組んでおり、今回の業務提携によりモビリティ向けの革新的なサイバーセキュリティ技術を確立させ、市販車への搭載を目指すとしています。

Cybellumが提供している車両リスク分析ソリューションは、車載ECU（電子制御装置）やそのほかの車両ソフトウェアの脆弱性を自動的に検知できるのが特徴です。同社のソリューションを導入して、今後はソフトウェアやハードウェアなど車両全体のリスクアセスメントの実施に焦点を当てていく計画です。

● デンソー（コネクテッドカーをサイバー攻撃から防御）

トヨタグループの自動車部品大手であるデンソーとNTTコミュニケーションズは2019年12月、コネクテッドカーをサイバー攻撃から防御する技術検証を開始すると発表[*1]しました。両社は、2017年より「車両向けセキュリティオペレーションセンター（車両SOC）」の実用化に向けて共同開発を進めてきた経緯があります。

実験車に様々なサイバー攻撃を仕掛け、開発中の車両SOCによってどれくらい攻撃を検知できるか、影響範囲の特定・分析を試みるとのことです。様々な事象への対応シミュレーションを繰り返すことで、さらなる技術向上を図るとともに、安心・安全なモビリティ社会へ貢献することができるとしています。

---

*1 デンソーとNTTコミュニケーションズ、車両向けセキュリティオペレーションセンター（車両SOC）の実現に必要な技術検証を開始：
https://www.denso.com/jp/ja/news/news-releases/2019/20191216-01/

図1　Cybellum公式サイト

出典：Cybellum
URL：https://cybellum.com/

図2　Cybellumの技術

出典：Cybellum
URL：https://cybellum.com/technology/

04 自動運転で誕生する 新しいサービス、新しい市場

自動運転車を安心・安全に利用できるようにするためのサービスや仕組みの開発が進められています。不測の事態が起きた時のための安全策として、損害保険業界も準備を急いでいます。

自動運転車のリモート監視、制御サービス

自動運転車は、高速インターネットに常時接続されているため、ファイアウォールやゲートウェイを設置して、外部からの不正アクセスをブロックすることが必要です。さらに通信の入り口になるIVI（車載インフォテインメント）機器と自動車内部のネットワークとの分離、車載システムとネットワークへの暗号化基板の実装も進める必要があります。リモートで監視・制御する仕組みやサービスもすでに一部実用化されています。

損害保険会社は、従来から事故対応のコールセンターを運営してきた経緯がありますので、そのノウハウを活かして自動運転車の遠隔サポートサービスを開始する例も出てきています。損害保険ジャパンのコネクテッドサポートセンター（図1）では、自動運転車を常時監視して、必要となればリモートで自動運転車の運転操作も行います。非常時には、現地にスタッフが駆けつけるサービスも提供しています。

MaaS関連の個人情報を守るソフトウェア

自動運転車は、サイバー攻撃による不正アクセスを許してしまうと人命にかかわる事故が引き起こされる可能性がありますので、高度なセキュリティがあらかじめ搭載される設計になるでしょう。車内で様々なアカウントにログインしてサービスを利用する場合などは、不正アクセスやなりすましを遮断するソフトウェアで自衛手段を講じる必要があります。

IDやパスワードを安全に管理してくれるソフトウェアはPC向けやスマホ向けにはすでに存在しています。自動運転車が実用化されると、スマホや専用デバイスにインストールしてデジタルキーやそれに紐付く個人情報を安全に管理してくれるソフトウェアやサービスが普及するでしょう。

個人情報漏洩（図2）の損害を補償してくれる企業向け保険

自動運転の実用化に伴い、自動運転関連の新しいサービスが登場することは確実です。新しいビジネスモデルを事業化する際、どうしても不確定なリスクが伴います。特に、自動運転車を通じた個人情報の漏洩については、万が一漏洩した場合の賠償額がどこまで拡大するのか、一般企業が予測することは困難でしょう。そんな時に強い味方になってくれるのが、事業者向けの損害保険です。

　今後、自動運転の実用化レベルが進むにつれて、それぞれのレベルに対応した個人向けの損害保険に加え、自動運転車を使ったサービスを展開する事業者向けの損害保険も開発されるでしょう。事業者向けの損害保険では、自動運転車もしくはクラウドから個人情報が漏洩した場合の賠償責任をカバーしてくれる保険が目玉になるのではないかと思われます。

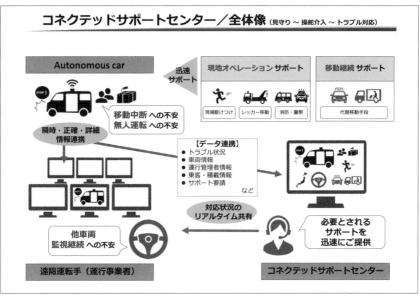

図1 損害保険ジャパンのコネクテッドサポートセンター

出典：損害保険ジャパン株式会社

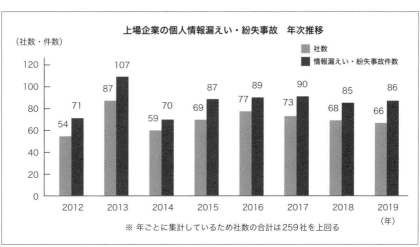

図2 2019年上場企業の個人情報流出件数

出典：株式会社東京商工リサーチ：「「上場企業の個人情報漏えい・紛失事故」調査」より作成
URL：https://www.tsr-net.co.jp/news/analysis/20200123_01.html

05 ビジネス参入の具体的アイデア（活用する側）

個人が自動運転車を安心して利用できるサービスに加え、企業が自動運転サービスを展開する際のリスクに備えたサービスや保険商品が大きな市場になると期待されます。

● コネクテッドカーから送信されるデータの分析サービス

　自動車メーカーは、コネクテッドカーにおいて情報セキュリティと安全性を併せ持つことの重要性を理解しており、外部からのサイバー攻撃を検知するセキュリティオペレーションセンター（SOC）を運用しています。セキュリティ企業は、各自動車メーカーに対してSOCのカスタマイズ設計を支援することで、両者の協力関係がすでに構築されつつあります。

　イスラエルのセキュリティ企業Upstream Securityが提供するSOCソリューション「Upstream」（図1）は、コネクテッドカーや運転手の端末からサーバに送信されるデータを収集して、車両内で異常が発生していないかどうかをAIが分析を行います。セキュリティ企業にとって、外部からの不正アクセスの監視だけではなく、コネクテッドカーから送信されるデータを分析して活用するニーズが拡大するでしょう。

● MaaS関連の個人情報の利用許諾を管理する情報銀行

　自動運転車に蓄積される個人の移動データや行動履歴を活用することで、パーソナライズされたサービスを車内で受けられるようになり、移動時間をより有意義に過ごせるようになります。そのためには、パーソナルデータを安全に保管して、自分の意志で利用許諾できる仕組みが必要です。その有力な候補としてあげられるのが、「情報銀行」[1]と呼ばれる仕組みです。

　情報銀行は、個人から預託されたパーソナルデータを一元管理して、本人の許諾に基づいて第三者、つまりパーソナルデータを活用したい企業などに提供して収益を得るビジネスモデルです。利用者は、情報銀行にデータを安全に保管してもらえるうえに、事前の取り決めに応じた便益を受け取れるメリットがあります。将来的には、MaaSデータに特化した情報銀行も登場すると思われます。

● 自動車に特化したセキュリティエンジニア養成

　すでに触れたように、アメリカのセキュリティ企業の調査によると、自動車業界ではサイバーセキュリティ対策に必要な人員を確保できていない企業が半数以上にのぼることが明らかになっています（図2）。自動運転車の開発に直接携わる自動車メーカーや自動車部品メーカーはもちろん、セキュリティ企業や損害保険会社など多くの企業がセキュリティエンジニアを採用しようとしてい

*1 情報信託機能の認定に係る指針ver1.0：https://www.meti.go.jp/press/2018/06/20180626002/20180626002.html

ますが、需要に追い付いていないのが現状です。

　自動車のサイバーセキュリティ対策は、自動車の構造や各部品の特性に精通する必要があるなど非常に専門性の高い分野です。その一方、コネクテッドカーや自動運転車をインターネットに常時接続されるデバイスの一種と捉えると、ネットワークやサーバにおけるセキュリティ技術を応用できる部分も少なくないでしょう。そういったセキュリティ技術を持った企業と連携して、自動車に特化したセキュリティエンジニアを養成するサービスが考えられます。

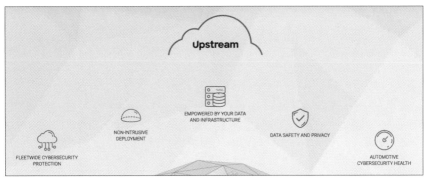

図1 Upstream

出典：Upstream Security
URL：https://www.upstream.auto/

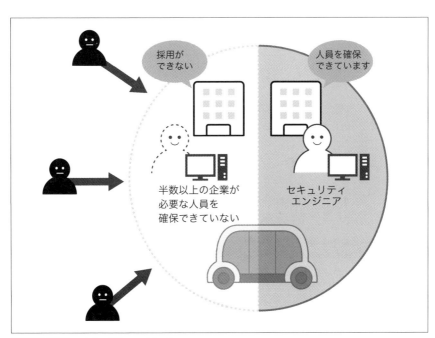

図2 採用が難しいセキュリティエンジニア

06 ビジネス参入の具体的アイデア（活用される側）

自動運転車の安全性を高めるためには、車内で使われるデータのバックアップや、車内の様子の監視など、様々な機能が求められます。

● 車載機器のサイバー攻撃リスク診断

自動運転が実用化されると、自動運転車向けの新しいサービスが次々と登場します。それらのサービスを便利に利用するために、自動運転車に後から取り付けることが可能な電子機器も増えると思われます。しかし、後から追加する電子機器に脆弱性が存在していると、サイバー攻撃の格好の標的になってしまう危険性があります。純正品ではない電子機器を取り付ける場合は、その電子機器にセキュリティ上の脆弱性がないことを確かめる必要があります。

セキュリティ診断を手掛けるイエラエセキュリティは、デンソーとNRIセキュアテクノロジーズが設立したNDIASと提携して、車両・車載電子機器を対象としたセキュリティ評価サービス（脆弱性診断）を提供しています。今後、車載機器はさらに多様化することは確実ですので、車載機器のサイバー攻撃リスクを診断するサービスは需要が拡大するでしょう。

● パーソナルデータを完全に消去する技術

自動運転車の車内で消費活動が盛んに行われるようになると、決済情報や移動履歴などのパーソナルデータを狙って不正アクセスを試みる動きが強まることは確実です。強度の高い情報セキュリティを導入することはもちろんですが、利用者が保存しておきたくないと判断したパーソナルデータは、簡単な操作で消去できる仕組みを設けておくことも重要な視点になります。

特に、同じ車両を不特定多数の人が利用するカーシェアリングや自動運転タクシーなどでは、移動中に利用した車内サービスに関するパーソナルデータが車両に残っていないかが気になる人も少なくないでしょう。ウェブでは登録した情報を完全削除したことを示す消去証明を発行するサービスも実用化されていますが、このような技術が自動運転車に蓄積されるパーソナルデータに応用できれば、利用者の安心につながるでしょう。

● 必要なデータをクラウドに何重にもバックアップ（図1、図2）

自動運転車には、センサーカメラが取得した画像データを分析し、必要に応じて情報共有する仕組みや、リアルタイムの交通情報を受信する仕組みが搭載されます。そのような様々なデータが自動運転車に蓄積されることになるため、保存のために大容量のストレージ機器が必要となります。万が一事故が発生した場合に、その原因を究明できるように、重要な走行データは頑丈に保護

されたストレージ機器に収納するとともに、バックアップデータをクラウドに保存しておくことも欠かせません。

　情報セキュリティに優れた堅牢なデータストレージ技術を持っている企業にとっては、自動運転車向けのストレージやバックアップシステムは大きな市場に成長する可能性があります。

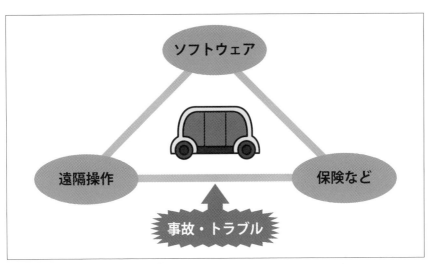

図1 自動運転車を事故やトラブルから守る

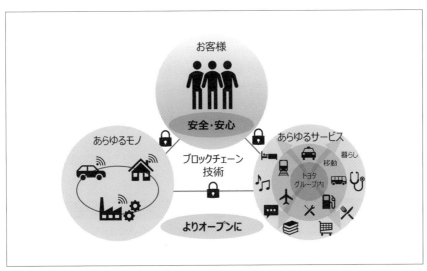

図2 ブロックチェーン技術の活用イメージ

出典：トヨタ自動車株式会社、トヨタファイナンシャルサービス株式会社：
『「トヨタ・ブロックチェーン・ラボ」、ブロックチェーン技術の活用検討と外部連携を加速化』より引用
URL：https://global.toyota/jp/newsroom/corporate/31827409.html

07 新しい情報セキュリティ市場参入のポイント（まとめ）

自動運転車ではデータはすべてデジタル化され、高速インターネットに常時接続されるため、サイバー攻撃の対象になりやすい一面を持っています。交通事故を防ぐためにも、高度な情報セキュリティが求められます。

● 人命を預かるゆえ完璧なセキュリティが要求される

　人を乗せて走行中の自動運転車がサイバー攻撃を受けると、走行の制御ができなくなり、重大な事故を引き起こす可能性があります。自動運転車の実用化に向けては、そういったリスクをいかに防ぐかが大きな課題となっています。

　ハンドルやペダル類もない自動運転車では、走行中に故障してしまうと、乗っている人が普通の自動車のように操作して車両を自力で移動させることはできません。そのような事態に対応するため、非常時に自動運転車を遠隔操作する管制センターのような仕組みが検討されています。非常時には管制センターに自動運転車を制御する権限を与えることになりますので、その権限が第三者に不正に乗っ取られないようにするセキュリティについても、技術やルールが今後整備されていく見込みです。

● 移動から得られるデータは貴重な個人情報

　コネクテッドカーはすでに、サイバー攻撃の標的にされています。狙われる理由は、インターネットに接続されるコネクテッドカーには、所有者や同乗者のパーソナルデータが蓄積されているからです。車が自動運転化すると、人工知能が搭載されることもあって車内で利用できるサービスは一気に広がり、それに伴ってパーソナルデータの種類や量も大きく増えることは確実です。

　自動運転車が生成する移動データは、これまで人類が活用することができなかった貴重なパーソナルデータです。過去の移動履歴と目的地の情報を解析すれば、移動の目的や利用者の職業や勤務地などプライベートなことも特定される恐れがあります。これらのパーソナルデータを外部に流出させないためのセキュリティ技術は、自動運転サービスを普及させるうえで非常に重要な鍵を握ります（表1）。

● 情報が正しく活用されることで大きな経済効果

　レベル4以上の自動運転車では、人が運転から解放されるため、車内でのエンタメや商品購入など消費活動に伴う市場が大きく拡大すると期待されています。それらの車内消費が盛り上がるための条件は、自動運転車に蓄積されるパーソナルデータがターゲティングに適切に活用されることです。パーソナライズされたサービスやコンテンツが配信されてこそ、移動時間中に数々の消費

が発生するのです。

　移動データを含めたパーソナルデータは個人のものであり、それを企業がマーケティングに利用するには、本人の許諾が必要になります。パーソナルデータを自分で管理できる仕組みが確立される見込みですが、こうしたデータの取り扱いに慣れていない人がほとんどなので、単純ミスによる情報流失も懸念されます。ここでも情報セキュリティの重要性が増しています（**図1**）。

表1 自動運転のセキュリティに取り組む企業一覧

国	事業者名	URL
日本	ホワイトモーション	https://www.white-motion.com/
日本	ソリトンシステムズ	https://www.soliton.co.jp/
日本	NDIAS	https://ndias.jp/
日本	イエラエセキュリティ	https://ierae.co.jp/
日本	ココン	https://cocon-corporation.com/
ドイツ	ESCRYPT	https://www.escrypt.com/ja
ドイツ	Infineon Technologies	https://www.infineon.com/cms/jp/
オランダ	Irdeto	https://irdeto.com/languages-japanese/
アメリカ	Wind River	https://www.windriver.com/japan/
イスラエル	Karamba Security	https://www.karambasecurity.com/
イスラエル	Upstream Security	https://www.upstream.auto/jp/
イスラエル	Arilou Information Security Technologies	https://ariloutech.com/
韓国	Penta Security Systems	https://www.pentasecurity.co.jp/

1　自動運転車はサイバー攻撃を受けると人命に危険が及ぶ

2　様々なパーソナルデータが集まる自動運転車は絶好の標的に

3　自動運転車が生み出す移動データは貴重なパーソナルデータ

4　車内の消費が盛り上がるにはデータの活用が不可欠

5　データを安全に活用できるセキュリティが求められる

図1 自動運転×情報セキュリティに参入する際の視点整理

コネクテッドカー向けプラットフォームを開発する「Automotive Grade Linux」

COLUMN

「Automotive Grade Linux（AGL）」とは、コネクテッドカー向けにIVI（車載インフォテインメント）、自動運転、ADAS（先進運転支援システム）、ヘッドアップディスプレイ、テレマティクスなどのオープンプラットフォームを開発するプロジェクトです。トヨタや日産など国内外の自動車メーカーや自動車部品メーカー、IT企業が中心になって2012年9月に設立されました。AGLは、2000年に設立された非営利の技術コンソーシアムLinux Foundationによる取り組みのひとつです。

コンソーシアムに参加する企業が協力して、コネクテッドカー向けの業界標準となるオープンプラットフォームを、Linuxをベースに開発を進めています。AGLの成果のひとつとしては、Unified Code Base（UCB）と呼ばれる車載インフォテインメント、テレマティクス、インストルメントクラスタ向けのオープンプラットフォームがあります。2020年4月には、音声認識やコネクティビティ、セキュリティなどの機能を強化した最新版「UCB 9.0」をリリースしました。HTML5でつくられたデモアプリがホームスクリーンやランチャーなどから利用可能になるなど、ますます機能が進化しています。

AGLは国際的なコンソーシアムですが、ウェブサイトで公表されているプラチナメンバーは日本企業で占められており、実質的にAGLは日本企業が主導しているプロジェクトといってもいいでしょう。

Linux Foundationでは、AGLのほかにも、様々なコンソーシアムが設立されています。2019年2月にトヨタが中心になって、Linuxベースの自動運転技術開発支援ツールなどを開発する「ELISA（Enable Linux in Safety Applications）」が設立されました。創設メンバーにはARMやBMW Car ITなどが名前を連ねていましたが、2020年6月には、Intel/Mobileyeやスズキなどが新しくメンバーに加わりました。

GoogleやUberが中心となって2019年5月に設立された「Urban Computing Foundation」は、コネクテッドシティにおける移動や安全性、道路インフラ、交通渋滞、エネルギー消費などを改善するオープンソースのソフトウェア開発を支援するコンソーシアムです。

Chapter 18

自動運転×サービス
「カーシェアリング」

自動運転タクシーやカーシェアリングが廉価で利用できるようになると、自動車をあえて所有しようとする人は減少すると思われます。カーシェアリングの普及に伴い、新しいサービスや関連したビジネスが数多く誕生するでしょう。

01 カーシェアリングの現状と課題

インターネットを介してモノや場所、スキルや時間などを共有する「シェアリングエコノミー」の普及に伴い、自動車の概念も「所有から利用へ」と徐々に変わりつつあります。

● カーシェアリングとライドシェアの違い（ 表1 ）

カーシェアリングとは、1台の車を複数の利用者が共有して利用するサービスのことです。予約した時間中は自動車をパーソナル利用でき、現状は指定された駐車場で乗り込み、利用後は元の駐車場へ返却する方式が大半です。別の駐車場に返却できる乗り捨て型のカーシェアリングについても規制緩和が進み、実用サービスも一部開始されています。

ライドシェアとは、相乗りサービスのことを指し、自家用車の所有者と自動車に乗りたい人をつないだ移動サービスです。海外では急成長を遂げていて、アメリカのUberや東南アジアのGrabなどが有名です。日本国内では法規制があり、積極的には展開されていません。同じ目的地へ向かうドライバーと利用者が、ガソリン代や高速代などの交通費を割り勘するカープール型のライドシェアのみが実用化されています。

● 自動車は「所有する」から「好きな時に使う」へ

富士経済が公表した自動車関連のシェアサービス市場に関する調査結果[1]によると、2018年の国内カーシェアリング市場規模は36億円（見込）なのに対して、2030年には260億円に拡大するとみられています（ 図1 ）。

自動車関連のシェアサービスは、自動運転車の実用化で加速すると思われます。アメリカのAccentureが、アメリカ・欧州・中国の7,000人を対象に自動車に関する意識調査[2]を行ったところ、自動運転タクシーや自動運転車のシェアリングサービスが利用できるようになった後に、「所有している自動車を手放すことを検討する」と回答した人が48%と約半数を占めました。自動運転車の登場によって、自動車が「所有から利用へ」のシフトが加速する可能性が高いことを示した調査結果といえるでしょう。

● 自動車メーカーも意識するカーシェアリング

今後の自動車産業の戦略を示したキーワード「CASE」のSは「Shared & Services」、すなわち、カーシェアリングなどのサービスを指しています。自動車メーカーも、自動車を製造するビジネスに加えて、自動車をサービスとして提供して継続課金するビジネスも展開することを模索しています。

日本でも、トヨタなどの自動車メーカーが、月額固定で新車を乗り換えられ

[1] 自動車関連のシェアサービス国内市場を調査：https://www.fuji-keizai.co.jp/press/detail.html?cid=19014&view_type=1
[2] MOBILITY SERVICES: THE CUSTOMER. PERSPECTIVE：
https://www.accenture.com/_acnmedia/PDF-109/Accenture-Mobility-Services.pdf#zoom=40

るサブスクリプションサービスに参入しています。自社の新車や最新のADAS（先進運転支援システム）の体験の機会としても活かされていますが、今後はカーシェアリング専用車両の開発が進む可能性もあります。これらのサブスクリプションも、自動車のシェアサービスを普及させるきっかけになるものと注目されています。

表1 カーシェアリングとライドシェアの違い

	カーシェアリング	ライドシェア
メリット	・スマートフォンで予約し、車の解錠・施錠も電子キーなどでスマート化されている場合が多く、店員などを介すことなく気軽に利用できる ・自身で運転するため自由な移動が可能で、時間も10分、15分単位から借りることができる	・低料金での利用が可能 ・スマートフォンで気軽に利用できるオンデマンド配車システムが整っている ・ドライバーにとっては自身に都合の良い時間で働くことができ、自家用車の有効活用ができる
デメリット	・ステーションが近隣にない場合は車を戻すことが手間になる ・ほかの利用者の使い方によっては、車内が汚れていたりする場合もある	・ドライバーの資質にばらつきがある ・法整備が整っていない

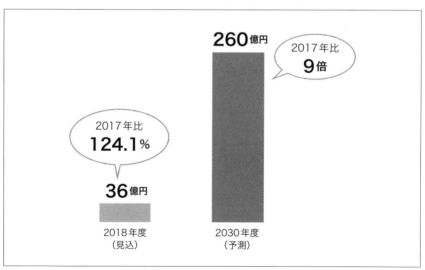

図1 カーシェアリングの市場規模　出典：株式会社富士経済：『自動車関連インフラシステム/パーキング＆シェアサービスの市場予測 2019』より作成
URL：https://www.fuji-keizai.co.jp/press/detail.html?cid=19014&view_type=1

02 自動運転でカーシェアリングの何が変わるか

自動運転タクシーは、海外ではすでに一部エリアで実用化されています。将来的には、自動運転タクシーとカーシェアリングは、ほとんど同じサービスのような感覚で利用できるようになるでしょう。

● 自動運転タクシーがカーシェアリングを促進

今のカーシェアリングは、1台の自動車を周辺に住む複数の利用者で共有するのが一般的な形です。先に予約が入ってしまうと、自分が乗りたい時に必ずしも利用できないという弱点があります。自動運転車のカーシェアリングが実用化されると、離れたステーションからでも車両が自動運転でユーザーの自宅まで来てくれるので、いつでも好きな時に利用できるようになります。

好きな時に、好きな場所に自動運転車が来てくれるサービスは、海外ではすでに一部実用化がスタートしている自動運転タクシーとほぼ同じサービスといえます。将来的には、自動運転タクシーとカーシェアリングはほぼ同義となるかもしれません。そして、自家用車のような感覚で自動車を好きな時に利用できるようになるため、その利便性の高さから一気に普及する可能性があります。

● 自動車は毎月固定金額での利用が主流に

カーシェアリングや自動運転タクシーを利用する最大のメリットは、利用した分だけ料金を支払えばいいので、自動車を保有する場合と比較して、トータルコストが格段に低くなることです（図1）。駐車場がいらないのも大きな利点でしょう。利用料金については、一定の移動距離や頻度の範囲内であれば月額固定金額、いわゆるサブスクリプションで利用できるサービスが主流になると思われます。

サブスクリプションモデルは、音楽や映画の配信、飲食店などで先行して普及していますが、同様の流れがすでに自動車業界でも起きようとしています（図2）。トヨタは愛車サブスクリプションサービス「KINTO ONE」[*1] を 2019 年から開始しています。契約するプランの期間が長くなると、月額費用も安くなります。国内自動車メーカーでは、日産やホンダも同様のサービスをスタートしています。

● 毎月サービス料や商品代金と一緒に決済

自動車を所有せずに好きな時だけ利用するという形態が普及すると、サブスクリプションモデルであればもちろん、使った分だけ課金される契約であっても、支払いは毎月決められた日に銀行口座やクレジットカードから引き落とされる形になるでしょう。そうなると、カーシェアリングや自動運転タクシーの

*1 KINTO ONE とは：https://kinto-jp.com/kinto_one/

乗車中に利用したコンテンツなどの有料サービスや、車内で注文した商品の代金なども一緒に決済されるようになると思われます。

　自動車関係のサービス利用料や乗車中の消費活動での支払いがまとめて請求される形は、現在の携帯電話のキャリア決済とほぼ同じ形です。キャリア決済は、支払いを滞納すると生活必需品であるスマホの通信も止められてしまうので、優先して支払う人が多く、滞納率が低いことが特徴です。

　カーシェアリングが普及すると、自動車関連の支払いをまとめる決済サービスが登場することは間違いありません。

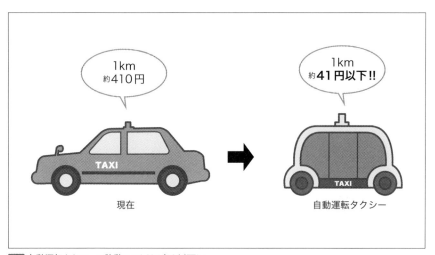

図1 自動運転タクシーで移動コストは1/10以下に

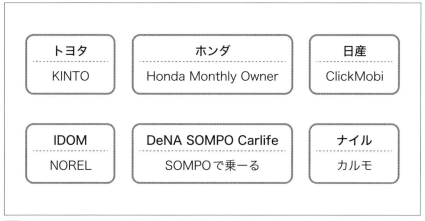

図2 国内企業が提供するサブスクリプションサービス

03 参考事例（国内外企業の取り組み事例）

自動運転時代の到来を見越して、同じ車両をレンタカー用とシェアリング用に併用する仕組みや、1台からカーシェアリングビジネスに参入するプラットフォームなどが開発されています。

● パーク24（レンタカー車両を融通）

駐車場最大手でカーシェアリングやレンタカーサービスも展開するパーク24グループは、2019年にはレンタカーとカーシェアリングのメリットを掛け合わせた「タイムズカー」のトライアルを実施するなど、本格展開に向けた取り組みを推進しています（図1）。

カーシェアリングの利用者数の増加によって、予約が取りにくい時があります。同社ではその不便さ解消のため、ステーションの車両が貸し出し済みでも、レンタカー用の車両を融通しさらなる予約にも対応する仕組みを構築しています。生活動線上にカーシェアリング車両の置き場となる駐車場を確保するため、利用状況を調査しながら細かく調整をしてステーションを新たに設置していく計画です。

● Will Smart（1台からカーシェアできるプラットフォーム）

Will Smartは2019年10月、カーシェアリング用のオールインワン・プラットフォーム「Will-MoBi」をリリースしたと発表しました（図2）。同社はモビリティ領域に関する事業に力を入れており、Will-MoBiは同領域における自社サービスの第1弾という位置付けです。

このサービスの提供先は、レンタカーやリースなどのカービジネスを展開している企業や社用車・営業車を多数利用している企業のほか、土地や空き地などの資産活用を行っている事業者などを想定しています。社用車や営業車を所有している企業では、Will-MoBiを活用して社用車などをシェアリングすることで、保有している社用車という資産が有効活用することができます。Will-MoBiは、24時間無人でサービスを提供できること、車両1台からカーシェアリング事業を開始できることなどが大きな特徴です。

● イードとジゴワッツ（バーチャルキーがカーシェアリングに採用）

自動車特化型アクセラレーターを手掛けるイードと認証技術開発を手掛けるジゴワッツが共同開発したバーチャルキーシステムが、2020年2月にカーシェアリング「Patto」に採用されました。イードとジゴワッツは、後付型のスマートロックシステム「バーチャルキー」の商品化に向けた開発と独占的な販売を前提に2018年8月に提携を結んでいます。

---

*1 東京都内のタクシーにおける訪日外国人向け「多言語音声翻訳システム」の実証実験を実施：
https://news.kddi.com/kddi/corporate/newsrelease/2019/11/12/4134.html

　共同開発されたバーチャルキーは、ジゴワッツの認証テクノロジーを利用した認証サーバとスマホアプリ、Bluetooth LE通信機器を内蔵したバーチャルキー専用車載器によって構成されており、スマートキーが導入されている車両であればメーカーを問わずに導入することができるのが特徴です。カーシェアリングにおいてバーチャルキーは標準搭載化されつつあり、CASEの波が押し寄せる自動車業界全体においても注目度が増してきています。

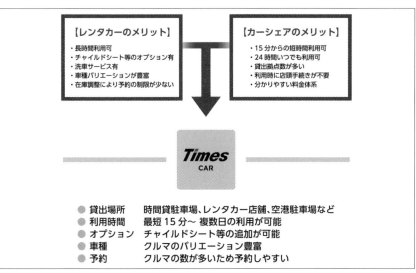

【レンタカーのメリット】
・長時間利用可
・チャイルドシート等のオプション有
・洗車サービス有
・車種バリエーションが豊富
・在庫調整により予約の制限が少ない

【カーシェアのメリット】
・15分からの短時間利用可
・24時間いつでも利用可
・貸出拠点数が多い
・利用時に店頭手続きが不要
・分かりやすい料金体系

⦿ 貸出場所	時間貸駐車場、レンタカー店舗、空港駐車場など	
⦿ 利用時間	最短15分〜 複数日の利用が可能	
⦿ オプション	チャイルドシート等の追加が可能	
⦿ 車種	クルマのバリエーション豊富	
⦿ 予約	クルマの数が多いため予約しやすい	

図1 タイムズカー　　　　　　　　　　　　　　　　　　　　　提供：パーク24株式会社

車載機器
取付作業から動作確認まで対応します。

キーボックス
物理キーとリモコンキーのどちらにも対応可能。

予約アプリ
シンプルなUI/UXで誰でも簡単に予約・利用が可能。

予約管理システム
管理者が予約状況把握、予約変更やキャンセルも可能。

車両キーアプリ
アプリで車両の扉を開閉。

動態管理システム
車両の位置情報、車両の状態情報をリアルタイムに把握。

クレジットカード決済システム
PCIDSSに準拠したカード決済システムをご用意。
お客様ご指定のPaymentGWとの簡単に連携可能。

API
APIによって他システムとの柔軟な連携が可能に。

図2 Will-MoBiのパッケージ内容

出典：株式会社Will Smart：『カーシェア・オールインワン・プラットフォーム「Will-MoBi（ウィルモビ）」をリリース』より引用
URL：https://willsmart.co.jp/news/20191029

自動運転で誕生する新しいサービス、新しい市場

カーシェアリングや自動運転タクシーなどの普及で移動コストが劇的に下がることで、移動によって得られる情報や付加価値でマネタイズする手法も数多く誕生するでしょう。

自動運転サービスのサブスクリプションサービス

　自動運転社会では、カーシェアリングと自動運転タクシーがほぼ同じサービスになる可能性が高いことについてはすでに触れました。料金体系も、月額固定料金、すなわちサブスクリプションモデルが主流になると思われます。利用者が移動に使える時間には上限があるためです。ただ、長距離の出張などに使われてしまうと長時間車両を専有されますので、一定の移動距離や移動範囲の制限は必要になるでしょう。

　いわば、いつでも自由に自動運転タクシーが利用できるパスのようなサービスになりますが、おそらく自動運転タクシーだけではなく、ほかの交通機関との提携によって、電車やバス、個人用モビリティなどあらゆる交通機関が使い放題になるサービスが登場すると予想されます。

　また、地方に自動運転タクシーが普及するのはかなり先になるかもしれませんが、普及すれば交通難民の課題は解消されることが期待できます。

社用車をシェアするプラットフォーム

　普段はあまり使わない車両を有効活用したいのは、企業や自治体でも同じです。特に、来賓の送迎に利用することを想定して所有している高級車については、使用目的が明確なので、空いている期間がわかりやすいという特徴があります（図1）。このような高級車の場合は、カーシェアリングというより、自動運転ハイヤーのレンタルサービスと表現した方がいいかもしれません。

　送迎用の高級車をシェアできるプラットフォームが普及すると、企業や自治体は送迎車をわざわざ保有する必要がないと判断するようになるかもしれません。企業や自治体から送迎車を買い取り、それを整備して送迎車専門のカーシェアリングサービスを運営する企業も出てくるでしょう。ステータスのある車種に限定して、企業や自治体向けにシェアリングを行うサービスには一定のニーズがあると思われます。

カーシェアリング利用者向けの損害保険（図2）

　現在、企業が提供しているレンタカーやカーシェアリングでは、利用料金に自動車保険が含まれています。最近では個人間でカーシェアリングを行うケースも増えていて、個人から借りた車両を短期間利用する人向けに1日自動車保

険が販売されています。たとえば、あいおいニッセイ同和損害保険は、個人間のカーシェアリングを仲介するプラットフォームを展開する事業者向けに、手軽な操作で加入できる1日自動車保険の提供を開始しています。

　自動運転が実用化されると、自動運転車のカーシェアリングを利用する人が増えると見込まれています。個人間のカーシェアリングに加え、一般企業が保有する社用車を空き時間にシェアリングする機会も増えるでしょう。そういったニーズに対応するため、自動運転車のカーシェアリング利用者向けの自動車保険が新しく開発されるものと思われます。

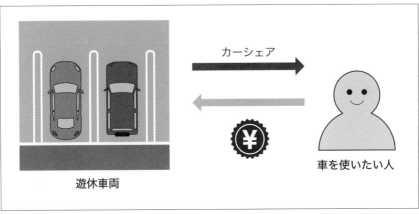

図1 企業や自治体が保有する遊休車両の有効活用

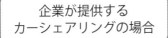

図2 カーシェアリング向け損害保険のイメージ

05 ビジネス参入の具体的アイデア（活用する側）

自動運転タクシーは、すでに参入を表明している企業も多く、競争が激しくなることが予想されます。車両や配車ステーションについて、遊休資源を有効活用する動きも出てきています。

● 利用料金が一部無料のカーシェアリング

　自動運転タクシーが実用化されると、カーシェアリングとほぼ同様な使われ方をされるとみられています。自動運転タクシーの利用料は、人が運転するタクシーに比べて大幅に低下することは確実と思われますので、競争原理が働いてカーシェアリングの利用料は自動運転タクシーと近いものになるでしょう。

　自動運転タクシーは、車内に設置されたディスプレイに表示される広告や、匿名の移動データをマーケティングに利用することなど条件に利用料を一部無料にするビジネスモデルが模索されつつあります（図1）。同様に、カーシェアリングにおいても、広告やデータ利用などを収益源のひとつとして付け加えることで利用料を廉価に設定して、シェアを短期間に獲得するという戦術を採用する事業者も登場するものと思われます。

● 自家用車や社用車を空き時間にシェアできるサービス

　カーシェアリングが普及すると、自動車を所有している人が、空き時間に車両を他人にシェアするというビジネスも発生します。個人間の契約となると、法律上の問題やトラブルなどが懸念されますので、企業がインターネットで貸し手と借り手をマッチングするプラットフォームを運営する形が現実的でしょう。実際、Part1の海外事例で紹介したTeslaも同様のビジネス構想を打ち出しています。

　Teslaの構想は、自動運転機能を搭載したTesla車をリース契約した車両オーナーが、その車両を配車サービスプラットフォーム「TESLA NETWORK」に登録することで、自動運転タクシー事業を個人として行えるようになるというものです（図2）。本人が自動運転車に乗っていない時間帯に、自動運転タクシーとして利用される形で、タクシーとして使用中に事故が発生した際にはTeslaが責任を持ちます。車両オーナーは、タクシーの運賃収入でリース代の一部をまかなうことが可能になります。

● 多言語で利用できる訪日客向け自動運転タクシー

　観光地では、訪日外国人観光客にタクシーを利用してもらう大きなニーズが期待されます。たとえば、京都では「フォーリンフレンドリータクシー」と呼ばれるタクシーサービスがあります。運転手は語学研修を受けているほか、ク

レジットカードやICカードでの決済が可能、スーツケースなどの大型荷物を2個以上収納できる大型の車両を採用しています。

　自動運転タクシーになると、外国人観光客とのコミュニケーションをどのように取るかが課題になります。将来的には、車載AIがその外国人が理解できる言語で会話できるようになるかもしれませんが、当初はタッチパネルで言語を切り替える、アプリで行き先はもちろん、細かいリクエストをすべて設定できるようにして、コミュニケーションをしなくても快適に利用できるようにすることなどが考えられます。

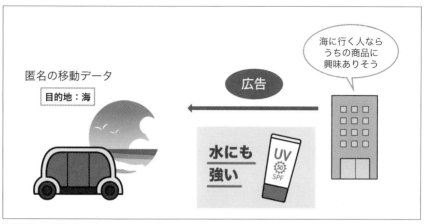

図1 匿名の移動データをマーケティングに活用

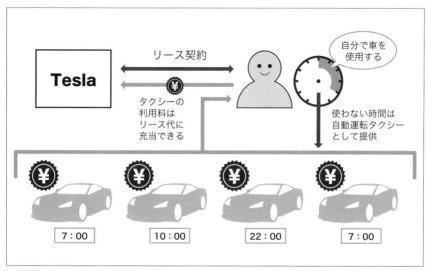

図2 TESLA NETWORK

ビジネス参入の具体的アイデア（活用される側）

自動運転タクシーやカーシェアリングでは、利用料を廉価に設定して、コンテンツや広告でマネタイズする方法もあります。そのための技術やビジネスモデルの開発も進められています。

カーシェアリングを安全に利用できるデジタルキー

自動車を保有していれば自分の好みをカーナビやオーディオ、内装などに反映することができますが、カーシェアリングや自動運転タクシーの場合、毎回使用する車両が異なるので、その都度設定を自分で行う必要があります。特に、車内で利用するコンテンツや音楽配信サービスがいつも同じ設定で利用できるようにしてくれるアプリやプラットフォームがあれば大変便利です（図1）。

その際に障壁になるのが、車両によって搭載される車載OSやソフトウェアがバラバラで、アプリで操作を行う際のデータ形式や通信形式が異なる可能性が高いことです。車両が異なっても様々な設定を同じ操作で行えるデータの統一規格がつくられ、その規格に自動変換できる技術が開発されれば、カーシェアリングや自動運転タクシーでも、自分専用車両のように車内のサービスを利用できるようになるでしょう。

駐車場の空きスペースをシェアするプラットフォーム

カーシェアリングや自動運転タクシーを自家用車のように利用するメリットのひとつは、好きな時に好きな場所まで自動運転で配車されてきますので、駐車場を借りる必要がなくなる点です。個人対象の駐車場ビジネスは、将来的に規模が縮小するものと予想されます。

その一方で、カーシェアリングや自動運転タクシーの事業を展開する企業には、効率よく配車するために、多くの配車ステーション兼駐車場が必要になります。各地に自前の配車ステーションを数多く設置するには、多大なコストがかかります。そのようなサービサーを対象に、駐車場の空きスペースをシェアするサービスが考えられます（図2）。空きスペースを低コストでシェアしてもらえるのなら、それを配車ステーションとして活用することで、設備投資や運用コストを縮小できるというメリットが期待できます。

地元の店舗向けエリアマーケティングサービス

カーシェアリングや自動運転タクシーのサービサーは、膨大な数の車両を自社で運用しますので、車両が生み出す走行データなどの情報を一元管理できる立場にあります。利用者に走行データの活用について許諾を得る仕組みを確立できれば、走行データを匿名情報として統計処理して、自動運転ソフトウェア

の開発を行う企業や、広告配信などを行うマーケティング企業に提供するビジネス展開も可能です。

　車両の走行データ以外でも、自動運転車が常時収集しているセンサーカメラの画像を統計処理することで、マーケティングデータとして活用できそうです。たとえば、どの時間帯にどれくらいの人が行き来しているかという通行量調査は、現在は人が道路脇で椅子に座って計器でカウントしていますが、自動運転車が収集するデータを解析すれば、より詳しい調査結果がアウトプットできるでしょう。

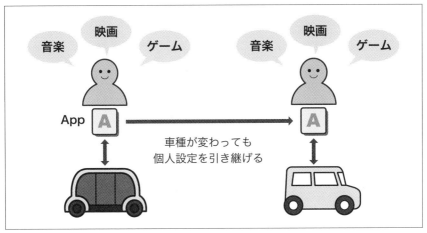

図1 個人設定を引き継げるアプリ

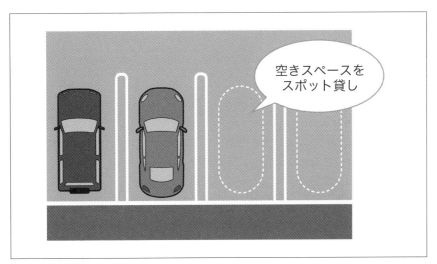

図2 駐車場の空きスペースを活用

07 新しいカーシェアリング市場参入のポイント（まとめ）

カーシェアリングの普及は、家計など暮らしに大きく影響するようになります。自動運転車を誰でも気軽に利用できるようになれば、交通難民の救済や地域経済の活性化にも貢献するでしょう。

家計において自動車はB/SからP/Lに

　自動車が所有からシェアリングに変わり、家庭内の家計において自動車関連の支出は、B/S（貸借対照表）からP/L（損益計算書）に変化します（図1）。つまり、自動車は大きな金額で購入する資産ではなく、毎月少しずつ利用料を支払っていく経費になります。毎月支払っている携帯電話の利用料金や光熱費、スポーツジムや動画配信システムの月会費と同じような感覚になるということです。

　自動運転車では移動のためのコストが劇的に下がりますので、移動距離や移動時間をベースにした利用料金も大きく低下することが期待できます。また、自動車を所有する際に契約が必須だった駐車場も必要なくなりますので、自動車関係のトータルコストはかなり低下するはずです。自動車関連の出費が少なくなった分、支出を移動中に車内で利用するサービスやコンテンツなどの消費活動に向けられるようになるでしょう。

月額料金と一緒にサービス利用料金も決済

　カーシェアリングや自動運転タクシーは、普及し始めると一気に激しい顧客獲得競争が繰り広げられるようになるでしょう。利用者数を多く獲得できさえすれば、車内での有料コンテンツ配信、商品販売、広告表示など、様々なマネタイズが可能になるからです。シェア獲得のために、思い切った低価格戦術を採用するサービサーも登場すると思われます。車内における移動中の消費活動は大きな利益の源泉になり得ます。

　サービサーにとって、移動だけのサービスにとどまらず、いかに様々な関連サービスや商品を一緒に販売できるかが鍵になります。移動中に発生した消費活動については、キャリア決済と同様にカーシェアリングの月額利用料と一緒に決済されるようになるでしょう。自動車関連の決済サービスは、様々な決済によって生じる手数料を安定的に得られる魅力的なビジネスになるため、どの企業が覇権を握るかが注目されます。

カーシェアリングは地域活性化に貢献も

　自動運転車に蓄積される様々なデータを活用することで、ショッピングセンターやスーパー、観光地、レストランなどと提携をしてマネタイズすることが

可能です。それらのデータをエリアマーケティングに活用できるようになると、今の折り込みチラシやポスティングよりも広告効果が飛躍的に高まると期待されます。利用者の立場からも、よく利用しているお店での割引が受けられるなどの恩恵があり、データの共有に同意する人も増えるでしょう。

　これまで地元で買い物をすることが少なかった人がエリアを周回し、地元の店を利用するきっかけにもつながります。自動運転タクシーやバスが普及すれば、高齢者の買い物支援や公共交通機関の代替としても期待されます。過疎地域と買い物エリアの間の移動手段としても利用することができ、地域活性化の起爆剤にもなるでしょう（図2）。

自動運転社会において、「車」の所有方法はどう変わるか

・サブスクリプション
・シェアリング

家計内において「車」は
B/SからP/Lへ

図1 家計において自動車はB/SからP/Lに

1	カーシェアリングの普及で自動車は「所有から利用へ」
2	家計において自動車関連の支出はB/SからP/Lに
3	個人や企業の車両や駐車スペースもシェアリング
4	走行データを解析することでマネタイズも可能
5	カーシェアリングは地域活性化にも貢献

図2 自動運転×カーシェアリングに参入する際の視点整理

おわりに

■「自動で走る」ことで広がるサービスが最重要市場となる

　本書では自動運転ビジネスの中でも、特に「自動車が自動で動くようになった時にその上に乗るサービス」に焦点を当ててきました。自動車が自動で走ることが実現していない現時点では、自動運転ビジネスのBtoC（対消費者向け）市場規模はほぼ0円です。しかしながら、自動運転車が実用化されることで短期間のうちに大きな市場に急成長することが期待できます。

　なぜ、巨大な市場が新しく誕生するのかといえば、自動運転社会になると、今の生活様式やビジネスモデルが大きく変革するからにほかなりません。

■自動運転社会において社会やライフスタイルはどう変わるか

　レベル4以上の自動運転車では人は運転から完全に解放され、移動時間は好きなことに集中できる可処分時間に変わります。映画や音楽の鑑賞、ショッピングなど快適なプライベート空間で新たに発生する消費活動だけでも大きな市場になることは容易に想像できるでしょう。また、無人ビークルが荷物を配送したり、自動運転タクシーが人を運んだりするようになると、配送や移動のコストは今の1/10以下になるといわれています。

　自動運転ビジネスは、これまで存在しなかったまったく新しいビジネスなので、アイデアや柔軟な発想力が重要な鍵を握ります。自動運転が実用化されると社会がどう変わるか、ライフスタイルがどう変わるかをイメージできれば、いくらでもアイデアは思いつくはずです。

■未来の爆発的普及に向けて「今」やるべきこと

　自動運転ビジネスの大きな市場が誕生するのは、そう遠い未来の話ではありません。政府が2020年7月に公表した「官民ITS構想・ロードマップ2020（案）」では、2025年を目途に高速道路におけるレベル4の市場化、2030年までに「世界一安全で円滑な道路交通社会」を構築するという目標が掲げられています。つまり、今から5年から10年以内に、これまで経験したことがない大きな変革が起きる可能性が高いのです。

　自動運転ビジネスはこれから誕生する市場とはいえ、本気で市場参入してチャンスをつかみたいのなら、今すぐに行動を起こすべきです。では、何を最優先して行動に移せばいいでしょうか。それは、自動運転ビジネスへの参入をいち早く表明して、PoC（概念実証）や実証実験を速やかに行うことで、業界向けにブランディングすることです。

　本書では、自動運転ビジネスのヒントをできるだけ多く記載することを心掛けました。自動運転ビジネス参入にあたり、少しでも皆さまの手助けになれば幸いです。

2020年10月吉日
下山哲平（株式会社ストロボ代表取締役社長/自動運転ラボ発行人）

PROFILE

下山哲平（しもやま・てっぺい）

株式会社ストロボ代表取締役社長/自動運転ラボ発行人

大手デジタルマーケティングエージェンシーの株式会社アイレップにて取締役CSOとして、SEO・コンテンツマーケティング等の事業開発に従事。

2016年、大手企業におけるデジタルトランスフォーメーションを支援すべく、株式会社ストロボを設立。設立3年で、グループ5社へと拡大し、デジタル系事業開発に従事している。

2018年5月、自動車産業×デジタルトランスフォーメーションの一手として、自動運転領域専門メディア「自動運転ラボ」立ち上げ、国内業界最大級のメディアに成長させる。

講演実績も多く、早くもあらゆる自動運転系の技術・会社の最新情報が最も集まる存在に。

装丁・本文デザイン	大下賢一郎
編集・組版	BUCH⁺
執筆協力	佐藤尚規
写真撮影	守屋貴章
校正協力	佐藤弘文

自動運転&MaaSビジネス参入ガイド
周辺ビジネスから事業参入まで

2020年11月5日　初版第1刷発行

著　者	下山哲平（株式会社ストロボ代表取締役社長/自動運転ラボ発行人）
発行人	佐々木幹夫
発行所	株式会社翔泳社（https://www.shoeisha.co.jp）
印刷・製本	株式会社ワコープラネット

ISBN978-4-7981-6309-3
Printed in Japan